Vorgehensmodelle kompakt

Die Werke der „kompakt-Reihe" zu wichtigen Konzepten und Technologien der IT-Branche

- ermöglichen einen raschen Einstieg,
- bieten einen fundierten Überblick,
- sind praxisorientiert, aktuell und immer ihren Preis wert.

Bisher erschienen:

- Heide Balzert
  UML kompakt, 2. Auflage
- Christof Ebert
  Outsourcing kompakt
- Christof Ebert
  Risikomanagement kompakt
- Karl Eilebrecht / Gernot Starke
  Patterns kompakt, 2. Auflage
- Andreas Essigkrug / Thomas Mey
  Rational Unified Process kompakt, 2. Auflage
- Peter Hruschka / Chris Rupp / Gernot Starke
  Agility kompakt
- Arne Koschel / Stefan Fischer / Gerhard Wagner
  J2EE/Java EE kompakt, 2. Auflage
- Torsten Langner
  C# kompakt
- Pascal Mangold
  IT-Projektmanagement kompakt, 2. Auflage
- Michael Richter / Markus Flückiger
  Usability Engineering kompakt
- Thilo Rottach / Sascha Groß
  XML kompakt: die wichtigsten Standards
- SOPHIST GROUP / Chris Rupp
  Systemanalyse kompakt, 2. Auflage
- Ernst Tiemeyer
  IT-Controlling kompakt
- Ernst Tiemeyer
  IT-Servicemanagement kompakt
- Ralf Westphal
  .NET kompakt
- Ralf Westphal / Christian Weyer
  .NET 3.0 kompakt

Christian Bunse / Antje von Knethen

Vorgehensmodelle kompakt

2. Auflage

Spektrum
AKADEMISCHER VERLAG

Autoren
Prof. Dr. Christian Bunse, International University in Germany, School of IT, Campus 2, 76646 Bruchsal, E-Mail: Christian.Bunse@i-u.de
Dr. Antje von Knethen, T-Mobile Deutschland GmbH, Landgrabenweg 151, 53227 Bonn, E-Mail: vknethen@gmx.de

Bibliografische Information der Deutschen Nationalbibliothek
Die Deutsche Nationalbibliothek verzeichnet diese Publikation in der Deutschen Nationalbibliografie; detaillierte bibliografische Daten sind im Internet über http://dnb.d-nb.de abrufbar.

Springer ist ein Unternehmen von Springer Science+Business Media
springer.de

2. Auflage 2008

Spektrum Akademischer Verlag ist ein Imprint von Springer

08 09 10 11 12 5 4 3 2 1

Planung und Lektorat: Dr. Andreas Rüdinger, Imme Techentin
Herstellung: Katrin Frohberg
Umschlaggestaltung: SpieszDesign, Neu-Ulm
Satz: Mitterweger & Partner, Plankstadt
Druck und Bindung: Krips b.v., Meppel

Printed in The Netherlands

ISBN 978-3-8274-1950-7

Vorwort

Die systematische Anwendung objektorientierter Prinzipien bei der Software-Entwicklung bietet eine Vielzahl von Vorteilen wie z. B. bessere Beherrschung von Komplexität oder eine erhöhte Wiederverwendung von Software-Entwicklungsergebnissen. Neben den Basiskonzepten (z. B. Kapselung von Daten und Funktionen in Objekten) und einer geeigneten Notation zur Beschreibung dieser Konzepte (z. B. UML) erfordert der systematische Einsatz des objektorientierten Paradigmas insbesondere ein unterstützendes Vorgehensmodell. Ein solches Modell beschreibt die zur Entwicklung notwendigen Aktivitäten, deren Abfolge sowie Ein- bzw. Ausgaben (Ergebnisse). Es beantwortet also die Frage „Was ist wann zu tun?". Ohne ein geeignetes Vorgehensmodell sind Vorhersagen und Standards bezüglich Qualität oder Kosten nicht einzuhalten. Beginnend mit dem Siegeszug der Objektorientierung in den 1990ern ist die Anzahl objektorientierter Vorgehensmodelle explosionsartig gewachsen. Dabei verfügen viele dieser Modelle über spezielle Eigenschaften, die aufgrund spezialisierter Eigenschaften nur unter bestimmten Voraussetzungen angewendet werden können. Standardisierungsbemühungen, ähnlich denen der OMG für die UML, sind aufgrund der Komplexität und Heterogenität der verschiedenen Systeme zum Scheitern verurteilt. Die große Anzahl der existierenden Modelle sowie die verschiedenen zugrunde liegenden Prinzipien machen es schwer, ein geeignetes Vorgehensmodell für eine bestimmte Entwicklungssituation auszuwählen.

Das vorliegende Buch führt kurz und knapp in die Welt der objektorientierten Vorgehensmodelle ein. Neben einer Übersicht der verschiedenen Familien solcher Modelle werden ausgewählte Vertreter beschrieben sowie ihre Vor- bzw. Nachteile diskutiert. Vorgehensmodelle sind ein Hilfsmittel zur Gestaltung bzw. Organisation von Software-Entwicklungsprojekten. Das „Gewusst-wie" zur Auswahl und Einführung eines Vorgehensmodells wird dem Einsteiger in Form von Auswahlkriterien und praktischen Tipps zur Verfügung gestellt. Dem erfahrenen Projektleiter liefert das Buch konsolidierte und praxisnah aufbereitete Erfahrungsberichte und Anleitungen.

Das Ziel dieses Buchs ist es, Projektmanagern Hilfestellung bei der Auswahl des für sie geeigneten Vorgehensmodells zu geben. Mithilfe kompakter Informationen sowie praxisnahen Tipps und Tricks richtet sich das Buch sowohl an Leser, die sich über die verschiedenen Vor-

gehensmodelle informieren wollen, als auch an Projektleiter, die einen schnellen Überblick benötigen. Wenn Sie sich mit der Thematik der Vorgehensmodelle sowie der hier vorgestellten Vertreter eingehender befassen wollen, finden Sie am Ende der jeweiligen Kapitel vertiefende Literaturhinweise.
Die Ihnen vorliegende 2. Auflage erweitert die Anzahl der vorgestellten Vorgehensmodelle. Im Bereich der objektorientierten Vorgehensmodelle haben wir Ansätze wie SCRUM, Crystal, DSDM, FDD, PuLSE, FODA, FAST, UML Components und Perspective neu aufgenommen. Weiterhin haben wir Kapitel zu aktuell vielfältig diskutierten Themen wie webbasierte Entwicklung oder Service-Orientierung ergänzt. Natürlich berücksichtigt diese Auflage auch Leserkommentare zur ersten Auflage und aktualisiert existierende Kapitel. Hierdurch lohnt sich die Neuanschaffung des Buches auch für Besitzer der ersten Auflage.
Um Ihnen einen raschen Einstieg in die spannende Thematik der Vorgehensmodelle zu ermöglichen, beschränken wir uns auf ein kurzes Vorwort. Wir hoffen, dass dieses Buch für Sie von praktischem Nutzen ist und Sie bei Ihrer täglichen Arbeit unterstützt.

Ihre
Antje von Knethen und Christian Bunse

Inhalt

Einführung und Übersicht

Stellen Sie sich vor, Herr Chaos, ein unerfahrener Heimwerker, möchte ein Haus bauen. Er mietet einen Bagger und einen LKW, gleichzeitig bestellt er Steine und Beton. Kurz nachdem alle Bestellungen geliefert wurden, beginnt er mit dem Bau. Er ritzt den Grundriss des Hauses in den Boden des Bauplatzes, hebt die Erde aus und beginnt, die Wände zu mauern. Würde jemand auf diese Weise tatsächlich ein Haus bauen wollen, würde er auf allgemeines Unverständnis stoßen, da ein solches Haus wahrscheinlich von geringer Qualität wäre und nicht den Richtlinien und Bestimmungen zum Hausbau genügen würde. Auch könnte Herr Chaos die Fertigstellung seines Hauses nur schwer planen. Baut Herr Chaos aber ein Software-System, indem er sich ein Entwicklungswerkzeug beschafft und sofort mit der Implementierung beginnt, gilt dies oft als „normales" Vorgehen.

Wie beim Hausbau ist es in der Software-Entwicklung dringend notwendig, vor der eigentlichen Realisierung die finanziellen und personellen Aspekte des Entwicklungsprojekts zu planen sowie Anforderungen und Architektur festzulegen. Nur so kann der Einsturz des Hauses bzw. das Scheitern der Softwareentwicklung vermieden werden. In der Praxis bedeutet dies, dass Herr Chaos vor der Implementierung die notwendigen Schritte und Aktivitäten sorgfältig plant und dann systematisch mit der Entwicklung beginnt. Ein weiterer wichtiger Punkt ist, dass Software-Systeme heute nur noch selten von einer einzelnen Person entwickelt werden. Wie beim Hausbau gibt es vielfältige Spezialgebiete, die berücksichtigt und eingeplant werden müssen. Dies gilt genauso für die Abfolge der Aktivitäten. Beim Hausbau erstellt der Architekt zuerst grafische Grundrisse und Seitenansichten des gewünschten Hauses, die er mit dem Bauherrn diskutiert, bevor mit der Erstellung des Rohbaus begonnen wird. Genauso sind bei der Software-Entwicklung Analyse und Entwurf vor der Implementierung auszuführen, um beispielsweise die Anforderungen an das System mit den verschiedenen Nutzergruppen zu diskutieren oder eine Aufgabenverteilung auf verschiedene Teams zu ermöglichen.

Die Informatik beschäftigt sich seit geraumer Zeit mit der Beschreibung von systematischen Vorgehensweisen zur Entwicklung von Softwareanwendungen. Die resultierenden Beschreibungen sind unter dem deutschen Begriff „Vorgehensmodell" oder unter der englischen Bezeichnung „Software Process Model" bekannt. Trotz der teilweise enormen Anstrengungen besteht heute die Erkenntnis, dass es aufgrund der Vielzahl von Einflussfaktoren kein allgemein gültiges Vorgehensmodell geben kann. Allerdings gibt es eine überschaubare Menge von Vorgehensmodell-Familien bzw. Lebenszyklusmodellen. Von diesen werden alle heute existierenden Vorgehensmodelle, unter Berücksichtigung spezieller Faktoren wie z. B. objektorientierter Prinzipien, abgeleitet.

Familien von Vorgehensmodellen

Existierende Vorgehensmodelle lassen sich in Familien von Vorgehensmodellen einordnen, die sich durch gemeinsame Eigenschaften auszeichnen. So beschreiben beispielsweise alle Vorgehensmodelle der Familie der sequenziellen Modelle eine sequenzielle, d.h. eine aufeinanderfolgende Abarbeitung der anfallenden Software-Entwicklungsaktivitäten. Vorgehensmodelle innerhalb einer Familie können sich beispielsweise hinsichtlich der Bezeichnung einzelner Entwicklungsschritte, der Zuordnung von Aktivitäten und Teilergebnissen zu bestimmten Entwicklungsschritten und hinsichtlich des Detaillierungsgrades einzelner Aktivitäten unterscheiden.

Ziel dieses Kapitels ist es, existierende Vorgehensmodell-Familien einzuführen. Dazu wird zunächst ein Schema definiert, anhand dessen sich Vorgehensmodelle und Begriffe in deren Umfeld einordnen lassen. In den folgenden Unterkapiteln werden dann die vier „wichtigsten" Familien von Vorgehensmodellen, d.h. (1) die sequenziellen Vorgehensmodelle, (2) die wiederholenden Vorgehensmodelle, die prototypischen Vorgehensmodelle sowie (4) die wiederverwendungsorientierten Vorgehensmodelle, vorgestellt. Jede Familie wird mit ihren Eigenschaften erläutert. Des Weiteren wird aufgezeigt, welche Voraussetzungen erfüllt sein müssen, um einen Vertreter einer Familie in einem Projekt erfolgreich einsetzen zu können. Komplementär hierzu werden Situationen in der Software-Entwicklung bzw. in einem Projekt definiert, in denen der Einsatz eines Vorgehensmodells einer Familie nicht geeignet ist.

Die vier Familien von Vorgehensmodellen werden im nächsten Kapitel zur Klassifikation der konkreten objektorientierten Vorgehensmodelle verwendet. Jedes konkrete Vorgehensmodell wird dabei einer oder mehrerer Familien zugeordnet. Eine kompakte Darstellung der Zuordnung der Methoden zu den Familien finden Sie im Kapitel „Eigenschaften von Vorgehensmodellen".

Grundlagen

Das Thema Vorgehensmodelle in der Software-Entwicklung hat an Bedeutung gewonnen, insbesondere durch eine steigende Komplexität zu entwickelnder Software-Systeme. Häufig werden spezialisierte Vorgehensmodelle zur Lösung spezifischer Problemkomplexe definiert und publiziert. Dies führte in den letzten Jahren zu einem starken, unübersichtlichen Wachstum verfügbarerer Vorgehensmodelle sowie zu einer uneinheitlichen Begriffsbildung. Zur Klärung dieser Problematik hat daher die Fachgruppe „Vorgehensmodelle“ der Gesellschaft für Informatik (GI) das nachfolgend beschriebene, allgemeine Schema zur Einordnung und Definition von Vorgehensmodellen und Begriffen in deren Umfeld vorgeschlagen.

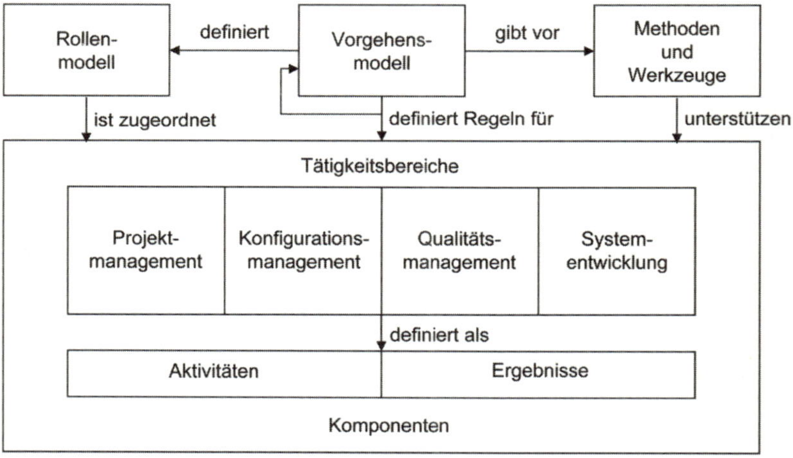

Entsprechend dieses Schemas strukturiert ein Vorgehensmodell den Softwareentwicklungsprozess in Aktivitäten und Ergebnisse und legt Regeln für die Abarbeitung der Aktivitäten und der sich daraus ergebenden Ergebnisse fest. Aktivitäten und Ergebnisse stammen dabei aus verschiedenen Tätigkeitsbereichen innerhalb des Systementwicklungsprozesses: aus dem Projektmanagement, dem Konfigurationsmanagement, dem Qualitätsmanagement und der Systementwicklung selbst. Ein Vorgehensmodell legt weiterhin Methoden und Werkzeuge fest, die die Erarbeitung der Ergebnisse unterstützen. Außerdem legt ein Vorgehensmodell Rollen fest, die die Aktivitäten der verschiedenen Tätigkeitsbereiche verantworten und/oder durchführen.

Die sequenziellen Vorgehensmodelle

Die Familie der sequenziellen Vorgehensmodelle hat ihren Ursprung im Systems Engineering. Typische Vertreter dieser Familie sind das Phasen-, Wasserfall- oder Schleifenmodell. Das Phasenmodell wurde bereits 1956 veröffentlicht. Royce publizierte das Wasserfall- oder Schleifenmodell erstmalig 1970. Vorgehensmodelle dieser Familie ordnen die Aktivitäten, die bei der Entwicklung von Software durchgeführt werden, Phasen zu. Diese Phasen werden sequenziell hintereinander durchgeführt. Beim Übergang einer Phase zur nächsten setzt ein Vorgehensmodell dieser Familie voraus, dass die vorangegangene Phase abgeschlossen ist. Jede Phase liefert Ergebnisse in Form von Dokumenten, z.B. in Form von Anforderungs- oder Entwurfsdokumenten. Die Ergebnisse, die in einer Phase entwickelt werden, werden in der nächsten Phase weiterverarbeitet und vom Projektmanagement als Meilensteine verwendet, um den Projektfortschritt zu überprüfen.

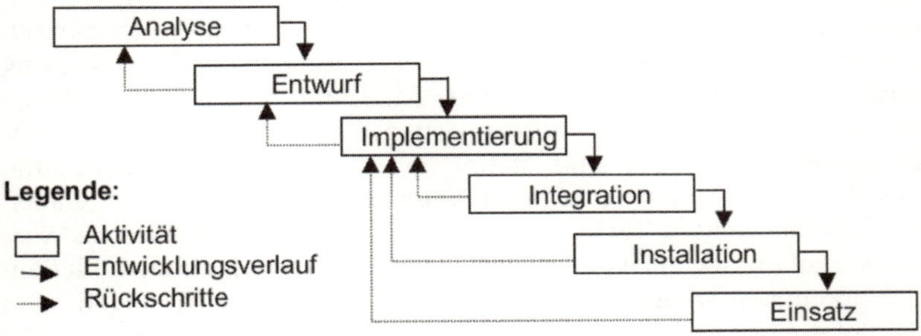

Obiges Bild zeigt ein sechsphasiges, sequenzielles Schleifenmodell. In der ersten Phase, der Analysephase, werden die Anforderungen an das zu entwickelnde Software-System möglichst umfassend ermittelt und dokumentiert. Ziel dieser Phase ist, dass Benutzer/Kunden und Entwickler ein gemeinsames und möglichst genaues Verständnis des gewünschten Systems erhalten. Die aus dieser Phase resultierenden Anforderungsdokumente dienen als Grundlage für alle weiteren, nachfolgenden Phasen. In der Entwurfsphase wird basierend auf den Anforderungen ein realisierbares Software-System entworfen (Entwurf). Ziel des Entwurfs ist dabei die Identifikation einzelner Teilsysteme und deren Dokumentation. Ziel der Aufteilung ist die später möglichst unabhängige Implementierung der einzelnen Teilsysteme. Einzelne Teilsysteme werden anschließend mittels einer „beliebigen" Programmiersprache realisiert und umgesetzt.

Danach, d.h. in der Integrationsphase, erfolgt das Zusammensetzen der implementierten Teilsysteme zu einem Gesamtsystem. In der Installationsphase wird das integrierte Gesamtsystem in die Umgebung des Kunden übertragen. Während des dortigen Einsatzes wird Fehlverhalten des Systems entdeckt, protokolliert und behoben. Zusätzlich wird das System an sich ändernde Benutzerwünsche und Umgebungsbedingungen angepasst.

Am Ende jeder Phase kann ein fertiggestelltes Ergebnis (z. B. Anforderungen, ausführbares System) Qualitätssicherungsmaßnahmen unterzogen werden, d. h., es wird inspiziert (manuelle Prüfung) oder getestet. Beispielsweise könnten am Ende der Analyse die dokumentierten Anforderungen hinsichtlich verschiedener Qualitätskriterien (z. B. Verständlichkeit, Konsistenz) überprüft werden.

Im Vergleich zum Phasenmodell erlaubt das Wasserfall- oder Schleifenmodell kontrollierte Iterationen, d. h., bereits abgeschlossene Entwicklungsaktivitäten können unter bestimmten Umständen erneut durchgeführt werden. Dies erlaubt zum Beispiel die Behebung von Fehlern in Ergebnissen früherer Aktivitäten. Ob Rückschritte ausschließlich in die direkte Vorgängerphase oder auch in andere Vorgängerphasen erlaubt sind, hängt von der konkreten Ausprägung des Wasserfall- oder Schleifenmodells ab. Sequenzielle Vorgehensmodelle betrachten Rückschritte in vorangegangene Phasen als Ausnahmefall im Gegensatz zu den wiederholenden Vorgehensmodellen.

Vorgehensmodelle aus der Familie der Phasen-, Wasserfall- und Schleifenmodelle haben verschiedene Vor- und Nachteile im Vergleich zu anderen Familien von Vorgehensmodellen. Bei der Integration eines Systems werden bei Vertretern dieser Familie vergleichsweise wenige Probleme entstehen. Der Grund hierfür ist, dass die Anforderungen möglichst vollständig ermittelt und dokumentiert werden und der Entwurf vollständig auf Basis der Anforderungen entsteht. Die Folge ist, dass der Entwurf so konzipiert werden kann, dass er alle Anforderungen berücksichtigt. Zudem erfolgt die Beschreibung der Schnittstellen zwischen den Komponenten zur gleichen Zeit. Ein Integrationstest gestaltet sich zum Teil schwierig, weil alle Komponenten zur gleichen Zeit fertiggestellt und integriert werden können.

Ein weiterer Vorteil von Vorgehensmodellen dieser Familie ist, dass sie kein umfangreiches Versions- und Konfigurationsmanagement erfordern. Im Vergleich zu anderen Familien von Vorgehensmodellen ist bei dieser Familie die Anzahl der Versionen und Konfigurationen eher gering. Wenn alle Phasen des Modells einmal durchlaufen werden und es keine Rückschritte in vorherige Phasen gibt, ist mindestens eine Version von jedem Ergebnis erforderlich, und es entsteht eine Systemkonfiguration, die die Versionen aller Ergebnisse umfasst. Die Anzahl erforderlicher Versionen eines Ergebnisses erhöht sich beispielsweise, wenn mehrere Entwickler ein Ergebnis bearbeiten. Jeder Rückschritt in eine vorangegangene Phase macht ebenfalls mindestens eine neue Version eines Ergebnisses erforderlich und führt eventuell zu einer neuen Systemkonfiguration.

Ein Vorgehensmodell der Familie der Phasen-, Wasserfall- und Schleifenmodelle können Sie sinnvoll einsetzen, wenn Sie die Anforderungen an das zu entwickelnde System gut verstehen. Die Anforderungen müssen beschreibbar und möglichst stabil sein. Ergeben sich häufig Änderungen an den Anforderungen, führt dies im schlimmsten Fall dazu, dass die Analysephase niemals verlassen wird. Treten Anforderungsänderungen nach Beendigung der Analysephase auf, müssen alle bereits fertiggestellten Ergebnisse überarbeitet werden. Dies ist notwendig, da das System basierend auf der beschriebenen Menge von Anforderungen vollständig entworfen und implementiert wird.

Die Verwendung eines Vertreters aus der Familie der Phasen-, Wasserfall- und Schleifenmodelle setzt voraus, dass sie über eine große Erfahrung bezüglich der verwendeten Entwicklungstechniken (z.B. objektorientierte Techniken oder verwendete Werkzeuge) und hinsichtlich der Abschätzung der Projektkosten verfügen. Der Grund hierfür ist, dass das sequenzielle und vollständige Abarbeiten einzelner Phasen es schwer bis gar unmöglich macht, gesammelte Erfahrungen aus einer Phase im gleichen Projekt zu nutzen. Eine Ausnahme stellen Rückschritte in bereits abgearbeitete Phasen dar. Hier kann gesammelte Erfahrung wieder verwendet werden.

Grundsätzlich sollten Sie ein Vorgehensmodell aus dieser Familie nicht einsetzen, wenn Sie einen festen Auslieferungstermin für das Software-System einhalten müssen. Da die Entwicklungsschritte immer vollständig durchgeführt werden, entsteht erst spät im Projektverlauf ein sichtbares Ergebnis. Dies kann bei einer Termin- oder Aufwandsüberschreitung des Entwicklungsprojekts dazu führen, dass zum versprochenen Termin kein ausführbares System verfügbar ist. Außerdem kann bei der Terminüberschreitung eines Meilensteins der Auslieferungstermin nicht unbedingt durch Weglassen von Teilfunktionen gesichert werden. Die Einsparungen, die Sie durch Weglassen von Teilfunktionen erreichen können, sind eventuell nicht groß genug, um den Auslieferungstermin zu halten. Die wegzulassenden Teilfunktionen sind bereits in allen fertiggestellten Entwicklungsprodukten berücksichtigt. Wenn Sie allerdings die gesamte Funktionalität des Systems realisieren müssen und der Auslieferungstermin gegebenenfalls nach hinten verschoben werden kann, können Sie ein Vorgehensmodell dieser Familie problemlos einsetzen.

Die prototypischen Vorgehensmodelle

Prototypische Vorgehensmodelle sind sequenzielle Modelle, die zu bestimmten Zeitpunkten während der Entwicklung eines Software-Systems kontrollierte Rückschritte und die Wiederholung vorangegangener Phasen festlegen. Die bestimmten Zeitpunkte sind dabei definiert durch die Entwicklung von Prototypen, d.h. eingeschränkt funktionsfähige bzw. vereinfachte Modelle oder Versionen des geplanten Systems. Die gesammelten Erfahrungen mit den entwickelten Prototypen führen zur erneuten Ausführung bereits abgearbeiteter Phasen. Weitere Ausführungen von Phasen können durch Rückschritte aus anderen Phasen notwendig sein.

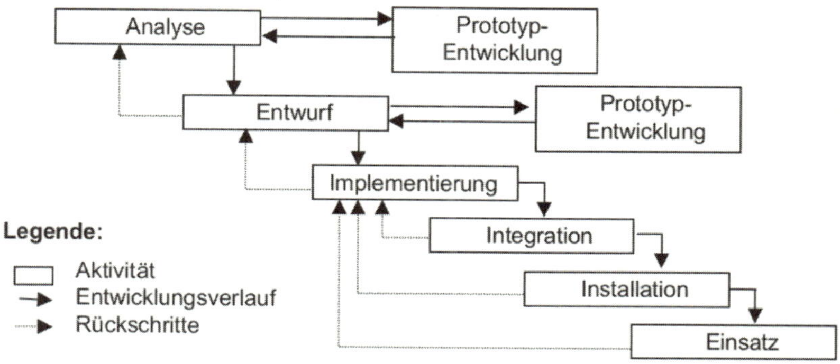

Das obige Bild zeigt ein prototypisches Modell, das die Entwicklung eines Analyse- und eines Entwurfsprototyps vorsieht. Die anderen Phasen entsprechen den Phasen des gezeigten Schleifenmodells.

Ein bekanntes Vorgehensmodell, das die Entwicklung von Prototypen explizit vorsieht, ist das Spiralmodell von Boehm, das 1988 veröffentlicht wurde. Neben der Entwicklung von Prototypen sieht das Spiralmodell ein inkrementelles Vorgehen bei der Entwicklung vor und gehört aus diesem Grund nicht nur zur Familie der prototypischen Vorgehensmodelle, sondern auch gleichzeitig zur Familie der wiederholenden Vorgehensmodelle. Eine kurze Beschreibung des Spiralmodells findet sich im folgenden Unterkapitel.

Ein entwickelter Prototyp kann unterschiedlichen Zwecken während der Software-Entwicklung dienen. Ziel eines Analyseprototyps ist eine Überprüfung unklarer oder schwieriger Teile der Anforderungen durch den Kunden bereits sehr früh im Entwicklungsprozess. Die Anforderungen werden auf Basis der mit dem Prototyp gesammelten Erfahrungen angepasst, und das Software-System wird neu entwickelt. Fokus eines Entwurfsprototyps ist die Überprüfung unklarer oder schwieriger Entwurfsaspekte. Beispielsweise kann mit einem Entwurfsprototyp überprüft werden, ob die gewählte Architektur geforderte Performanz-Anforderungen erfüllt.

Die Erstellung von Analyse- oder Entwurfsprototypen in einem Projekt sollte möglichst schnell und kostengünstig erfolgen. Ein Prototyp kann dabei unterschiedlich realisiert werden: Beispielsweise werden die Oberflächen des Systems auf dem Papier skizziert, die Ausgaben des Systems werden durch eine Person simuliert, oder es wird ein ausführbarer Prototyp entwickelt. Zur Erstellung eines ausführbaren Prototyps kann beispielsweise ein Software-System aus einem ähnlichen Projekt verwendet und angepasst werden. Für einen Analyseprototypen können Sie auch eine Notation für Ihre Anforderungen verwenden, die eine Ausführung der dokumentierten Anforderungen erlaubt (z. B. SDL).

Von den drei aufgezeigten Alternativen spiegelt ein ausführbarer Prototyp das zu entwickelnde Software-System am realistischsten wider. Eine Implementierung eines ausführbaren Prototyps ist aber gleichzeitig sehr aufwendig und kostenintensiv. Sind keine ähnlichen, bereits realisierten Systeme verfügbar, wird ein Analyseprototyp beispielsweise durch kostenintensive Modellierung der Anforderungen mithilfe einer ausführbaren Beschreibungstechnik erstellt.

Vorgehensmodelle aus der Familie der prototypischen Modelle haben verschiedene Vor- und Nachteile im Vergleich zu anderen Familien von Vorgehensmodellen. Bei der Integration des Systems sollten wie bei sequenziellen Vorgehensmodellen kaum Probleme entstehen. Auch hier werden die Anforderungen möglichst vollständig ermittelt und dokumentiert sowie der Entwurf vollständig auf Basis der Anforderungen entwickelt. Analyseprototypen unterstützen dabei die korrekte und vollständige Ermittlung der Anforderungen. Der Entwurf wird ebenfalls so konzipiert, dass er alle Anforderungen berücksichtigt. Entwurfsprototypen sichern darüber hinaus ab, dass die gewählte Systemarchitektur geforderte nicht-funktionale bzw. Qualitätsanforderungen erfüllt.

Wie Vorgehensmodelle der Familie der sequenziellen Vorgehensmodelle erfordern prototypische Vorgehensmodelle kein umfangreiches Versions- und Konfigurationsmanagement. Auch hier ist die Anzahl von Versionen und Konfigurationen gering. Für alle Phasen, die nicht durch einen Prototyp unterstützt werden und in die keine Rückschritte notwendig sind, muss mindestens eine Version eines Ergebnisses angelegt werden. Phasen, die durch einen Prototyp unterstützt werden, erfordern minimal zwei Versionen: eine Version für die Erstellung und eine Version für das geänderte Ergebnis auf Basis des Prototyps. Natürlich kann auch hier eine höhere Anzahl von Versionen erforderlich sein, wenn beispielsweise mehrere Entwickler ein Ergebnis bearbeiten. Eine Systemkonfiguration fasst die aktuellen Versionen aller Ergebnisse zusammen. Rückschritte führen zu neuen Versionen der Ergebnisse und eventuell zu neuen Systemkonfigurationen.

Der Einsatz eines prototypischen Vorgehensmodells ist sinnvoll, wenn die Anforderungen oder Teile der Anforderungen an das zu entwickelnde System unklar sind. Mithilfe eines Analyseprototyps werden die Anforderungen oder die kritische Bereiche mit dem Benutzer/Kunden geklärt und danach präzise dokumentiert. Instabile Anforderungen können reduziert werden, da dem Benutzer/Kunden die Funktionalität des Systems visualisiert werden kann. Ergeben sich im weiteren Entwicklungsverlauf Änderungen an den Anforderungen führen diese zu einer Überarbeitung aller bereits fertiggestellten Ergebnisse, ähnlich den Vorgehensmodellen der Familie der sequenziellen Modelle. Ein Entwurfsprototyp hilft Ihnen, frühzeitig zu überprüfen, ob geforderte nicht-funktionale Anforderungen mit der gewählten Architektur umgesetzt werden können bzw. ob nichtfunktionale Anforderungen überhaupt realisierbar sind. Dies minimiert das Risiko eines Projektfehlschlags.

Die Verwendung eines prototypischen Vorgehensmodells ist, wie bei sequenziellen Vorgehensmodellen, nur sinnvoll, wenn Ihre Erfahrung mit den verwendeten Entwicklungstechniken (z. B. objektorientierte Techniken oder verwendete Werkzeuge) hoch ist. Ein sequenzielles und vollständiges Abarbeiten einzelner Phasen erschwert die Nutzung gesammelter Erfahrungen aus einer Phase im gleichen Projekt. Eine Ausnahme stellen Rückschritte in bereits abgearbeitete

Phasen dar, beispielsweise um die Erfahrungen mit einem entwickelten Prototypen einzubringen. Hier kann gesammelte Erfahrung aus dieser Phase genutzt werden. Neben der Erfahrung mit den verwendeten Entwicklungstechniken müssen die technologischen Möglichkeiten zur Realisierung von Prototypen vorhanden sein, insbesondere dann, wenn ein ausführbarer Prototyp entwickelt werden soll.

Sie sollten ein Vorgehensmodell der Familie der prototypischen Modelle, vergleichbar zu Vertretern der sequenziellen Vorgehensmodelle, nicht einsetzen, wenn Sie einen festen Auslieferungstermin für das zu entwickelnde Software-System einhalten müssen. Es entsteht zwar früh im Projekt ein Prototyp und damit ein erstes sichtbares Ergebnis. Dennoch werden die folgenden Entwicklungsschritte vollständig durchgeführt, so dass erst spät im Projektverlauf ein Endergebnis entsteht. Dies kann bei einer Termin- oder Aufwandsüberschreitung des Projekts dazu führen, dass zum versprochenen Termin nur der ausführbare Prototyp verfügbar ist. Ein ausführbarer Prototyp wird von Kunden/Benutzern leicht als Endsystem verkannt, sollte aber in keinem Fall so eingesetzt werden.

Ein prototypisches Vorgehensmodell reduziert das Risiko einer Fehlentwicklung, weil kritische Bereiche mit dem Kunden überprüft werden können. Sie können den entwickelten Prototyp außerdem verwenden, um Anforderungen zu priorisieren und um Systemteile zu identifizieren, die unter Zeitdruck weggelassen werden können. Ansonsten bleiben die Schwierigkeiten bei der Projektkontrolle und beim Risikomanagement wie auch bei sequenziellen Vorgehensmodellen bestehen: Ein Weglassen von Teilfunktionen sichert nicht unbedingt den Auslieferungstermin. Die Einsparungen, die Sie durch Weglassen von Teilfunktionen erreichen können, sind eventuell nicht groß genug, um den Auslieferungstermin zu halten. Die wegzulassenden Teilfunktionen sind bereits in allen fertiggestellten Entwicklungsprodukten berücksichtigt. Ein Vorgehensmodell dieser Familie ist problemlos einsetzbar, wenn Sie die gesamte Funktionalität des Systems realisieren müssen und der Auslieferungstermin gegebenenfalls nach hinten verschoben werden kann.

Die wiederholenden Vorgehensmodelle

Bei der Klasse der wiederholenden Vorgehensmodelle werden, wie beim Wasserfall- oder Schleifenmodell, einzelne Phasen nicht rein sequenziell, sondern wiederholt durchlaufen. Wiederholende Vorgehensmodelle sind alle inkrementellen, evolutionären, rekursiven und iterativen Vorgehensmodelle. Das iterative Verbesserungsmodell ist eines der ersten Modelle dieser Familie. Das Modell wurde 1975 von Basili und Turner veröffentlicht. Wie bereits im letzten Unterkapitel angedeutet, gehört auch das Spiralmodell von Boehm zu dieser Familie.

Die Basisidee dieser Familie von Vorgehensmodellen ist, dass das Software-System in Inkrementen entwickelt wird. Ausgehend von einer Teilmenge aller Anforderungen werden für diese Teilmenge alle Ergebnisse in sequenzieller Ordnung erstellt. Die Ergebnisse werden in Aktivitäten erstellt, die im Wesentlichen den Phasen der sequenziellen Vorgehensmodelle entsprechen. Allerdings heißen die Aktivitäten nicht mehr Phasen, da sie zu unterschiedlichen Zeiten wiederholt werden. Ein Inkrement besteht aus allen Ergebnissen für die Teilmenge der Anforderungen. Danach wird die Teilmenge der Anforderungen erweitert und ein weiteres Inkrement erstellt. Ein Folgeinkrement stellt damit eine Erweiterung eines bereits erstellten Inkrements dar. Dieser Prozess endet erst, wenn das Software-System beim Kunden deinstalliert wird. Bei wiederholenden Vorgehensmodellen werden Weiterentwicklungen des zu entwickelnden Software-Systems und Änderungen an diesem als natürliche Bestandteile der Software-Entwicklung betrachtet. Iterationen in bereits abgearbeitete Aktivitäten sind wie bei den sequenziellen oder bei den prototypischen Vorgehensmodellen möglich.

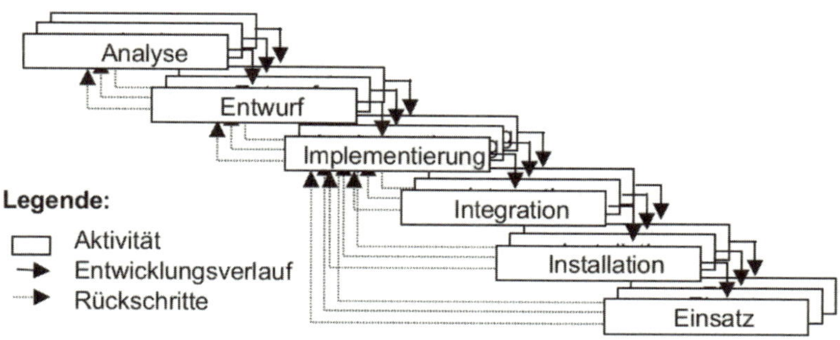

Das Bild zeigt ein inkrementelles Vorgehensmodell, das aus sechs Aktivitäten besteht. Die Entwicklung von drei Inkrementen wird dadurch angedeutet, dass alle Aktivitäten dreimal hintereinander durchgeführt werden. Nach Fertigstellung des ersten Inkrements wird dieses Inkrement (Teilsystem) erweitert, indem erneut alle Entwicklungsaktivitäten durchgeführt werden. Dabei entsteht ein neues (d. h. erweitertes) Inkrement.

Evolutionäre Modelle erweitern die inkrementellen und iterativen Verbesserungsmodelle um eine Risikoanalyse zur Auswahl der Anforderungen des nächsten Inkrements. Eine solche Risikoanalyse sieht das Spiralmodell von Boehm bereits vor. Das Spiralmodell von Boehm betrachtet die Software-Entwicklung als risikogetriebenen Prozess. Auf neue Erkenntnisse innerhalb des Projekts kann somit dynamisch reagiert werden. Die Software-Entwicklung selbst wird als Durchlaufen einer Spirale, bestehend aus vier Quadranten aufgefasst. Bei jedem Zyklus der Spirale werden diese Quadranten durchlaufen: Im ersten Quadranten werden Ziele identifiziert, Alternativen festgelegt und Einschränkungen bestimmt. Im zweiten Quadranten werden Alternativen bewertet und Risikoquellen aufgedeckt sowie Maßnahmen zur Beherrschung der Risiken definiert. Im dritten Quadranten wird das Software-System auf der jeweiligen Stufe entwickelt und abgenommen. Im vierten und letzten Quadranten wird die nächste Stufe des Software-Systems geplant. In jedem Zyklus wird aufgrund einer Risikoabschätzung der weitere Entwicklungsverlauf abgesichert. Jeder Zyklus endet mit einer Überprüfung des Entwicklungsergebnisses, an der die betroffenen Benutzer beteiligt sind. Erst wenn die Ergebnisse abgenommen worden sind, kann mit dem geplanten nächsten Zyklus begonnen werden.

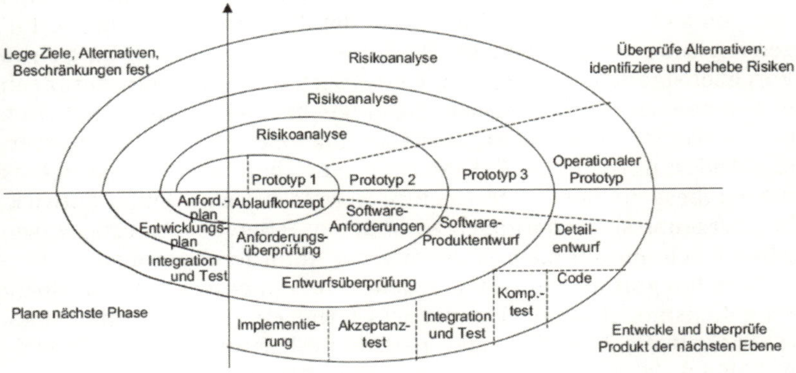

Besonderheit der rekursiven Vorgehensmodelle ist der von diesen Vorgehensmodellen verwendete Systembegriff. Rekursive Vorgehensmodelle verstehen unter einem „System“ nicht nur das Gesamtsystem, sondern auch Teilsysteme, Teilsysteme von Teilsystemen usw. Für jedes System werden die einzelnen Entwicklungsaktivitäten durchlaufen.

Wiederholende Vorgehensmodelle haben verschiedene Vor- und Nachteile im Vergleich zu anderen Familien von Vorgehensmodellen. Vorgehensmodelle dieser Familie erfordern ein umfangreiches Versions- und Konfigurationsmanagement. Im Vergleich zu anderen Familien von Vorgehensmodellen ist bei dieser Familie die Anzahl der Versionen und Konfigurationen größer. Da es von einem Ergebnis häufig mehrere Inkremente gibt, sind minimal auch mehrere Versionen von diesem Ergebnis erforderlich. Für jedes Inkrement sollte mindestens eine Konfiguration existieren, die aus den zugehörigen Versionen der Ergebnisse besteht. Die Anzahl von Versionen und Konfigurationen kann sich zudem erhöhen, wenn innerhalb eines Inkrements Rückschritte in frühere Entwicklungsschritte durchgeführt werden und wenn ein Ergebnis von mehreren Entwicklern bearbeitet wird. Insgesamt ist die Anzahl von Versionen und Konfigurationen deutlich höher als bei den anderen genannten Familien von Vorgehensmodellen.

Sie können ein Vorgehensmodell dieser Familie einsetzen, wenn Teile der Anforderungen an das zu entwickelnde System unklar oder instabil sind. Sie beginnen mit dem klaren und stabilen Teil der Anforderungen. Während der Entwicklung des ersten Inkrements festigen sich vielleicht weitere Teile der Anforderungen, die in folgenden Inkrementen realisiert werden können. Die Anwendung eines Vorgehensmodells dieser Familie erfordert, dass sich Anforderungen in Teilmengen aufteilen lassen, die möglichst wenige Abhängigkeiten untereinander besitzen. Ergeben sich im weiteren Entwicklungsverlauf Änderungen an den Anforderungen des bearbeiteten Inkrements führen diese zu einer Überarbeitung bereits fertig gestellter Entwicklungsergebnisse. Änderungen an anderen Teilen der Anforderungen wirken sich nur auf die dokumentierten Anforderungen aus.

Eine Integration der verschiedenen Inkremente kann bei einem Vorgehensmodell dieser Familie schwierig sein und hängt davon ab, (1) wie gut die Anforderungen partitionierbar waren (d.h. wie viele Abhängigkeiten zwischen den verschiedenen Teilmengen der Anforderungen existieren) und (2) wie erweiterbar die zugrunde liegende Systemarchitektur ist. In jedem Falle sollte die Systemarchitektur dokumentiert sein, um sicherzustellen, dass bei weiteren Inkrementen die gleichen Entwurfsprinzipien berücksichtigt werden. Ein inkrementelles Vorgehen unterstützt den Integrationstest. Grund hierfür ist, dass große Systemschnittstellen zuerst und am häufigsten getestet werden. Der Test ist einfacher, weil nicht alles gleichzeitig integriert und getestet wird.

Sie können ein Vorgehensmodell der Familie der wiederholenden Vorgehensmodelle verwenden, wenn Ihre Erfahrung mit den verwendeten Entwicklungstechniken (z. B. objektorientierte Techniken oder verwendete Werkzeuge) oder die Erfahrung des eingesetzten Entwicklungsteams gering ist. Sie können die gesammelte Erfahrung bei der Entwicklung eines Inkrements bei der Entwicklung weiterer Inkremente berücksichtigen. Bei schlechten Erfahrungen mit speziellen Techniken können Sie gegebenenfalls auch Techniken austauschen. Ein unerfahrenes Team kann über verschiedene Inkremente hinweg lernen. Dem Benutzer erlaubt ein inkrementelles Vorgehen einen sanften Umstieg vom alten System auf das neue System, da fragmentarische Systemversionen bereits angewendet werden können. Zusätzlich reduziert ein Vorgehensmodell aus dieser Familie das Risiko einer Fehlentwicklung, weil einzelne Inkremente bereits frühzeitig mit dem Kunden besprochen werden können. Die Projektplanung kann im Rahmen des Projekts auf Basis bereits erstellter Inkremente laufend verbessert werden.

Wenn ein bestimmter Auslieferungstermin für das Software-System auf jeden Fall eingehalten werden muss, sollten Sie ein Vorgehensmodell dieser Familie anwenden. Bereits fertiggestellte Inkremente können ausgeliefert werden, während noch nicht realisierte Anforderungen unter Zeitdruck weggelassen werden. Dies vermeidet einen Fehlschlag des Projekts, wenn der Zeitplan nicht eingehalten werden kann. Um das inkrementelle Vorgehen sinnvoll zu nutzen, sollten Sie mit dem Kunden/Benutzer die Anforderungen priorisieren. In den ersten Inkrementen sollten Sie die wichtigsten Anforderungen realisieren und in späteren Inkrementen die weniger wichtigen. Dieses Vorgehen führt dazu, dass fertiggestellte Inkremente die wichtigsten Anforderungen des Kunden/Benutzers realisieren. Unter Zeitdruck wird dann Funktionalität weggelassen, die für den Kunden/Benutzer weniger wichtig ist.

Die wiederverwendungsorientierten Modelle

Wiederverwendungsorientierte Vorgehensmodelle sind wiederholende Modelle, die auf die Wiederverwendung von Ergebnissen aus vorangegangenen Software-Entwicklungsprojekten setzen. Gleichzeitig wird auf die Wiederverwendbarkeit von Ergebnissen des laufenden Software-Entwicklungsprojekts, als Basis für zukünftige Projekte, geachtet. Verschiedene Modelle dieser Familie verwenden dabei unterschiedliche Methoden, um den gewünschten Grad von Wiederverwendung zu erreichen. Dies können beispielsweise sein: Strukturierung der Software-Entwicklung nach wiederverwendbaren Komponenten, Verwendung von Software-Bibliotheken oder Entwurfsmustern, intensive Nutzung eines iterativen Prozesses, um innerhalb eines Software-Entwicklungsprojekts zu lernen und Erfahrungen wiederzuverwenden, und domänenorientierte Vorgehensmodelle, in denen Gemeinsamkeiten und Unterschiede einer Familie von Software-Systemen (Produktlinie) beschrieben werden.

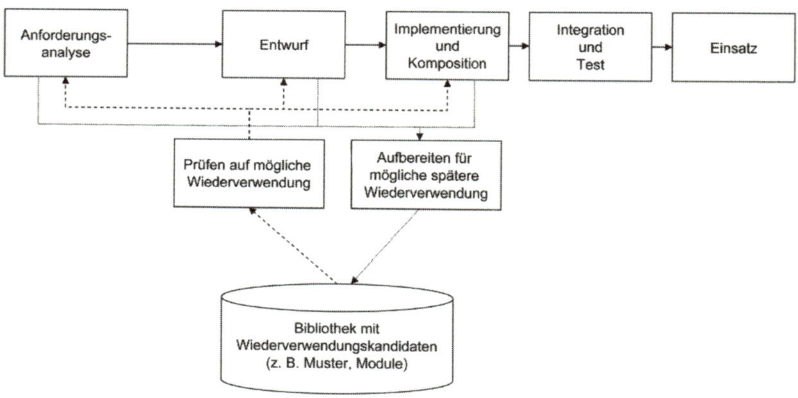

Das obige Bild zeigt ein Beispiel für ein wiederverwendungsorientiertes Vorgehensmodells. In jeder Entwicklungsaktivität wird geprüft, ob abgelegte Ergebnisse aus der Ergebnisbibliothek verwendet werden können. Gleichzeitig werden erarbeitete Ergebnisse in dem Software-Entwicklungsprojekt auf deren mögliche Wiederverwendung geprüft und abgelegt. Je nach konkretem Vorgehensmodell liegt die Aufbereitung der sogenannten Wiederverwendungskandidaten und deren Ablage in der Bibliothek im konkreten Software-Entwicklungsprojekt oder außerhalb. Beispielsweise kann auch eine separate Abteilung mit der Aufbereitung und Verwaltung möglicher Wiederverwendungskandidaten betraut werden. Ziel ist dabei, die konkreten Entwicklungsprojekte zu entlasten und die Qualität der Bibliothek zu gewährleisten, da eine Aufbereitung von Kandidaten und deren geeignete Ablage Zeit und Geld kostet.

Vorgehensmodelle aus der Familie der wiederverwendungsorientierten Modelle haben verschiedene Vor- und Nachteile im Vergleich zu anderen Familien von Vorgehensmodellen. Die Integration des Systems wird schwieriger, weil wiederverwendete Ergebnisse aus vorangegangenen Projekten (z.B. Anforderungen, Architekturen, Softwaremodule) eventuell mehr oder weniger Funktionalität als im aktuellen Projekt benötigt bereitstellen. D. h., dass wiederverwendbare Ergebnisse nicht immer zu 100% passen und daher entsprechend angepasst werden müssen. Diese Ergebnisse müssen sinnvoll in das laufende Projekt integriert werden (Wrapper, Glue-Code etc.). Dies erhöht aber die Komplexität des zu entwickelnden Software-Systems. Durch den Einsatz von Ergebnissen aus vorangegangenen Projekten werden aber auch Erfahrungen wiederverwendet und so eventuell Fehler bei der Software-Entwicklung vermieden. Prototypen können beispielsweise leichter bereitgestellt werden. Durch die Anwendung von Mustern (Lösungen für wiederkehrende Probleme) auf Ebene von Anforderungen, Architektur, Entwurf und Code (Analyse-, Architektur- und Entwurfsmuster sowie Idiome) lassen sich beispielsweise spätere Änderungen leichter unterstützen und durch die Wiederverwendung von Software-Modulen lassen sich Aufwände für den Systemtest reduzieren. Auch negative Erfahrungen, die in Form von sogenannten Anti-Pattern beschrieben sind, lassen sich so zielführend einsetzen.

Wie die Vorgehensmodelle der Familie der wiederholenden Vorgehensmodelle erfordern wiederverwendungsorientierte Vorgehensmodelle ein umfangreiches Versions- und Konfigurationsmanagement. Dieses ist nicht nur im Projekt, sondern auch projektübergreifend erforderlich, da die wiederverwendbaren Ergebnisse aus vorangegangenen Projekten qualitätsgesichert projektübergreifend abgelegt werden müssen. Wiederverwendungsorientierte Vorgehensmodelle bedürfen einer Reihe von unterstützenden Unternehmensprozessen, die beispielsweise beschreiben, wie wiederverwendbare Ergebnisse zu Wiederverwendungskandidaten aufbereitet werden und wie die Qualität der Wiederverwendungsbibliothek sichergestellt werden kann. Diese Prozesse sollten durch eine spezielle Unternehmensorganisation unterstützt werden. Daher müssen verwendungsorientierte Vorgehensmodelle durch die Unternehmensstrategie und entsprechend durch das Management unterstützt werden.

Der Einsatz eines wiederverwendungsorientierten Vorgehensmodells bietet sich insbesondere dann an, wenn Sie in Ihrem Unternehmen ähnliche Software-Systeme entwickeln. Je ähnlicher die Software-Systeme sind, desto höher ist das Wiederverwendungspotenzial.

Die Verwendung eines wiederverwendungsorientierten Vorgehensmodells ist nur sinnvoll, wenn Ihre Erfahrung mit den verwendeten Entwicklungstechniken (z.B. objektorientierte Techniken oder verwendete Werkzeuge) hoch ist. Zwar können durch Wiederholungen Erfahrungen aus einer Aktivität im gleichen Projekt genutzt werden. Um allerdings mögliche Wiederverwendungskandidaten für andere Projekte bereitstellen zu können, sollten die Software-Systeme so strukturiert, dass sich einzelne Software-Komponenten mit geringem Aufwand herauslösen lassen. Außerdem sollten mögliche Wiederverwendungskandidaten gut dokumentiert werden.

Die Bereitstellung von Wiederverwendungskandidaten führt typischerweise zu zusätzlichen Kosten im Projekt. Erst die Wiederverwendung von Ergebnissen vorangegangener Projekte kann zu Kosteneinsparungen führen.

Weiterführende Literatur

Basili, V. R., Turner, A.
Iterative enhancement, a practical technique for software development
IEEE Transactions on Software Engineering, SE-1 (4), Dec. 1975

Boehm, B. W.
Software-Engineering
IEEE Transactions on Computers, Vol. C-25, 1976, S. 1226–1241

Boehm, B. W.
A Spiral Model of Software Development and Enhancement
IEEE Computer 21, 1988

Jalote, P.
An Integrated Approach to Software Engineering
Springer Verlag, 2. überarb. Auflage, 1997

Kneuper, R., Müller-Luschnat, G., Oberweis, A.
Vorgehensmodelle für die betriebliche Anwendungsentwicklung
B. G. Teubner Verlag, 1998

Pomberger, G., Blaschek, G.
Software Engineering: Prototyping und objektorientierte
Software-Entwicklung
Hanser Verlag, 2. überarb. Auflage, 1996

Royce, W. W.
Managing the Development of Large Software Systems:
Concepts and Techniques
Proc. IEEE WESCON, 1970, S. 1–9 (auch veröffentlicht in Proc. 9th
ICSE, Computer Society Press, 1987)

Jacobson, Ivar , Griss, Martin, Jonsson, Patrik
Software Reuse: Achitecture, Process and Organization
for Business Success
Addison-Wesley Longman, Amsterdam, 1997

Mili, Hafedh, Mili, Ali, Yacoub, Sherif, Addy, Edward
Reuse-Based Software Engineering: Techniques, Organizations,
and Controls
Wiley-Interscience; 1st edition 2001

Ezran, Michel, Morisio, Maurizio, Tully, Colin
Practical Software Reuse (Practitioner Series)
Springer; 1 edition, 2002

Konkrete Methoden zur Software-Entwicklung

Die im vorherigen Kapitel vorgestellten Familien von Vorgehensmodellen erlauben die Zuordnung existierender konkreter Vorgehensmodelle für einzelne Organisationen und Projekte unabhängig vom eingesetzten Entwicklungsparadigma. Diese konkreten Vorgehensmodelle, die typischerweise als Entwicklungsmethoden veröffentlicht werden, ergänzen und erweitern die abstrakte Definition ihres Familienmodells durch konkrete Techniken und Aktivitäten. Vertreter der Familie „sequenzielle Vorgehensmodelle" finden sich beispielsweise sowohl im Bereich der strukturierten als auch der objektorientierten Software-Entwicklung. Dies kann im Prinzip zu einer unendlichen Menge verschiedener Vorgehensmodelle führen. In den letzten Jahren hat das objektorientierte Entwicklungsparadigma an Bedeutung gewonnen. Eigenschaften wie mögliche Wiederverwendung (Komponenten, Produktlinien), Technologien wie Java und .Net/COM+ oder EJB/J2EE und agile Methoden wie XP, Scrum oder Crystal machen das objektorientierte Paradigma zum häufigst verwendeten. Aus diesem Grund stellen wir in den folgenden Kapiteln die wichtigsten bzw. bekanntesten Vertreter der objektorientierten Vorgehensmodelle vor.

Die Auswahl eines objektorientierten Vorgehensmodells ist eng mit der Frage nach dessen Einführung verbunden. Die erfolgreiche Einführung in eine bestehende Software-Organisation erfordert eine gute Strategie, die alle wichtigen Faktoren der Umgebung, z. B. Anzahl der beteiligten Entwickler, verfügbare Werkzeuge etc. berücksichtigt. Eine derartige Einführungsstrategie ist oft leider nicht Bestandteil des jeweiligen Vorgehensmodells. In diesem Fall bietet sich die folgende rudimentäre, dreistufige Strategie an:

1. Einführung fundamentaler Prinzipien und Schlüsseltechniken (z. B. Modellierungsnotation etc.).
2. Einsatz des ausgewählten Vorgehensmodells.
3. Optimierung des Modells und Anpassung an lokale Gegebenheiten.

In der ersten Phase wird dabei zunächst das existierende Vorgehensmodell auf die Verwendung objektorientierter Prinzipien, Techniken und Werkzeuge abgestimmt. Dies bedeutet allerdings nicht, dass alle in einer Organisation etablierten Prinzipien oder Techniken „über

Bord geworfen werden". Vielmehr werden allein die Elemente geändert, die gegen fundamentale Prinzipien des jeweiligen Vorgehensmodells verstoßen. Ein gutes Beispiel hierfür sind die Datenflussanalyse oder andere, objektorientierte, Elemente. Erst in der zweiten Stufe erfolgt eine vollständige Abänderung auf das jeweilige Vorgehensmodell mit den damit verbundenen Entwicklungsphasen, Techniken und Werkzeugen. Nach erfolgreicher Durchführung steht somit eine funktionierende Umgebung zur Verfügung. In der Optimierungs- bzw. dritten Phase wird eine Anpassung des Prozesses an die lokale Umgebung sowie eine Optimierung vorgenommen. Dazu gehört u. a. der Einsatz von CASE-Werkzeugen oder die Anwendung von Prinzipien wie „Round-Trip-Engineering".

Eine wichtige Entwicklung im Bereich der objektorientierten Software-Entwicklung ist die komponentenbasierten Entwicklung (CBSD) mit ihren zugehörigen Vorgehensmodellen. Grundidee ist dabei die „einfache" Zusammensetzung neuer Systeme aus einzelnen, eventuell bereits existierenden, Komponenten. Diese Vorgehensmodelle lassen sich dabei zwei Gruppen zuordnen. Zum einen sind dies Vorgehensmodelle, die sogenannte Komponententechnologien wie z. B. „Enterprise JavaBeans" zur Entwicklung verteilter Systeme, hauptsächlich in der Implementierungsphase, einsetzen. Zum anderen sind dies Vorgehensmodelle, die den Komponentenbegriff auf alle Phasen der Entwicklung ausdehnen. Eine Komponente ist hier eine wiederverwendbare Einheit unabhängig von ihrer Beschaffenheit (Objekt, Teilsystem, COTS-System etc.). Wichtig ist hierbei, dass die einzelnen Komponenten ausführlich, z. B. durch eigene UML-Modelle, dokumentiert sind und diese Beschreibung in die Modelle des neuen Systems integriert werden können.

Methoden der ersten Generation

Nahezu alle Vorgehensmodelle zur objektorientierten Software-Entwicklung haben ihre Wurzeln in der ersten Generation objektorientierter Entwicklungsansätze. Die „Explosion" von Methoden in den frühen 1990er-Jahren sowie die zahlreichen Querbeziehungen und gemeinsam genutzten Ideen erschweren die genaue Analyse der individuellen Beiträge.

Trotz ihres Alters haben die vorgestellten Modelle durchaus ihre Berechtigung. Zum einen geben sie einen guten Einblick in die Anfänge der objektorientierten Entwicklung. Zum anderen werden die Modelle auch aktuell noch, wenn auch modernisiert, eingesetzt. Rückmeldungen zur ersten Auflage haben uns dies bestätigt. Die häufigste Modernisierungsmaßnahme ist dabei der Einsatz des OMG-Standards „Unified Modeling Language (UML)" sowie die Integration von modernen Qualitätssicherungstechnologien.

OMT

Die „**O**bject **M**odeling **T**echnique", kurz OMT genannt, wurde von James Rumbaugh und Kollegen Anfang der 1990er entwickelt und gehört zu den weitverbreitetsten Vorgehensmodellen der Objektorientierung. Als eine der ersten publizierten objektorientierten Vorgehensmodelle steht der Einsatz von Objekten (d. h. Clusterung von Daten und Verhalten) zur Entwicklung von Software-Systemen im Mittelpunkt.

Ziel von OMT ist es, gängige Techniken zur Modellierung von Software-Systemen, wie z. B. Datenfluss-Diagramme oder Zustandsautomaten, zur objektorientierten Entwicklung heranzuziehen. OMT basiert auf drei verschiedenen Diagramm-Typen (sogenannte Modelle): (1) Objektmodell, (2) dynamisches Modell und (3) funktionales Modell. Das „Objektmodell" beschreibt die statische Objektstruktur des Software-Systems, das „dynamische Modell" verdeutlicht die zeitlichen, verhaltensbezogenen Aspekte einzelner Objekte, und das „funktionale Modell" veranschaulicht die Datenverarbeitungs- und Funktionsaspekte. Zusätzlich verfügt OMT über eine eigene Notation zur Beschreibung dieser Modelle, die heute aber durch den UML-Standard vernachlässigt werden kann.

Vorgehensmodell-Übersicht

Die OMT-Modelle werden in einem dreiphasigen Prozess (Analyse, Entwurf und Implementierung) entwickelt und verfeinert, wobei die Modelle untereinander durch einfache Konsistenzregeln in Beziehung stehen. Durch die Verwendung dreier, sequenziell geordneter Phasen und eingeschränkter Möglichkeiten der Iteration ist OMT ein Vertreter der Familie der sequenziellen Vorgehensmodelle.

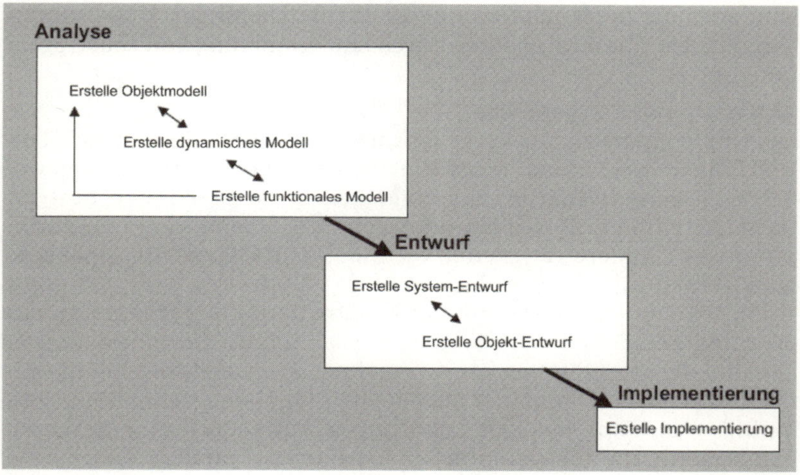

Da das OMT-Vorgehensmodell zur Familie der sequenziellen Vorgehensmodelle zählt und das Modell gleichzeitig nur eine kleine Menge von Ergebnissen in Form von Diagrammen vorsieht, ist OMT eines der am meist verbreiteten Vorgehensmodelle zur objektorientierten Software-Entwicklung. Allerdings haben diese an sich positiven Eigenschaften auch Nachteile. Zum einen ist hier die rudimentäre Beschreibung der Zusammenhänge zwischen den Diagrammen innerhalb einer Phase bzw. zwischen den Phasen zu nennen. Zum anderen hat sich in vielen Projekten gezeigt, dass OMT seine Stärken in der Analysephase besitzt. In dieser Phase wird insbesondere die Beschreibung der Anforderungen in Form der verwendeten Diagramme methodisch unterstützt. Zur Unterstützung der Anforderungsermittlung wurde OMT später um die Modellierung von „Use Cases", die typische Interaktionssequenzen zwischen System und Systemnutzern beschreiben, ergänzt. Die methodische Unterstützung von OMT lässt in den späteren Phasen nach. So beinhaltet die Entwurfsphase „nur" eine Zerlegung des Systems in konzeptionelle Einheiten (Architektur) sowie eine Verfeinerung des Objektmodells. Dies reicht aber zur Erstellung eines Entwurfs, der die technische Realisierung eines Software-Systems beschreibt, nicht aus. Ein gutes Beispiel sind hier moderne Architekturen und Technologien („4-Tier Architecture, Middleware Applications etc."). Für den Einsatz derartiger Technologien ist ein Entwickler auf seine eigenen Erfahrungen angewiesen. Wie der Entwurf wird auch die Implementierung nur unzureichend durch OMT unterstützt. Diese Phase wird allein durch eine Sammlung von Faustregeln unterstützt.

Aktivitäten und Ergebnisse

Im Prinzip unterteilt das Vorgehensmodell von OMT die Software-Entwicklung in drei Phasen: Analyse, Entwurf und Implementierung, wobei jede Phase wiederum aus einer Reihe von Aktivitäten besteht. Diese Aktivitäten führen zu vorgegebenen Ergebnissen (Zwischenprodukten). Andere Tätigkeiten wie z.B. Qualitätssicherungsmaßnahmen werden dabei vernachlässigt.

Ein OMT-Projekt startet mit der Analyse der Anforderungen an das zu entwickelnde Software-System. Dieser Schritt dient dem Verstehen und der Modellierung der Anwendung sowie der Anwendungsdomäne. Ausgehend von einer allgemeinen Problembeschreibung wird mithilfe von Experten und zukünftigen Anwendern eine Beschreibung erstellt, die alle wesentlichen Aspekte des Software-Systems beschreibt. Typische Aktivitäten sind hierbei:

Analyse

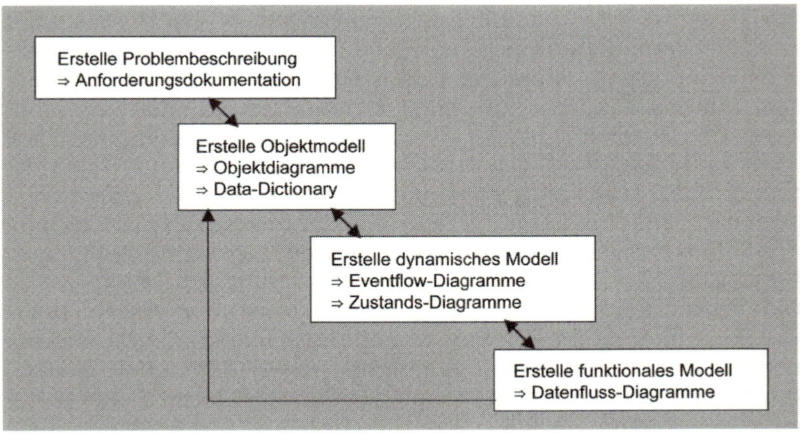

Erstelle Problembeschreibung

In dieser Aktivität wird eine textuelle Beschreibung der Anforderungen (z.B. Verhalten, GUI etc.) und ein sogenanntes „Data-Dictionary" erstellt, das die verwendeten Begriffe und Konzepte erläutert. Später wurde diese Aktivität um die Erstellung von Anwendungsfällen (engl.

Use Cases) erweitert (siehe dazu auch die Methode Objectory). Ein Anwendungsfall beschreibt mögliche Benutzungsweisen des Software-Systems durch dessen Benutzer.

Erstelle Objektmodell

Das Objektmodell beschreibt die statische Struktur des Software-Systems in der realen Welt mithilfe von Klassen, ihren Attributen, Operationen und Relationen. Typische Aktivitäten sind hierbei das Identifizieren von Objekten und Klassen, das Festlegen von Assoziationen und Aggregationen zwischen diesen, das Beschreiben von Attributen und Operationen sowie ein mehrfaches Optimieren des entstandenen Diagramms.

Erstelle dynamisches Modell

Das dynamische Modell beschreibt die Kontrollaspekte des Systems mittels Zuständen, Ereignissen und Transitionen in Form von Zustandsautomaten. Für jede Klasse des Objektmodells, deren Verhalten von ihrem Zustand abhängig ist, wird ein Zustandsautomat erstellt. Ein solcher Automat zeigt das Verhalten einer einzelnen Klasse in Abhängigkeit von externen Ereignissen (z.B., dass der Motor gestartet wird, wenn sich der Zündschlüssel im Schloss dreht). Weiterhin wird ein globales „Eventflow-Diagramm" entwickelt, das alle Ereignisse zwischen den Objekten des Systems beschreibt. Typische Aktivitäten sind hierbei das Entwickeln von Interaktionssequenzen, das Identifizieren von „komplexen Klassen" sowie das Beschreiben von Ereignissen und Transitionen für alle relevanten Klassen.

Erstelle funktionales Modell

Das funktionale Modell beruht auf der als „Structured Analysis (SA)" bekannten Modellierungstechnik und beschreibt die Funktionen des Software-Systems mittels Speichern, Quellen/Senken und Datenflüssen. Während sich das dynamische Modell bei der Beschreibung des Verhaltens des Software-Systems hauptsächlich auf das „Wann" konzentriert (d.h. wann welche Funktionalität erbracht wird), hat das funktionale Modells das Ziel, das „Was" (d.h. welche Funktionalität erbracht wird) zu beschreiben. Dabei gilt die Regel, dass jede Methode des Objektmodells innerhalb des funktionalen Modells näher beschrieben wird. Der Einsatz dieses Modells ist in der Praxis umstritten. Aufgrund der Trennung von Daten und Funktionen wird eine funktionale Zerlegung des Systems vorgenommen, die den Prinzipien des objektorientierten Paradigmas widerspricht. Aus diesem Grund wird in der Praxis häufig auf den Einsatz des funktionalen Modells verzichtet.

Entwurf

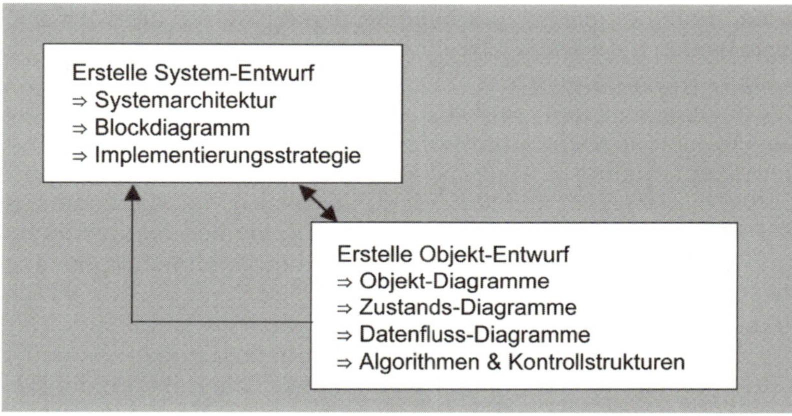

Basierend auf den in der Analyse erstellten Diagrammen wird in der nächsten Phase der Entwurf erstellt. Der Entwurf beinhaltet dabei alle Entscheidungen und Beschreibungen auf technischer Ebene, die für die spätere Implementierung benötigt werden. Im Wesentlichen besteht der Entwurf dabei aus den folgenden Aktivitäten:

Erstelle Systementwurf

Im Systementwurf werden übergeordnete Entwurfsentscheidungen (z.B. Beschreibung der Systemarchitektur) getroffen. Hierzu wird das System in Teilsysteme zerlegt und analysiert, Teilsysteme Prozessoren zugeordnet und Strategien zur Implementierung (z.B. wie Beziehungen zwischen Klassen implementiert werden oder wie die Initialisierung des Software-Systems erfolgt) festgelegt.

Erstelle Objektentwurf

Implementierung

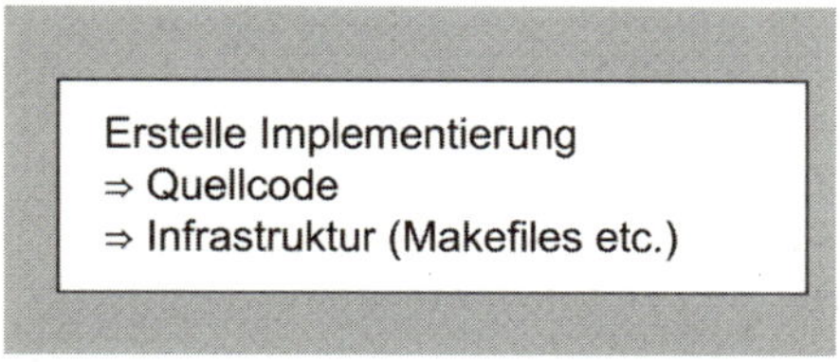

Im Objektentwurf wird das Analysemodell (Objektmodell, dynamisches und funktionales Modell) entsprechend der gewählten Implementierungsstrategie überarbeitet. Hierbei werden Methoden für Objekte des Objektmodells aus den anderen Modellen abgeleitet und durch Algorithmen beschrieben, Zugangspfade für Daten festgelegt und optimiert, Kontrollstrukturen realisiert sowie die Klassenstruktur mittels Vererbung optimiert. Die letzte Phase OMTs befasst sich mit der Abbildung des Objektentwurfs auf Quellcode in einer Programmiersprache. OMT bietet hierzu nur eine rudimentäre Unterstützung durch Faustregeln und Heuristiken an, wobei die eigentliche Abbildung dem Entwickler bzw. einem entsprechendem Werkzeug überlassen wird.

Anpassung und Einführung

Zur effektiven Einführung des OMT-Vorgehensmodells in bestehende Software-Organisationen müssen bestimmte Voraussetzungen erfüllt sein bzw. Strategien definiert werden, die eine systematische und vor allem kontrollierbare Integration erlauben. Für OMT wird keine spezifische Strategie vorgeschlagen, so dass sich hier die Anwendung der bereits erwähnten allgemeinen Strategie zur Einführung von Vorgehensmodellen anbietet. Ein wichtiger Punkt ist hierbei die Anwendungsdomäne des geplanten Systems. Spezielle Eigenschaften dieser Domäne erfordern ggf. eine spezifische Anpassung des OMT-Vorgehensmodells. Ein gutes Beispiel hierfür sind Echtzeitsysteme, die die Modellierung von Zeit und Präzision erfordern, Eigenschaften, die vom ursprünglichen OMT-Vorgehensmodell nur unzureichend unterstützt werden. Aus diesem Grund existiert heute eine Anzahl von OMT-Varianten, die den Einsatz in folgenden Domänen erlauben:

- Informationssysteme
- Batch- und kontinuierliche Verarbeitung
- Interaktive Schnittstellen und GUIs
- Dynamische Simulation
- Echtzeitsysteme
- Transaktionmanager

Werkzeuge

Eine Erfahrung aus einer Vielzahl objektorientierter Entwicklungsprojekte ist, dass der praktikable Einsatz eines Vorgehensmodells unterstützende Werkzeuge erforderlich macht. Neben Editoren für die unterschiedlichen Diagramme können derartige Werkzeuge Konsistenzregeln prüfen, eine Abbildungen der Modelle in verschiedene Programmiersprachen unterstützen oder aufbereitete Dokumentationen zur Verfügung stellen. Aufgrund des frühen Erscheinungsdatums von OMT existiert heute eine Reihe von CASE-Werkzeugen, die OMT unterstützen. Diese reichen von einfachen Zeichenwerkzeugen zum Anfertigen von Diagrammen wie Visual-Thought bis zu Werkzeugen, die das OMT-Vorgehensmodell weitgehend unterstützen. Typische Vertreter sind hierbei Software-ThroughPictures oder Visio. Weiterhin erlaubt der Einsatz der UML als Modellierungsnotation innerhalb von OMT auch den Einsatz der für diese Sprache existierenden Werkzeuge. Allerdings fehlt diesen häufig eine explizite Unterstützung der Prozesse (z. B. die Überprüfung von Konsistenzregeln) und Aktivitäten des OMT-Vorgehensmodells.

Weiterführende Literatur

Aalto, J., Jaaksi, A.
Object-Oriented Development of Interactive Systems with OMT++ in Technology of Object-Oriented Languages & Systems (R. Ege, M. Singh, B. Meyer eds.)
Prentice Hall, 1994

Altmann, W.
Adapting OMT: Experiences with OO-Technology in the Field of Projects for Traffic Telematics pp. 541–548 in Software-Entwicklung – Methoden, Werkzeuge, Erfahrungen
Technische Akademie Esslingen, 1999

Awad, M., Kuusela, J., Ziegler, J.
Object-Oriented Technology for Real-Time Systems:
A Practical Approach using OMT and Fusion
Prentice Hall, 1996

Derr, W. K.
Applying OMT. A Practical Step-by-Step Guide to Using the Object Modeling Technique
SIGS Publications, New York, 1995

Rumbaugh, J., Blaha, M., Premerlani, W., Eddy, F., Lorensen, W.
Object-Oriented Modeling and Design
Prentice Hall, 1991

Booch

Das Booch-Vorgehensmodell wurde erstmals 1991 von Grady Booch veröffentlicht und 1994 in einer überarbeiteten Fassung erneut von ihm publiziert. Wesentliche Neuerungen in der überarbeiteten Fassung sind die umfassende Abhandlung einer objektorientierten Analyse und die Unterscheidung zwischen einem Mikro- und Makroprozess zur Software-Entwicklung.

Als eines der ersten objektorientierten Vorgehensmodelle steht die Identifizierung von Objekten und Klassen im Mittelpunkt des Booch-Vorgehensmodells. Das Modell beschreibt einen inkrementellen und iterativen Entwicklungsprozess. Der Prozess ist inkrementell, da die Phasen des Booch-Vorgehensmodells mehrfach durchlaufen werden und das Software-System in jedem Durchlauf schrittweise erweitert wird. Der Prozess ist iterativ, weil bei jedem Durchlauf die Erfahrungen des vorangegangenen Durchlaufs genutzt werden, um die objektorientierte Architektur des Software Systems anzupassen. Ergebnis des inkrementellen und iterativen Vorgehens soll ein Software-System sein, das die wirklichen Anforderungen der Systemnutzer trifft und dabei einfach, zuverlässig und anpassungsfähig ist.

Die Booch-Vorgehensweise führt eine Vielzahl unterschiedlicher Diagramme und textueller Dokumente ein, um das zu entwickelnde System auf unterschiedlichen Abstraktionsebenen zu beschreiben. Dies sind Szenarien, ein Data-Dictionary sowie Objekt-, Klassen-, Zustands-, Interaktions-, Modul- und Prozessdiagramme. Schwerpunkt der Modellierung ist die Beschreibung von Klassen und Objekten in Objekt- und Klassendiagrammen.

Vorgehensmodell-Übersicht

Das Vorgehensmodell unterscheidet zwischen einem Mikro- und einem Makro-Entwicklungsprozess. Der Mikro-Prozess soll die Kreativität und Innovation im Entwicklungsprozess sichern und gehört zur Familie der wiederholenden Vorgehensmodelle (vgl. Boehms Spiralmodell). Der Mikro-Prozess beschreibt die tägliche Entwicklungstätigkeit der Entwickler und dient als Gerüst für ein iteratives und inkrementelles Vorgehen. Der Makro-Prozess soll die Kontrolle über den Entwicklungsprozess sicherstellen und gehört zur Familie der sequenziellen Vorgehensmodelle (vgl. Wasserfall-Vorgehensmodell). Im Mittelpunkt des Makroprozesses stehen Managementaktivitäten, wie beispielsweise Projektplanung und -kontrolle. Der Prozess dient als Kontrollgerüst für den Mikro-Prozess. Er definiert Zwischenergebnisse und Meilensteine.

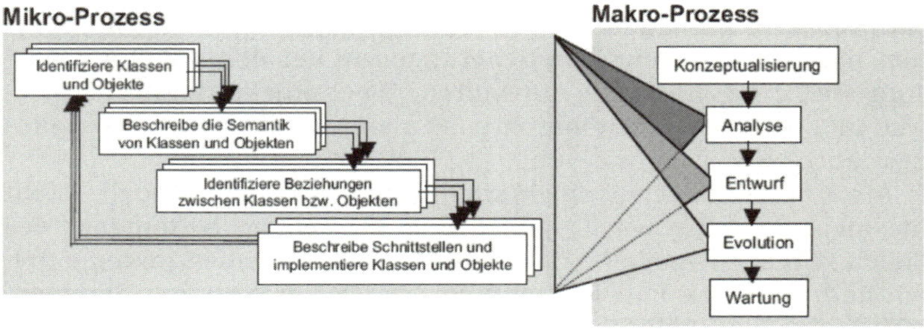

Hinsichtlich der beschriebenen Aktivitäten ist das Booch-Vorgehensmodell umfangreich, d. h., es definiert Meilensteine, beschreibt Maße zur Bewertung von Ergebnissen und umfasst Aktivitäten, wie Qualitätssicherung oder Versionsmanagement. Leider gibt das Vorgehensmodell nur wenig konkrete Anleitung, wie Aktivitäten durchzuführen sind.

Häufig wird beim Booch-Vorgehensmodell die Vielzahl der vorgeschlagenen Diagramme kritisiert. Die Vielzahl ist problematisch, da das Vorgehensmodell offen lässt, welche Diagramme in einem konkreten Projekt erstellt werden sollten. Außerdem ist unklar, wie die verschiedenen Diagramme zusammenhängen. Regeln zur Überprüfung der Konsistenz zwischen den Diagrammen existieren nicht.

Wesentliche Unterstützung liefert das Booch-Vorgehensmodell in der objektorientierten Dokumentation der Anforderungen (objektorientierte Analyse) und im objektorientierten Entwurf. Eine systematische Ermittlung von Anforderungen sowie die Realisierung des Systems wird wenig unterstützt. Wesentliche Konzepte des Booch-Vorgehensmodells sind ein inkrementeller Entwicklungsprozess und eine starke Betonung der Systemarchitektur in Form von Klassendiagrammen. Der inkrementelle Entwicklungsprozess und die Betonung der Systemarchitektur finden sich auch in anderen objektorientierten Vorgehensmodellen wieder.

Aktivitäten und Ergebnisse

Das Booch-Vorgehensmodell unterscheidet prinzipiell zwischen dem Mikro- und Makro-Prozess. Beide Prozesse bestehen wieder aus einer Reihe von Aktivitäten und führen zu einer Menge von Ergebnissen.

Der Booch-Mikro-Prozess beschreibt die täglichen Aktivitäten des Entwicklungsteams und unterscheidet nicht zwischen den traditionellen Phasen von Analyse, Entwurf und Evolution, die im Makro-Prozess definiert werden. Je nach momentaner Phase des Makro-Prozesses befassen sich die Aktivitäten des Mikro-Prozesses mit unterschiedlichen Abstraktionen des Systems. Der Mikro-Prozess umfasst vier Aktivitäten.

Mikro-Prozess

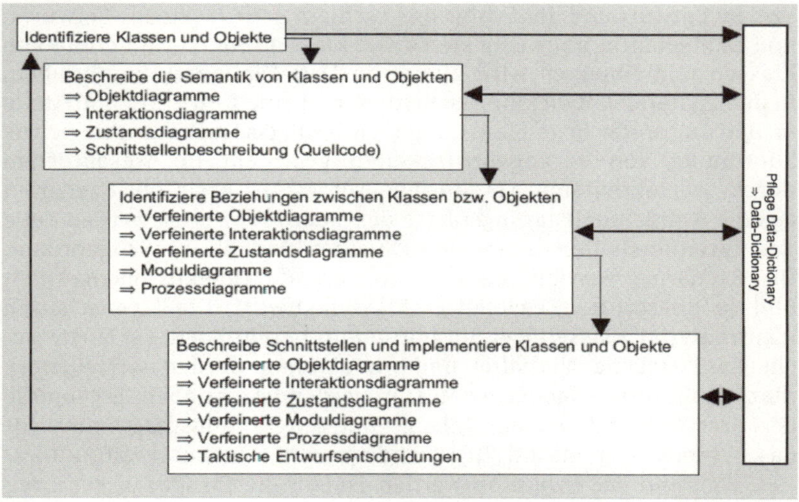

Identifiziere Klassen und Objekte

Ziel der Aktivität ist es, die Grenzen des vorliegenden Problems abzustecken und erste Schritte in Richtung Zerlegung des Systems in Objekte durchzuführen. Booch diskutiert verschiedene Ansätze, die beschreiben, wie Objekte identifiziert werden können. Beispielsweise beschreibt er klassische Ansätze, die basierend auf einer Problembeschreibung Objekte identifizieren, eine Verhaltensanalyse oder eine Analyse von Anwendungsfällen, wie sie als Teil des Objectory-Vorgehensmodells definiert sind (siehe Kapitel „Objectory"). Während der Analyse ist die Sprache der Anwendung das verwendete Vokabular. Im Entwurf werden in diesem Schritt Elemente der Lösung identifiziert (z. B. Datenbankanbindung). Während der Evolution werden weitere Klassen und Objekte auf einer niedrigeren Abstraktionsebene aufgedeckt, um die Klassen und Objekte höherer Ebenen zu konstruieren. Außerdem werden Gemeinsamkeiten zwischen existierenden Klassen und Objekten aufgedeckt, um die Architektur des Systems zu vereinfachen.

Beschreibe die Semantik von Klassen und Objekten

Während dieser Aktivität werden das Verhalten und die Attribute identifizierter Klassen und Objekte festgelegt. In der Analyse werden den identifizierten Analyse-Objekte und -Klassen Verantwortlichkeiten (d. h. Aufgaben, für die eine Klasse oder Objekt zuständig ist) zugewiesen. Im Entwurf und der Evolution geschieht das Gleiche für Entwurfs- und Implementierungs-Objekte sowie -Klassen. Die Verfeinerung von Klassen und Objekten wird zuerst im Data-Dictionary beschrieben. In den späteren Entwicklungsschritten wird eine formale Schnittstelle in der zugrunde liegenden Implementierungssprache angelegt. Die Zuordnung von Verantwortlichkeiten geschieht im Wesentlichen durch drei Aktivitäten: (1) Story-boarding: Auf Basis der Szenarien aus der Konzeptualisierungsphase des Makro-Prozesses werden Teile des Systemverhaltens einzelnen Objekten und Klassen zugeordnet. Die Szenarien werden durch interagierende Objekte nachgespielt und so überprüft. (2) Isolierter Klassenentwurf: Die Eigenschaften identifizierter Klassen werden bottom-up beschrieben. (3) Mustersuche: Beschriebenes Verhalten und Interaktionen werden nach Mustern durchsucht und aufgedeckte Muster werden beschrieben. Ergebnisse der drei Aktivitäten sind Objekt-, und Interaktionsdiagramme für das gesamte System und Zustandsdiagramme für ausgewählte Klassen. Während der Evolution werden zudem die formlosen Beschreibungen von Rollen und Verantwortlichkeiten von Klassen formalisiert. Dies kann beispielsweise durch die Beschreibung der Schnittstelle einer Klasse in einer konkreten Programmiersprache erfolgen.

Identifiziere Beziehungen zwischen Klassen bzw. zwischen Objekten

Ziel dieser Aktivität ist, die Grenzen zwischen Klassen und zwischen Objekten zu festigen und die Zusammenarbeit zwischen Klassen zu identifizieren. Je nach Makro-Prozess-Phase liegt der Schwerpunkt dieser Aktivität auf der Identifikation unterschiedlicher Beziehungen. Während der Analyse werden im Wesentlichen Vererbungs- und Aggregationsbeziehungen identifiziert. Während des Entwurfs werden Beziehungen identifiziert, die notwendig sind, um die Funktionalität des Systems zu realisieren. Während der Evolution werden die Beziehungen aus der Entwurfsphase in implementierungsorientierte Beziehungen verfeinert. Die durchgeführten Verfeinerungen werden mithilfe der Diagramme aus den vorherigen Aktivitäten veranschaulicht und im Data-Dictionary beschrieben. Während der Evolution werden außerdem die physikalischen Beziehungen zwischen Modulen und die Zuordnung von Prozessen zu Prozessoren beschrieben. Dies kann mithilfe von Modul- und Prozessdiagrammen geschehen.

Beschreibe Schnittstellen und implementiere Klassen und Objekte
Während dieser Aktivität werden existierende Klassen und Objekte verfeinert. Es werden Strukturen und Algorithmen ausgewählt, die die Semantik der identifizierten Klassen realisieren. Taktische Entwurfsentscheidungen aus der Entwurfsphase des Makro-Prozesses werden in die verschiedenen Diagramme integriert und außerdem separat beschrieben.

Der Makro-Prozess beinhaltet Managementtätigkeiten wie Konfigurationsverwaltung, Qualitätssicherung, Codeüberprüfung und Dokumentation. Der Prozess dient als Kontrollgerüst für den Mikro-Prozess und erzeugt eine Vielzahl messbarer Ergebnisse. Er hilft bei der Risikoabschätzung und der Definition von Meilensteinen. Die Aktivitäten des Entwicklungsteams werden auf eine Zeitskala von Wochen und Monaten abgebildet. Der Prozess umfasst fünf Aktivitäten.

Makro-Prozess

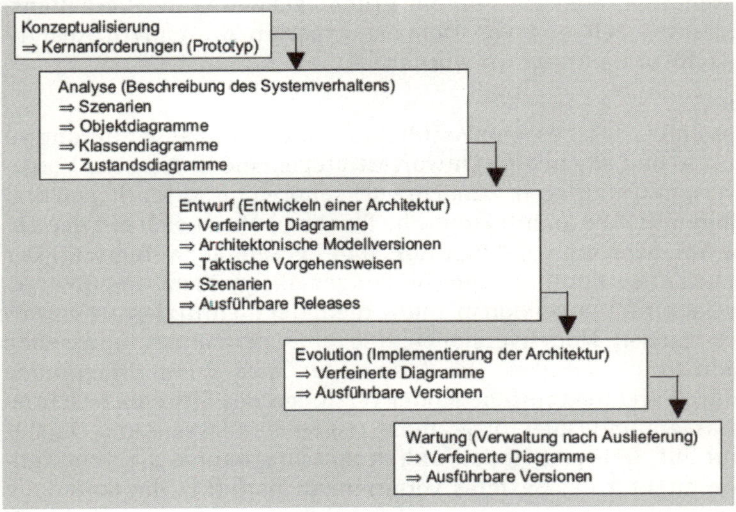

Konzeptualisierung

In dieser Aktivität werden die Kernanforderungen an das System festgelegt. Booch schlägt vor, Prototypen zu entwickeln, die die Anforderungen verdeutlichen. Für die Konzeptualisierung werden keine weiteren Entwicklungsregeln angegeben, um die Kreativität der Entwickler nicht einzuschränken.

Analyse

Ziel der Analyse ist es, ein Modell des gewünschten Systemverhaltens zu erzeugen. Dies umfasst die Identifikation von Klassen und Objekten sowie deren Rollen, Verantwortlichkeiten und ihr Zusammenwirken. Das Verhalten wird mithilfe sogenannter „Funktionspunkte" beschrieben. Funktionspunkte geben das von außen beobachtbare und testbare Verhalten eines Systems an. Ein Funktionspunkt stellt für den Anwender eine primäre Aktivität des Systems als Reaktion auf ein Ereignis dar. Die Semantik eines Funktionspunkts wird mithilfe von Szenarien festgehalten. Booch schlägt vor, mit CRC-Karten („Class, Responsibilities, Collaborations") Szenarien textuell zu beschreiben und mit Objektdiagrammen die Semantik jedes Szenarios präziser zu fassen. Klassendiagramme stellen die Assoziationen zwischen den Objektklassen dar, während Zustandsdiagramme den Lebenszyklus für wichtige Objekte aufzeigen. Die Phase wird abgeschlossen, wenn Szenarios für alle grundlegenden Systemverhaltensmuster entwickelt und von Domänenexperten/Anwendern/Analytikern/Architekten überprüft wurden.

Entwurf

Ziel des Entwurfs ist es, eine Architektur für eine Implementierung zu entwickeln und allgemeine Entwurfsstrategien (oder taktische Vorgehensweisen) festzulegen. Zum Entwurf gehören im Wesentlichen drei Aktivitäten: (1) Die architektonische Planung befasst sich mit der Ableitung von Schichten und Partitionen des gesamten Systems. (2) Der taktische Entwurf umfasst Entscheidungen über gemeinsamen Vorgehensweisen. (3) Die Versionsplanung dient der Identifizierung von architektonischen Modellversionen, die eine permanent wachsende Funktionalität aufzeigen. Die Architektur wird durch Diagramme oder durch architektonische Modellversionen des Systems beschrieben. Klassen- und Objektdiagramme zeigen die Klassen- und Objektstruktur auf, während Modul- und Prozessdiagramme die physikalische Architektur des Systems veranschaulichen, d.h. die Einteilung von Modulen in Untersysteme. Darüber hinaus können architektonische Releases entwickelt werden, die fassbare Ergebnisse des architektonischen Entwurfs sind. Ein architektonisches Release sollte nach Möglichkeit ausführbar sein. Ein ausführbares Release erlaubt es, dass die Architektur eingesetzt, untersucht und ausgewertet werden kann. Allgemeine Entwurfsstrategien beschreiben lokale Entwurfsentscheidungen, die sich häufiger im System wiederholen. Eine Beschreibung der Entwurfsstrategien verhindert, dass verschiedene Entwickler das gleiche Problem in unterschiedlichen Teilsystemen verschieden lösen. Auf diese Weise wird Arbeit minimiert und die Verständlichkeit des Entwurfs erhöht. Der Entwurf wird abgeschlossen, wenn ein ausführbares architektonisches Release entwickelt wurde und die Architektur überprüft ist.

Evolution

Ziel der Evolution ist die inkrementelle Realisierung der Architektur. Dies geschieht im Wesentlichen durch zwei Aktivitäten: (1) die Anwendung des Mikro-Prozesses und (2) die Verwaltung von Veränderungen. Während der Evolution ergibt sich eine Folge von ausführbaren Versionen, wobei jede Version eine Verfeinerung der vorangegangenen Version ist. Entwickelte Versionen werden an die Qualitätssicherung und an ausgewählte Kunden weitergereicht, damit diese die realisierten Funktionen überprüfen können. Darüber hinaus können Verhaltensprototypen entwickelt werden, die eine Überprüfung bestimmter Aspekte des Entwurfs erlauben oder die eine Entscheidungshilfe bei Alternativen darstellen. Die Evolution ist beendet, wenn die Funktionalität und die Qualität der Version so gut sind, dass diese verkauft werden kann.

Wartung

Während der Wartung werden Veränderungen am ausgelieferten System vorgenommen, beispielsweise werden neue Anforderungen hinzugefügt oder übrig gebliebene Fehler eliminiert. Die Wartung liefert das gleiche Ergebnis wie die Evolution: ausführbare Versionen des Systems. Die durchzuführenden Aktivitäten entsprechen ebenfalls denen der Evolution. Zudem wird eine Dringlichkeitsliste angelegt, die als Hilfsmittel für das Sammeln von Fehlern und Verbesserungsvorschlägen dient. Die Einträge in der Dringlichkeitsliste werden priorisiert und für neue Versionen gruppiert.

Anpassung und Einführung

Die Einführung des Booch-Vorgehensmodells in bestehende Software-Organisationen erfordert Strategien, die eine schrittweise und kontrollierbare Integration des Modells erlauben. Für das Booch-Vorgehensmodell wird keine konkrete Einführungsstrategie vorgeschlagen. Hier kann die bereits erwähnte allgemeine Strategie zur Einführung von Vorgehensmodellen angewendet werden. Die Booch-Methode weist aber auf Aspekte hin, die bei der Einführung objektorientierter Konzepte in eine traditionelle Entwicklungsorganisation berücksichtigt werden müssen. Diese Aspekte sind:

- Entwickler und Manager benötigen ein Training in objektorientierten Konzepten.
- Die objektorientierten Konzepte sollten zuerst in einem risikolosen Projekt angewendet werden. Dabei sollte es Entwicklern und Managern erlaubt sein, Fehler zu begehen. Nach Abschluss des Projekts können die Mitglieder des Teams in weiteren Projekten als Mentoren bezüglich des objektorientierten Ansatzes eingesetzt werden.
- Objektorientierte Konzepte erlernt man am leichtesten durch Beispiele. Entwicklern und Managern sollten daher Beispiele für wohlstrukturierte, objektorientierte Systeme gezeigt werden.
- Die Bedeutung von Mikro- und Makro-Prozess hängt von der Größe und Zusammensetzung des Teams ab. In kleineren Projekten, in denen ein Team aus sehr erfahrenen Entwicklern eingesetzt wird, spielt der Makro-Prozess eine weniger wichtige Rolle als bei komplexen Projekten, an denen ein großes Team von Entwicklern arbeitet.

Werkzeuge

Der Einsatz des Booch-Vorgehensmodells in größeren Projekten erfordert die Unterstützung durch Werkzeuge. Booch zählt verschiedene Werkzeuge auf, die eine Entwicklung entsprechend des Booch-Vorgehensmodells sinnvoll unterstützen. Leider gibt es derzeit keine Entwicklungsumgebung, die alle genannten Werkzeuge unterstützt. Die von der Booch-Methode genannten Werkzeuge sind:

- Zur Modellierung der Analyse- und Entwurfsdiagramme sollte ein grafikbasiertes System eingesetzt werden, das die verwendete Notation unterstützt. Hier kann ein einfaches Grafik-Werkzeug, wie beispielsweise VisualThougth, oder ein CASE-Werkzeug, wie beispielsweise Rational Rose, eingesetzt werden.

- Die Release-Entwicklung im Makro-Prozess macht Werkzeuge erforderlich, die ein schnelles Umschalten zwischen Editieren, Compilieren, Ausführen und Debuggen erlauben. Existierende Werkzeuge unterstützen ein solches Vorgehen bisher nur unzureichend.
- Werkzeuge sollten Reverse-Engineering erlauben. Dies reduziert die Wahrscheinlichkeit, dass die Dokumentation nicht mit der aktuellen Implementierung übereinstimmt. Mit existierenden CASE-Werkzeugen, beispielsweise StP/UML, lassen sich aus der aktuellen Implementierung heraus Diagramme erzeugen.
- Ein Klassenbrowser erlaubt die Navigation durch die Klassenstruktur und die Modularchitektur eines Systems.
- Die inkrementelle Vorgehensweise erfordert einen inkrementellen Compiler, der einzelne Deklarationen und Anweisungen kompilieren kann.
- Es ist ein Debugger erforderlich, der die Semantik von Klassen und Objekten kennt. Zudem sind Werkzeuge, wie ein Belastungstester, der die Kapazität der Software testet, oder ein Speicheranalyse-Werkzeug notwendig, das Verletzungen des Speicherzugriffs offenlegt.
- Werkzeuge zur Konfigurations- und Versionskontrolle sind insbesondere für große und komplexe Projekte erforderlich.
- Wiederverwendung wird durch den Einsatz von Browsern unterstützt, die es erlauben durch Klassenbibliotheken zu navigieren.
- Für Systeme, die viel Interaktion mit dem Benutzer erfordern, sollte zur interaktiven Gestaltung von Dialogen und Fenstern ein GUI-Builder eingesetzt werden.

Weiterführende Literatur

Booch, G.
Object-Oriented Analysis and Design. With Applications.
Second Edition.
Benjamin Cummings Publishing Company, 1994

Booch, G.
Object Solutions: Managing the Object-Oriented Project
Addison-Wesley, 1995

Booch, G., Eykholt, E. (Editor), Eykholt, E. M.
Best of Booch: Designing Strategies for Object Technology
Sigs Books & Multimedia, 1997

Martin, R. C.
Designing Object-Oriented C++ Applications Using the Booch-Method
Prentice Hall, Englewood Cliffs, New Jersey, 1995

Objectory

Das Objectory-Vorgehensmodell wurde von Ivar Jacobson 1992 entwickelt und gehört wie das Booch- und OMT-Vorgehensmodell zu der ersten Generation objektorientierter Vorgehensmodelle. Das Objectory-Vorgehen ist ein sogenannter „Anwendungsfall (engl. Use Case) getriebener Ansatz", in dem ein Use-Case-Modell als zentrales Modell der Entwicklung dient, von dem alle anderen Modelle abgeleitet werden können. Ein Use-Case-Modell beschreibt die gesamte Funktionalität des Systems durch die Interaktion von Außenwelt und System. Das Use-Case-Modell ist die Basis der Objectory-Phasen Analyse, Konstruktion und Testen. Die Objectory-Vorgehensweise definiert einen inkrementellen und iterativen Prozess, der dem Spiralmodell von Boehm ähnelt. Basierend auf einem gegebenen Anforderungsdokument wird eine erste Version des Systems entwickelt. Änderungen an den Anforderungen in der Wartungsphase führen zu neuen Versionen des Systems. Darüber hinaus ist es möglich, Inkremente auf dem vorgegebenen Anforderungsdokument zu definieren. Dabei schlägt das Vorgehen einen Inkrementumfang von fünf bis 20 Use Cases vor.

Vorgehensmodell-Übersicht

Das Objectory-Vorgehensmodell unterscheidet im Wesentlichen zwischen drei Phasen: die Analyse-, die Konstruktions- und die Testphase. In der Analysephase wird basierend auf einer ersten bereits entwickelten Anforderungsbeschreibung ein anwendungsorientiertes Analysemodell erarbeitet. Dieses Modell beschreibt, was das System für seine Anwender bereitstellt. Außerdem wird bereits zu diesem Zeitpunkt eine erste Struktur für das System definiert, die robust gegen Änderungen sein soll und das System in klare und verständliche Einheiten aufteilt. In der Konstruktionsphase wird ein Entwurfsmodell entwickelt und dieses in eine konkrete Programmiersprache umgesetzt. Während der Testphase wird überprüft, ob das implementierte System die gewünschten funktionalen und nicht-funktionalen Anforderungen erfüllt. Dabei wird auf unterschiedlichen Ebenen getestet, d.h. von spezifischen Funktionen einzelner Objekte bis hin zum Gesamtsystem. Das Testmodell dokumentiert Testfälle und Testergebnisse. Neben den drei Hauptphasen der Entwicklung gibt es noch die Komponentenentwicklung, in der Komponenten entwickelt und gewartet werden. Im Verständnis von Objectory sind Komponenten definierte und implementierte Systemteile, die in mehreren Systemen wieder verwendet werden können. Damit gehört das Objectory-Vorgehensmodell als eines der ersten konkreten objektorientierten Modelle zu der Familie der wiederverwendungsorientierten Vorgehensmodelle.

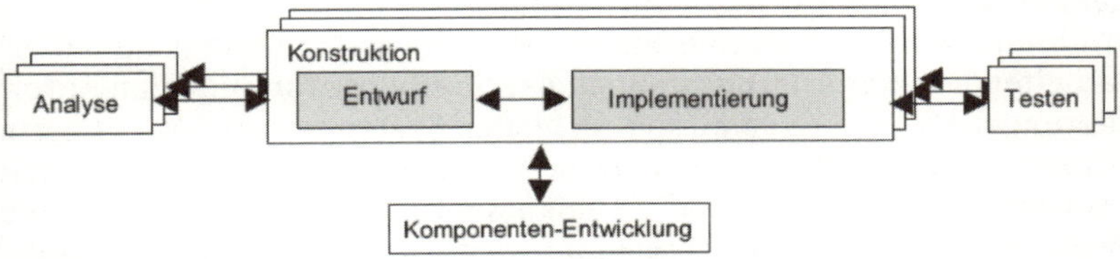

Das Objectory-Vorgehensmodell betont die „Verfolgbarkeit" zwischen Analyse- und Entwurfsmodellen, d.h., es soll leicht sein, die Beziehungen zwischen den verschiedenen Modellen herzustellen. Durch den Use-Case-zentrierten Ansatz unterstützt das Objectory-Vorgehensmodell im Vergleich zu anderen objektorientierten Vorgehensmodellen die Ermittlung funktionaler Anforderungen an das zu entwickelnde System aus Sicht der Systemnutzer. Die Ermittlung von Anforderungen mithilfe von Use Cases wurde in andere Vorgehensweisen übernommen und findet sich heute in nahezu allen objektorientierten Vorgehensmodellen. Das Objectory-Vorgehen gibt leider nur wenig Anleitungen für die Entwurfs- und Implementierungsphase eines Systems.

Aktivitäten und Ergebnisse

Ziel der **Analysephase** ist es, die funktionalen Anforderungen an das zu entwickelnde System und den Systemkontext zu verstehen. Das resultierende Analysemodell beschreibt das Verhalten des Systems unter idealisierten Umständen, d.h., zu diesem Zeitpunkt werden noch keine Beschränkungen durch die Realisierungsumgebung beispielsweise durch die verwendete Programmiersprache, das verwendete Datenbanksystem oder andere umgebende Komponenten im Modell berücksichtigt. Es sollte allerdings abgeschätzt werden, ob das Analysemodell tatsächlich unter den gegebenen Projektbeschränkungen (z.B. verfügbare Mittel oder Anforderungen an die Performanz) realisiert werden kann. Im Detail umfasst die Analysephase zwei Aktivitäten:

Analyse

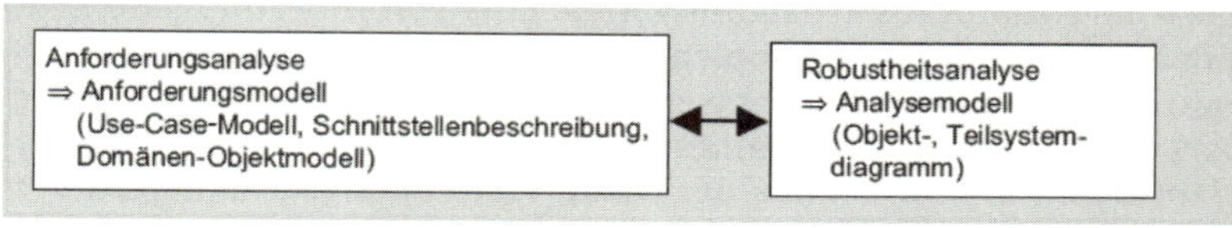

Anforderungsanalyse

Während der Anforderungsanalyse wird ein Anforderungsmodell erarbeitet. Das Anforderungsmodell beschreibt die funktionalen Anforderungen an das System aus Sicht der Systemnutzer. Aus diesem Grund wird dieses Modell typischerweise in enger Zusammenarbeit mit dem Kunden entwickelt. Es dokumentiert, wie das System durch verschiedene Anwender verwendet wird. Es besteht aus drei Teilen: einem Use-Case-Modell, Schnittstellenbeschreibungen und einem Domänenmodell. Das Use-Case-Modell beschreibt Aktoren und Use Cases. Aktoren definieren Rollen, die Systemnutzer einnehmen, um Informationen mit dem System auszutauschen. Use Cases beschreiben die Funktionalität, die vom System angeboten wird. Die Schnittstellenbeschreibungen legen die Schnittstellen der Use Cases zur Außenwelt (zum Systemnutzer oder zu anderen Systemen) fest. Dies kann beispielsweise mit einem Prototyp der Benutzungsschnittstelle geschehen. Das Domänenmodell beschreibt die Objekte der Domäne in Form eines Objektmodells.

Robustheitsanalyse

Während der Robustheitsanalyse werden Objekte identifiziert, organisiert, Objektinteraktionen beschrieben, die Operationen von Objekten definiert und die interne Objektstruktur festgelegt. Die Objectory-Methode unterscheidet zwischen drei verschiedenen Kategorien von Objekten: Schnittstellenobjekte, Entitätsobjekte und Kontrollobjekte. Die Funktionalität, die in den Use Cases beschrieben ist, wird dabei den Objektkategorien nach folgenden Kriterien zugeordnet:

- Funktionalität, die direkt von der Systemumgebung abhängt, wird Schnittstellenobjekten zugeordnet.
- Funktionalität, die sich mit dem Speichern und Verwalten von Informationen beschäftigt und die nicht intuitiv Schnittstellenobjekten zugeordnet werden kann, wird Entitätsobjekten zugeordnet.
- Funktionalität, die spezifisch für einen oder wenige Use Cases ist und die intuitiv nicht einem der anderen Objektkategorien zugeordnet werden kann, wird Kontrollobjekten zugeordnet.

Des Weiteren können während der Robustheitsanalyse Objekte zu Teilsystemen („Service Packages" genannt) zugeordnet werden. Ziele sind dabei, aus stark funktional gekoppelten Objekten ein Teilsystem zu bilden und die Kopplung zwischen Teilsystemen möglichst zu minimieren. Die Objectory-Vorgehensweise weist darauf hin, dass ein großes System bereits vor der Analyse zerlegt werden muss. Bei der Zerlegung in Teilsysteme („Subsystems" genannt) müssen andere Aspekte wie beispielsweise geografische Verteilung des Entwicklungsteams oder Verteilung der Kompetenzen berücksichtigt werden. Ergebnis der Robustheitsanalyse ist ein Analysemodell, das Objekte und Zusammenhänge zwischen Objekten und Teilsystemen beschreibt.

Konstruktionsphase

Die Konstruktionsphase besteht aus einer Entwurfs- und Implementierungsphase. Während der Entwurfsphase wird das Analysemodell an die tatsächliche Implementierungsumgebung angepasst und dabei verfeinert und formalisiert. Während der Implementierung wird das Entwurfsmodell in eine konkrete Programmiersprache umgesetzt. Die Objectory-Methode betont die Wichtigkeit, dass Beziehungen zwischen Elementen (z.B. Objekte, Objektverhalten, Attribute) der Analysephase und Elementen der Konstruktionsphase (z.B. Blöcken, Klassen, Operationen, Attributen) hergestellt werden können. Neben diesen Beziehungen spielen Komponenten in der Konstruktionsphase eine besondere Rolle. In der Konstruktionsphase sind drei Aktivitäten von besonderer Bedeutung:

Konstruktion

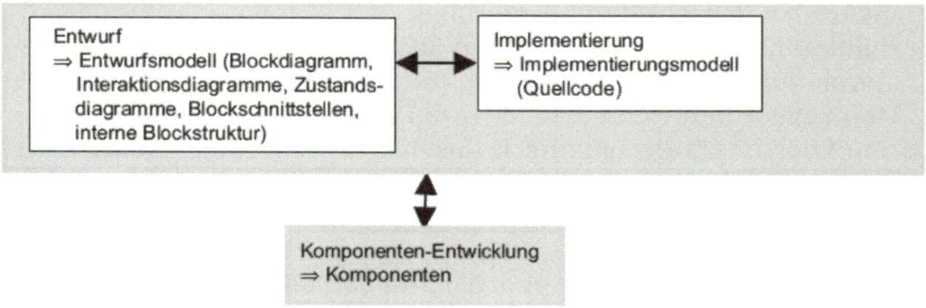

Entwurf

Während der Entwurfsphase wird basierend auf dem Analysemodell ein Entwurfsmodell entwickelt. Dabei werden im Wesentlichen drei Schritte durchgeführt: (1) Zuerst wird die Implementierungsumgebung des Systems identifiziert. Die Konsequenzen, die sich daraus für das System ergeben, werden in Form von strategischen Implementierungsentscheidungen dokumentiert. Das Vorgehensmodell schlägt vor, diesen Schritt parallel zur Analyse auszuführen. Dies gewährleistet, dass alle wichtigen Entscheidungen getroffen und dokumentiert sind, bevor mit dem Entwurf begonnen wird. (2) Danach wird ein erstes Entwurfsmodell entwickelt, in dem die Analyseobjekte in Entwurfsobjekte (d.h. Blöcke) übersetzt werden, die die Anforderungen der Implementierungsumgebung erfüllen. Ein Block abstrahiert dabei von der konkreten Implementierung, d.h., er kann durch eine oder mehrere Klassen realisiert werden. (3) Zum Schluss wird für jeden Use Case beschrieben, wie die instantiierten Blöcke interagieren, um die Funktionalität des Use Cases zu erbringen. Diese Interaktionsdiagramme führen außerdem zu einer Beschreibung der Schnittstellen von Blöcken. Diese Schnittstellen können in einer konkreten Programmiersprache dokumentiert werden. Zustandsdiagramme können weiterhin verwendet werden, um das interne Verhalten von Blöcken zu beschreiben und um deren Implementierung vorzubereiten. Zudem wird die interne Blockstruktur beschrieben, d.h. durch welche Klassen ein Block realisiert wird.

Implementierung

Während der Implementierung wird das Entwurfsmodell in eine konkrete Programmiersprache umgesetzt. Das resultierende Implementierungsmodell besteht aus Quellcode der spezifizierten Klassen des Entwurfsmodells.

Komponentenentwicklung

Die Komponentenentwicklung ist nicht Teil der Konstruktionsphase eines Entwicklungsprojekts, spielt aber in dieser Phase eine wesentliche Rolle. Während der Komponentenentwicklung werden Komponenten, d.h. implementierte Abstraktionen, die allgemein verwendbar und von hoher Qualität sind, entwickelt. Komponenten werden entwickelt und dokumentiert, um in verschiedenen Kontexten wieder verwendet zu werden. Die Wiederverwendung kann dabei auf zwei Arten erfolgen: (1) „Blackbox“: Die Komponente wird ohne Anpassung in einem neuen Kontext eingesetzt oder (2) „Whitebox“: Die Komponente wird für den neuen Kontext überarbeitet und eingesetzt. Die Objectory-Methode schlägt vor, die Komponenten nicht innerhalb eines Projekts zu entwickeln, da an Komponenten besondere Qualitätsanforderungen gestellt werden. Objectory sieht daher eine separate Komponentenabteilung vor, die die Verwaltung einer Komponentenbibliothek übernimmt, Vorschläge für neue Komponenten aus Projekten aufgreift und die Komponenten entwickelt. Eine weitere Aufgabe der Abteilung ist es, Komponenten der Bibliothek aktiv in die Konstruktionsphase verschiedener Projekte hineinzutragen.

Testen
⇒ Testmodell (Testprotokoll, Testspezifikationen, Testumgebungen, Testergebnisse)

Testphase

Während der Testphase wird überprüft, inwieweit das System die funktionalen und nicht-funktionalen Anforderungen erfüllt. Übliche Strategie dabei ist, zuerst die unterste Abstraktionsebene des Systems zu testen (d.h. Klassen und Blöcke), später dann „Service Packages“ und Use Cases. Informationen über den Testprozess werden in einem Testprotokoll dokumentiert, welches als Basis für eine spätere Verfeinerung des Testprozesses und der Planung neuer Tests dient. Das Protokoll enthält eine kurze Beschreibung der durchgeführten Testaktivitäten. Insbesondere wird beschrieben, ob der Test zum Erfolg führte oder abgebrochen werden musste. Beim Abbruch wird eine ausführliche Begründung angegeben. Ein Testprotokoll wird jeweils zu einer Systemversion in Beziehung gesetzt.

Im Einzelnen lassen sich sechs Testschritte unterscheiden:

1. Während der **Testplanung** wird festgelegt, wie getestet wird (d.h. mit welcher Werkzeugunterstützung und hinsichtlich welcher Testkriterien), auf welchen Abstraktionsebenen (Klassen, Blöcken, Teilsystemen) und in welcher Reihenfolge Tests durchgeführt werden sollen. Es wird geprüft, ob existierende Testprogramme oder Daten benutzt werden können, ob diese angepasst werden müssen oder neu entwickelt werden müssen. Basierend auf den Informationen kann eine erste Abschätzung der benötigten Ressourcen erfolgen, die in den Projektplan eingetragen wird.
2. Im zweiten Schritt, der **Testidentifikation**, werden Tests identifiziert und die vorgenommene Abschätzung der Ressourcen verfeinert. Dabei soll gewährleistet werden, dass notwendige Ressourcen für bestimmte Tests (z.B. eine Testumgebung) vorhanden sind, wenn mit dem entsprechenden Test begonnen wird.
3. Im dritten Schritt, der **Testspezifikation**, werden Tests und Ziel der Tests in übersichtlicher Darstellung beschrieben. Darüber hinaus wird eine detaillierte prozedurale Beschreibung jedes Tests erarbeitet. Die Testspezifikation umfasst außerdem eine Beschreibung des erwarteten Verhaltens des Systems. Neben den Testspezifikationen werden in dieser Phase Testreports vorbereitet, die während der Testausführung ausgefüllt werden.
4. Im vierten Schritt, der **Testdurchführung**, wird jeder Test entsprechend der Testspezifikation durchgeführt. Eine Entscheidungstabelle kann verwendet werden, um die Testergebnisse von Tests auf unteren Abstraktionsebenen zu dokumentieren. Dabei wird jedes Testergebnis mit 1 oder 0 bewertet. Zusätzlich können die Tests auf unteren Abstraktionsebenen nach Wichtigkeit gewichtet werden, so dass basierend auf den Ergebnissen dieser Tests ein Ergebnis für einen Test eines Use Cases bestimmt werden kann. Für den Test eines Use Cases kann im Vorfeld ein Limit definiert werden, das bestimmt, ab wann ein Test abgebrochen wird. Wenn die gewichtete Summe der Ergebnisse der Tests auf unteren Abstraktionsebenen das Limit überschreitet, wird der Test abgebrochen.
5. Im Falle eines abgebrochenen Tests erfolgt eine **Fehleranalyse**. Die Fehlverhalten werden analysiert und behoben. Nach der Analyse, werden neue Tests spezifiziert und durchgeführt. Dieser Prozess wiederholt sich bis die gewichtete Summe der Ergebnisse das Limit unterschreitet.

6. Das **Testende** ist erreicht, wenn alle Tests erfolgreich abgeschlossen wurden. Die Testumgebung und -dokumentation wird als Teil des entwickelten Software-Systems dokumentiert und für spätere Tests aufgehoben. Erfahrungen beim Test werden ermittelt und für zukünftige Testaktivitäten dokumentiert.

Anpassung und Einführung

Die Einführung des Objectory-Vorgehensmodells erfordert Sorgfalt und spezielle Einführungsstrategien wie die Einführung anderer Vorgehensmodelle auch. Das Vorgehensmodell schlägt folgende Strategie vor:

- Überzeugen des Managements: Die Einführung eines neuen Vorgehens ist eine strategische Entscheidung und muss daher von der oberen Management-Ebene getragen werden. Das ganze Unternehmen muss sich über die Bedeutung der Entscheidung im Klaren sein.
- Einführen in ein erstes kleineres Projekt: Das neue Vorgehen sollte zuerst in einem kleinen Entwicklungsprojekt oder beim Re-Engineering eines existierenden Systems eingesetzt werden. Da der Erfolg oder Misserfolg des Projekts der Vorgehensweise angelastet wird, sollte das Projekt mit Sorgfalt ausgewählt werden. Es sollten genug Ressourcen bereitgestellt werden, um ein faires Urteil zu erlauben. Objectory gibt dabei folgende Hinweise: (1) Wähle ein reales Projekt aus, das wichtig ist, aber nicht einem engen Zeitrahmen oder anderen harten Beschränkungen unterliegt, (2) wähle einen Anwendungsbereich, der bekannt und klar definiert ist, (3) wähle Entwickler, die erfahren in der Systementwicklung sind und Änderungen positiv gegenüber eingestellt sind. Das Management sollte den Personen vertrauen. (4) Wähle einen Projektmanager, der sehr an der Aufgabe interessiert ist. (5) Die Entwickler sollten nicht in andere Projekte involviert sein, (6) die Entwicklung sollte anhand eines im Vorfeld entwickelten Plans erfolgen und immer wieder kontrolliert werden.
- Training und Werkzeugunterstützung: Die Entwickler im Projekt müssen dem neuen Vorgehen offen gegenüberstehen. Wesentliche Bausteine in diesem Zusammenhang sind Training und Werkzeugunterstützung. Der Umfang eines Trainings hängt von der Aufgabe einer Person im Projekt ab. Jeder Projektteilnehmer sollte ein Training in den Basiskonzepten erhalten. Je nach Aufgabe sollte sich ein Spezialtraining anschließen. Objectory gibt eine detail-

lierte Beschreibung der Trainingsinhalte und -dauer. Wichtig ist außerdem, dass zuerst die Methode eingeführt wird und erst danach ein unterstützendes Werkzeug. Hintergrund ist, dass eine Methode auch ohne Werkzeug eingesetzt werden kann, allerdings nicht umgekehrt.
- Sonstige Maßnahmen: Die Einführung einer neuen Vorgehensweise erfordert eine Anpassung des existierenden Projekt- und Produktmanagements.
- Erwartungshaltung: Mit einem ersten Projekt sollten vernünftige Erwartungen verbunden werden. Die Objectory-Methode weist darauf hin, dass es einige Jahre dauern kann, bevor eine signifikante Steigerung der Produktivität erreicht werden kann. Ebenso ergäben sich Vorteile aus der Komponententechnologie und Wiederverwendung gewöhnlich nach zwei bis drei Jahren.
- Risikomanagement: Die Einführung einer neuen Vorgehensweise birgt immer ein gewisses Risiko. Deshalb sollten Risiken abgeschätzt werden. Dazu gehört, dass Risiken identifiziert, abgeschätzt und kontrolliert werden. Typischerweise können ca. 15 bis 20 Risiken für ein Projekt normaler Größe (5 bis 15 Personen) identifiziert werden. Jedes Risiko wird hinsichtlich seiner Auswirkung beurteilt und mit einer Wahrscheinlichkeit versehen. Danach wird die Risikoliste um konkrete Aktionen erweitert, die durchgeführt werden sollen, wenn das Risiko eintritt.

Das Objectory-Vorgehensmodell soll für verschiedene Systeme unterschiedlicher Anwendungsbereiche geeignet sein. Die Eigenschaften verschiedener Systeme (Real-Time, Datenbank) werden von Objectory auch diskutiert. Es gibt allerdings keine Beschreibung des gesamten Entwicklungsprozesses für verschiedene Arten von Systemen.

Werkzeuge

Objectory wird von verschiedenen Zeichen- und CASE-Werkzeugen unterstützt. Die Zeichenwerkzeuge wie z.B. VisualThought erlauben, die verschiedenen von Objectory verwendeten Diagramme zu zeichnen. CASE-Werkzeuge wie beispielsweise Rational Rose unterstützen darüber hinaus unter anderem die Codegenerierung von Klassenrahmen. Eine Umgebung, die Entwicklungs- und Testaktivitäten unterstützt, kann durch eine Kombination verschiedener Werkzeuge erreicht werden. Beispielsweise werden von Rational verschiedene Testwerkzeuge, wie z.B. Rational Suite TestStudio, angeboten, die mit Rational Rose verknüpft werden können.

Weiterführende Literatur

Jacobson, I.
Object-Oriented Software Engineering: A Use Case Driven Approach
Addison-Wesley, 1992

Jacobson, I.
The Object Advantage: Business Process Reengineering With Object Technology
Addison-Wesley, Object Technology Series, 1994

Fusion

Das Fusion-Vorgehensmodell wurde Mitte der 1990er von Derek Coleman und Kollegen bei Hewlett-Packard (HP) entwickelt. Fusion basiert auf den Konzepten und Ideen der zu dieser Zeit populärsten Vorgehensmodellen: OMT, Booch und Objectory. Aufgrund seiner Systematik sowie der Vereinheitlichung der gängigen Konzepte der objektorientierten Modellierung (Diagramme, Konstrukte etc.) wurde Fusion rasch bekannt, konnte aber keine große Verbreitung erreichen. Ein Grund hierfür ist sicherlich die mangelnde Weiterentwicklung seitens HP.

Fusion beruht auf verschiedenen Diagrammen mit deren Hilfe ein Software-System auf drei unterschiedlichen Abstraktionsebenen beschrieben wird. Das Objektmodell und das Schnittstellenmodell beschreiben die Problemdomäne sowie das gewünschte Verhalten des Systems auf einer hohen Abstraktionsebene. Auf einer tieferen Abstraktionsebene geben Klassenbeschreibungen und Vererbungsgraphen die Signatur aller Klassen sowie deren statische Beziehungen wieder. Auf der tiefsten Abstraktionsebene beschreiben Interaktions- und Sichtbarkeitsgraphen die Zusammenarbeit zwischen Klasseninstanzen sowie spezifische Situationen zur Laufzeit.

Vorgehensmodell-Übersicht

Das Fusion-Vorgehensmodell beruht auf drei Phasen, die in einem rekursiven Prozess durchlaufen werden. Rekursiv bedeutet in diesem Zusammenhang, dass identifizierte Teilsysteme, wie auch das Gesamtsystem, als eigenständig betrachtet und mittels aller Fusion-Phasen entwickelt werden. Aufgrund seiner Organisation ist das Fusion-Vorgehensmodell ein Vertreter der wiederholenden Vorgehensmodelle. Zusätzlich zu den drei Phasen wird in Fusion projektweit ein „Data-Dictionary“ gepflegt. Dies beinhaltet alle das Projekt betreffende wichtigen Annahmen und Konzepte.

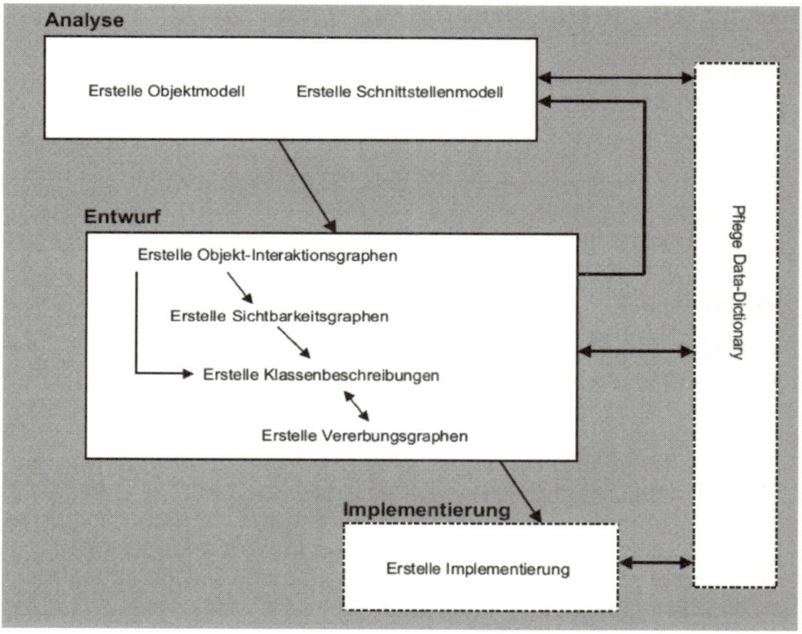

Die Zielsetzung des Fusion-Vorgehensmodells, gängige objektorientierte Vorgehensmodelle in einem Modell zu vereinigen, führte zu seiner Verbreitung. Weitere Eigenschaften wie klar strukturierte Phasen und Aktivitäten, eine relativ kleine Anzahl von Diagrammarten sowie „eingebaute" Richtlinien und Regeln zur Erhaltung der Konsistenz zwischen einzelnen Diagrammen bzw. Modellen oder systematische Qualitätssicherungsmaßnahmen waren hierfür weitere ausschlaggebende Faktoren. Während Analyse und Entwurf durch Fusion systematisch unterstützt werden, wird die Implementierung, d.h. die Umsetzung der Diagramme in den eigentlichen Quellcode sowie die Identifizierung von Anforderungen („Requirements Elicitation"), nur unzureichend betrachtet. Aufgrund seiner Veröffentlichung in den 1990ern werden durch das Fusion-Vorgehensmodell neuere Technologien, wie z.B. .Net/COM+ oder EJB/J2EE, nicht berücksichtigt. Entwickler sind hierbei auf ihre eigenen Erfahrungen bzw. auf unterstützende Werkzeuge angewiesen. Fusion war eines der ersten Vorgehensmodelle, das eine hierarchische bzw. rekursive Systementwicklung vorsieht. Diese rekursive Herangehensweise ist dabei nicht nur ein geeignetes Mittel zur Beherrschung von Komplexität, sondern verhindert auch unstrukturierte bzw. zu große Diagramme. Ein Beispiel ist hierfür OMT das im Extremfall ein einzelnes Klassendiagramm, unabhängig von der Systemgröße, verwendet.

Trotz der rekursiven Vorgehensweise konnte sich Fusion nicht den Marktanteil anderer Vorgehensmodelle wie Booch oder OMT erkämpfen. Diese Situation wurde auch nicht durch Weiterentwicklungen wie FuML, eine Adaption von Fusion auf die UML, oder „Evolutionary Fusion" zur Anwendung evolutionärer Lebenszyklen geändert.

Aktivitäten und Ergebnisse

Das Vorgehensmodell von Fusion unterteilt Software-Entwicklungsprojekte prinzipiell in die drei Phasen Analyse, Entwurf und Implementierung. Diese Aktivitäten enthalten wiederum Tätigkeiten zur Erstellung von vordefinierten Ergebnissen. Dabei konzentriert sich Fusion, unter Vernachlässigung von Managementaktivitäten, auf reine Entwicklungsaktivitäten. Fusion definiert aber, im Gegensatz zu Vorgehensmodellen wie OMT oder Booch, Konsistenzregeln zwischen den Ergebnissen und schlägt weiterhin Reviews zur Qualitätssicherung vor. Andere zur Software-Entwicklung gehörende Aktivitäten wie z.B. Testen oder Konfigurationsmanagement werden vernachlässigt.

Analyse

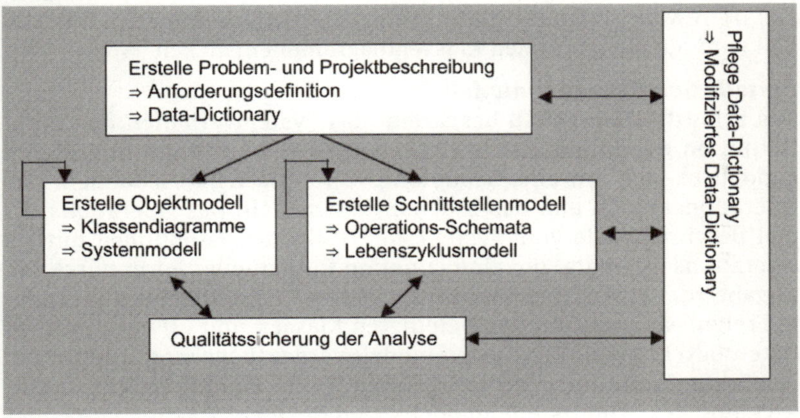

Ein Fusion-Projekt startet mit der Analyse der Anforderungen an das zu erstellende System. Ziel ist, ein Verständnis über das System zu erhalten. Ausgangspunkt der Analyse ist ein erstes Anforderungsdokument, dessen Erstellung aber nicht Teil von Fusion ist. Vielmehr setzt das Vorgehensmodell auf ein bereits erstelltes Anforderungsdokument auf. Typische Aktivitäten im Rahmen der **Analyse** sind:

Erstelle Problem- und Projektbeschreibung
In dieser Aktivität wird die anfängliche Anforderungsdefinition im Hinblick auf wichtige Konzepte und Ideen analysiert. Diese bilden das initiale Data-Dictionary, welches während des gesamten Projektverlaufs genutzt und gepflegt wird.

Erstelle Objektmodell
Das Objektmodell dient der abstrakten Beschreibung des Systems mithilfe von Objekten, Klassen und deren Beziehungen. Dabei wird, mithilfe von Klassendiagrammen, die statische Struktur des Systems beschrieben und nicht, wie sich das System zur Laufzeit verhält bzw. wie Systemteile interagieren. Typische Aktivitäten sind hierbei die Ableitung von Klassen aus der Anforderungsdefinition, deren Beziehungen untereinander sowie die Identifizierung von Attributen. Dieses Vorgehen wird iteriert und führt zur Optimierung der Diagramme. Ein weiterer Bestandteil des Objektmodells ist das sogenannte Systemmodell, welches die Umgebung der Anwendung beschreibt. Ziel des Modells ist die Identifikation und Beschreibung von Systemgrenzen (Hardware-Software-Schnittstelle, externe Systeme etc.). Das Modell wird aus dem initialen Klassendiagramm entwickelt.

Erstelle Schnittstellenmodell
Das Schnittstellenmodell beschreibt das Systemverhalten durch die Definition der Interaktion zwischen System und Umgebung. Dabei handelt es sich um eine Sammlung von einfacheren Modellen: das Operationsmodell und das Lebenszyklusmodell. Das Operationsmodell beschreibt alle vom System zu erfüllenden Funktionen mittels Operationsschemata, die eine Funktion in textueller Form durch die Angabe von (1) Vor- und Nachbedingungen, (2) Empfangene-Gesendete Ereignisse zwischen den beteiligten Klassen und (3) verwendeten Daten beschreiben. Das Systemmodell verdeutlicht mögliche Folgen von Systemfunktionen und Ereignissen. Typische Aktivitäten zur Entwicklung des Schnittstellenmodells sind die Identifikation von Funktionen und Ereignissen aus der Anforderungsdefinition, die Erstel-

lung von Operationsschemata für jede dieser Funktionen sowie die Beschreibung von typischen Sequenzen der Operationen.

Qualitätssicherung der Analyse
Sowohl das Objekt- als auch das Schnittstellenmodell werden nach ihrer Erstellung auf Vollständigkeit und Konsistenz untersucht. Hierzu werden in Reviews, unter Einsatz der von Fusion definierten Regeln, die einzelnen Diagramme und Modelle gegen die Anforderungsdefinition sowie gegeneinander geprüft und ggf. korrigiert.

Pflege des Data-Dictionary
Das Data-Dictionary wird während aller Aktivitäten des Fusion-Vorgehensmodells verwendet (Einhalten gemeinsamer Standards, Namenskonventionen etc.). Anfallende Änderungen und Ergänzungen werden zeitgleich im Data-Dictionary durchgeführt, um stets Konsistenz und Korrektheit garantieren zu können.

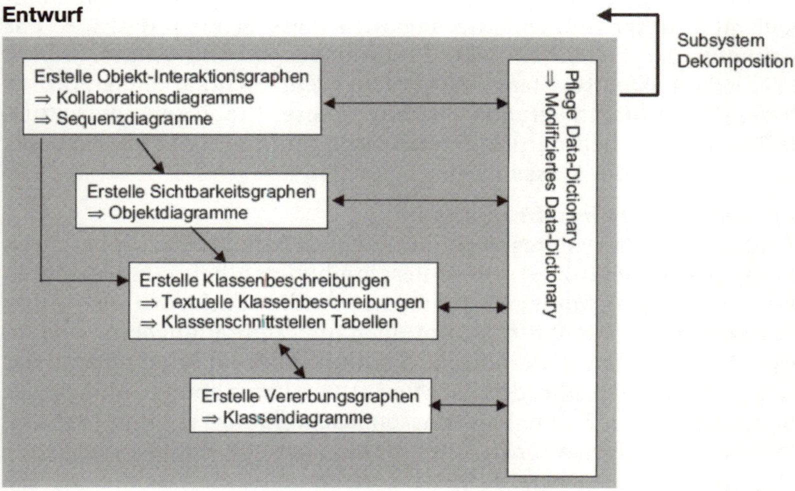

Das in der ersten Phase erstellte Objekt- und Schnittstellenmodell wird in der zweiten Phase von Fusion, dem Entwurf, verwendet, um eine Strategie zur Realisierung der identifizierten Systemfunktionalität mittels der beschriebenen Klassen und Objekte festzulegen. Teilsysteme, die in den Aktivitäten des Entwurfs identifiziert werden, gelten als „eigenständige" Systeme und werden separat mit Fusion analysiert (Phase

1), entworfen (Phase 2) und implementiert (Phase 3). Zur Erstellung des **Entwurfs** werden die folgenden Aktivitäten durchgeführt:

Erstelle Objekt-Interaktionsgraphen
Für jedes in der Analysephase dokumentierte Operationsschema wird ein Objekt-Interaktionsgraph entwickelt. Dieser Graph beschreibt, mittels Kollaborations- und Sequenzdiagrammen, die beteiligten Objekte sowie deren Zusammenarbeit zur Realisierung der im Schema beschriebenen Operation. Aktivitäten sind hierbei die Identifizierung der Objekte aus den Operationsschemata, die Festlegung von Controller-Objekten", die für die Abwicklung verantwortlich sind, sowie die Beschreibung der Nachrichten (hier Methodenaufrufe) zwischen den einzelnen Objekten.

Erstelle Sichtbarkeitsgraphen
Die definierten Interaktionen zwischen den Objekten in den Objekt-Interaktionsgraphen gehen zunächst von einer „globalen" Sichtbarkeit aus. In der Implementierung wird diese Sichtbarkeit, z.B. aus Gründen der Sicherheit oder Performance, häufig eingeschränkt. Für jede bekannte Klasse wird daher ein Sichtbarkeitsgraph, in Form eines Objektdiagramms, erzeugt. Dieser Graph zeigt die aktuelle Zusammenarbeit der Objekte zur Laufzeit und dient als Basis für die Erstellung der Klassenbeschreibungen.

Erstelle Klassenbeschreibungen
Jede Klasse des Systems wird durch eine textuelle Klassenbeschreibung genau spezifiziert. Diese Beschreibung enthält alle bekannten und zur späteren Implementierung notwendigen Informationen einer Klasse, wie z.B. Attribute, Operationen und Verbindungen. Die benötigten Informationen werden dabei sowohl aus dem Objektmodell der Analyse als auch aus den Sichtbarkeits-, Interaktions- und Vererbungsgraphen bezogen. Eine Klassenbeschreibung ist somit eine Kollektion aller Informationen einer Klasse über alle Modelle hinweg.

Erstelle Vererbungsgraphen
Ein Vererbungsgraph dient der Identifikation und Modellierung aller Vererbungsbeziehungen zwischen den Klassen eines Systems. Zu seiner Erstellung wird das Objektmodell der Analyse verfeinert. Hierzu werden Entwurfsinformationen in das Klassendiagramm eingefügt (z.B. Operationen einzelner Klassen, Sichtbarkeiten etc.). Dieses verfeinerte Modell wird im Anschluss auf mögliche Vererbungsbeziehungen untersucht und die Klassen des Systems entsprechend modifiziert. Ak-

tivitäten sind hierbei z. B. Hinzufügen von abstrakten Klassen, Schnittstellenklassen, Verschiebung von Attributen und Operationen etc.

Implementierung

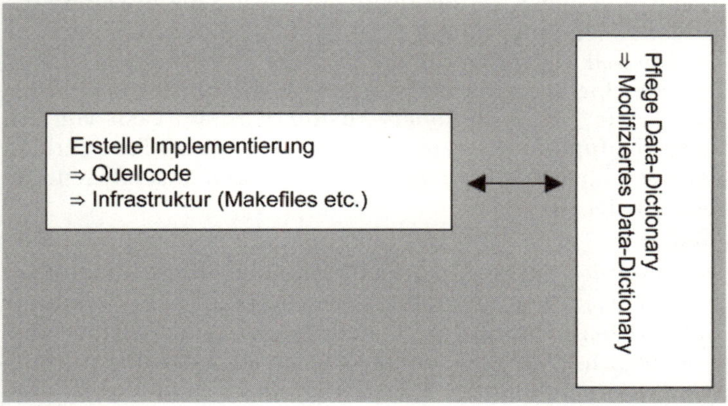

Die dritte und letzte Phase von Fusion ist die **Implementierung**. Sie dient der Entwicklung von ausführbarem Quellcode aus den Klassenbeschreibungen und den beschriebenen Interaktionen des Entwurfs. Fusion bietet hierzu nur wenig Unterstützung und überlässt die Abbildung der Beschreibungen und Modelle dem Entwickler bzw. einem von den Entwicklern eingesetzten CASE-Werkzeugs.

Anpassung und Einführung

Zur effektiven Einführung des Fusion-Vorgehensmodells in bestehende Organisationen müssen Strategien definiert werden, die eine systematische und vor allem kontrollierbare Integration erlauben. Die Autoren des Fusion-Vorgehensmodells schlagen keine spezifische Strategie vor. Allerdings haben Erfahrungen von Anwendern bei HP gezeigt, dass sich die Durchführung von Pilotprojekten, gefolgt von einer schrittweisen Verbreiterung auf größere Projekte, bewährt hat. Weiterhin kann die allgemeine Strategie zur Einführung von Vorgehensmodellen zum Einsatz kommen.

Eine wichtige Rolle bei der Einführung spielt auch die jeweilige Anwendungsdomäne des geplanten Systems. Spezielle Eigenschaften dieser Domäne erfordern ggf. eine spezifische Anpassung des Vorgehensmodells. Ein gutes Beispiel hierfür sind Echtzeitsysteme, die z. B. die Modellierung von Zeit, Präzision, „Threads“ etc. erfordern. Erfahrungen bei HP und anderen Unternehmen haben gezeigt, dass sich Fusion gut für Echtzeitsysteme, aber auch für reine Informationssysteme eignet. Eine andere Problematik sind „große“ Projekte mit verteilten Teams und engen Zeitbedingungen. Fusion bietet keine Konzepte zur parallelen Entwicklung eines Systems durch verschiedene Teams an. Speziell hierfür wurde die Variante „Evolutionary Fusion“ entwickelt, die eine bessere Unterstützung insbesondere in Phase 1, der Analyse, bietet. In „Evolutionary Fusion“ wird auf Basis von Use Cases die Systemfunktionalität in kleine überschaubare Teile zerlegt, diese nach verschiedenen Prioritäten geordnet und anschließend inkrementell entwickelt.

Werkzeuge

Die Anwendung des Fusion-Vorgehensmodell erfordert für größere Projekte den Einsatz von unterstützenden Werkzeugen. Werkzeuge unterstützen dabei nicht nur die Erstellung der verschiedenen Diagramme und Beschreibungen, sondern dienen auch der Überprüfung der durch Fusion definierten Konsistenzregeln. Leider existieren keine Werkzeuge, die Fusion explizit unterstützen. Allerdings können neben einfachen Zeichenwerkzeuge und Texteditoren CASE-Werkzeuge eingesetzt werden, die zumindest die UML und Textdokumente unterstützen (z. B. Rational Rose). Leider fehlt diesen Werkzeugen die explizite Prozessunterstützung, so dass Aktivitäten, wie die Überprüfung der Konsistenzregeln, manuell erfolgen müssen.

Weiterführende Literatur

Atkinson, C.
Adapting the Fusion Process to Support the UML
Object Magazine, 1997

Awad, M., Kuusela, J., Ziegler, J.
Object-Oriented Technology for Real-Time Systems: A Practical Approach using OMT and Fusion
Prentice Hall, 1996

Coleman, D., Arnold, P., Bodoff, S., Dollin, C., Gilchrist, H., Hayes, F., Jeremaes, P.
Object-Oriented Development: The Fusion Method
Prentice Hall, 1993

Malan, R., Letsinger, R., Coleman, D. (eds.)
Object-Oriented Development at Work: Fusion in the real World
Prentice Hall, 1996

Komponentenbasierte Entwicklung

Im Rahmen der systematischen Widerverwendung von Software-Entwicklungsergebnissen ist eine Tendenz zu höheren Abstraktionen erkennbar. D. h., von einer Wiederverwendung auf niedrigen Ebenen wie Funktionen/Prozeduren oder Klassen/Objekten geht die Entwicklung hin zur Wiederverwendung von Komponenten und Services. Im Zuge dieser Entwicklung hat die komponentenbasierte Entwicklung in den letzten Jahren große Bedeutung gewonnen. Grundlegende Idee ist dabei die rasche und qualitativ hochwertige Entwicklung neuer Systeme durch die Kombination verschiedener (existierender) Bauteile bzw. Komponenten zu betrachten. Annahme ist dabei, dass durch den Einsatz komponentenbasierter Ansätze der Grad der Wiederverwendung signifikant gesteigert wird. Damit wird implizit ebenfalls eine höhere Qualität bei gleichzeitiger Kostenersparnis erreicht. Diese Idee wird von zahlreichen Ansätzen unterstützt. Im Rahmen dieses Buches werden wir, als Vertreter der komponentenbasierten Entwicklung, den Unified Process, Catalysis, Kobra, UML Components und SELECT Perspective vorstellen.

Unified Process

Der Unified Process wurde 1998 von Ivar Jacobson, James Rumbaugh und Grady Booch veröffentlicht. Seine Entwicklung beruht auf dem Rational Objectory Process, der das Objectory-Vorgehensmodell (siehe Kapitel „Objectory“) erweitert. Der Rational Objectory Process kombiniert den Use-Case-getriebenen Ansatz des Objectory-Vorgehensmodells mit der architekturzentrierten Entwicklung und dem iterativen und inkrementellen Vorgehen des Booch-Vorgehensmodells (siehe Kapitel „Booch“). Schwerpunkte des Rational Objectory Process sind Use-Case-Modellierung, Analyse und Entwurf. Der Unified Process ergänzt den Rational Objectory Process hinsichtlich fehlender oder unzureichend unterstützter Tätigkeiten wie Implementierung, Test, Anforderungs- und Konfigurationsmanagement. An seiner Entwicklung waren verschiedene Werkzeugfirmen wie beispielsweise Requisite Inc. und SQA Inc. beteiligt. Inzwischen werden der Unified Process sowie die zugehörigen Werkzeuge durch die Firma IBM gewartet und vertreten.

Der Unified Process definiert einen generischen Prozess-Rahmen. Generisch bedeutet an dieser Stelle, dass das Vorgehensmodell für die Entwicklung von Software-Systemen für (1) unterschiedliche Anwendungsbereiche, (2) verschiedene Organisationen, (3) unterschiedliche Kompetenzebenen und (4) verschiedene Projektgrößen spezialisiert werden kann. Das Vorgehensmodell ist Use-Case-getrieben, architekturzentriert, iterativ und inkrementell. Use-Case-getrieben ist es, weil mithilfe von Use Cases einerseits die funktionalen Anforderungen aus Systemnutzer-Sicht ermittelt werden. Andererseits werden auf Basis der Use Cases eine Reihe von Entwurfs- und Implementierungsmodellen entwickelt. Die Entwurfs- und Implementierungsmodelle werden anhand der Use Cases überprüft und das ausführbare System anhand der Use Cases getestet. Das Vorgehensmodell ist architekturzentriert, weil neben den Use Cases der Beschreibung der Softwarearchitektur eine besondere Bedeutung zukommt. Die Architektur ist dabei definiert als eine Sicht auf den Entwurf, die wichtige Charakteristika verdeutlicht. Die Architektur wird auf Basis der Use Cases und Beschränkungen aus der Implementierungsumgebung gebildet. Iterativ und inkrementell ist das Modell, weil ein großes System in kleinen Schritten oder Mini-Projekten realisiert wird. Jedes Mini-Projekt ist eine Iteration und liefert als Ergebnis ein Inkrement. Eine Iteration umfasst eine Gruppe von Use Cases, für die die Entwicklungsschritte Analyse, Entwurf, Implementierung und Test durchlaufen werden. Folge-Iterationen bauen auf den Ergebnissen vorangegangener Iterationen auf.

Das Vorgehensmodell ist darüber hinaus komponentenbasiert, d.h., ein Software-System wird aus Softwarekomponenten zusammengesetzt, die über klar definierte Schnittstellen verbunden sind. Komponenten sind nach dem Unified Process physikalische und austauschbare Teile eines Systems, die eine Menge von Schnittstellen bereitstellen und realisieren.

Vorgehensmodell-Übersicht

Während des Lebenszyklus eines Software-Systems wird der Unified Process in mehreren Zyklen ausgeführt. Jeder Zyklus führt zur Auslieferung eines Produktreleases an den Kunden und besteht aus vier Phasen: Beginn, Ausarbeitung, Konstruktion und Übergang. In jeder Phase werden Iterationen der Kernarbeitsabläufe Analyse, Entwurf, Implementierung und Test durchgeführt. Das Vorgehensmodell gibt darüber hinaus Hinweise, wie die Kernarbeitabläufe in den verschiedenen Phasen gewichtet sind.

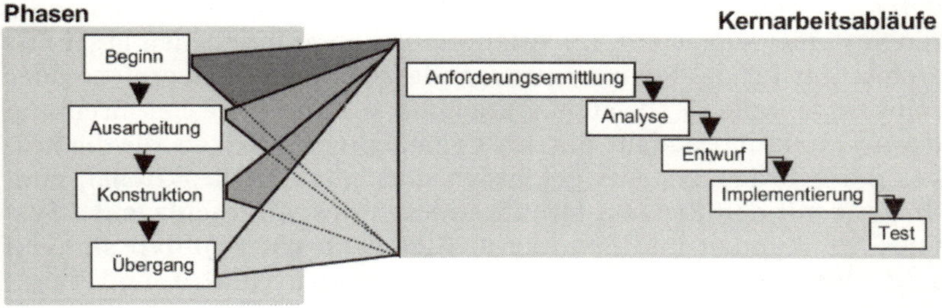

Die Anforderungsermittlung und Analyse des Unified Process greifen im Wesentlichen den Use-Case-getriebenen Ansatz des Objectory-Vorgehensmodells auf. Im Entwurf wird insbesondere der architekturzentrierte Ansatz aus dem Booch-Vorgehensmodell verwendet. Der Unified Process zeichnet sich dadurch aus, dass die Entwicklungsrollen beschrieben werden, die die verschiedenen Entwicklungsaktivitäten durchführen. Außerdem werden für jede Aktivität Eingangs- und Ergebnisdokumente festgelegt. Da der Unified Process nur ein Rahmenprozess ist, liefert er nur rudimentäre Hilfestellung für die Durchführung konkreter Entwicklungsaktivitäten. Insbesondere werden Eigenschaften verschiedener Arten von Systemen, z.B. die Modellierung von Parallelität für eingebettete Systeme, nicht berücksichtigt.

Der Unified Process gehört zur Familie der wiederholenden Vorgehensmodelle. Durch die Verwendung des Komponentenbegriffs und deren mögliche Wiederverwendung kann der Unified Process ebenfalls als wiederverwendungsorientiertes Vorgehensmodell klassifiziert werden. Konkrete Hinweise zur Wiederverwendung der Komponenten gibt der Prozess allerdings nicht.

Aktivitäten und Ergebnisse

Der Unified Process unterscheidet vier Phasen, in denen die Kernarbeitsabläufe Anforderungsermittlung, Analyse, Entwurf, Implementierung und Test einmal oder mehrfach iteriert werden.

Beginn

In dieser Phase wird die Machbarkeit des zu entwickelnden Systems beurteilt. Dafür werden erste Use Cases formuliert, um einen Eindruck von der Funktionalität des Systems zu bekommen. Die Phase umfasst Aktivitäten wie: (1) Definition der Grenzen des Systems, um das Ziel und den Umfang des Systems abzuschätzen. Dazu werden erste Überlegungen zu den Schnittstellen des Systems zu anderen Systemen angestellt. (2) Beschreibung einer möglichen Ergebnisarchitektur für das System, insbesondere für neue, risikoreiche oder schwierige Teile des Systems. Ergebnis ist eine erste Beschreibung der Architektur. (3) Identifikation von möglichen Risiken, die die Realisierbarkeit des Systems gefährden und mögliche Reaktionen zum Umgang mit den Risiken. (4) Präsentation des vorgeschlagenen Systems vor Kunden und Benutzern. Hier kann ein Prototyp sinnvoll sein, der die Kernideen des Systems veranschaulicht und zeigt, dass das System das existierende Problem löst.

Ausarbeitung
Ziel dieser Phase ist die Vorbereitung und Planung der Konstruktionsphase. Die Phase enthält Aktivitäten wie: (1) Entwicklung einer stabilen Architektur, die die architekturrelevante Funktionalität des Systems berücksichtigt. Dies umfasst die Entwicklung von Modellen, die Beschreibung der Architektur und die Implementierung eines ersten Prototyps. (2) Identifikation von möglichen Risiken und Reaktionen im Umgang mit den Risiken. (3) Festlegung konkreter Ausprägungen von Qualitätsattributen, die vom System erreicht werden sollen (z.B. Fehlerraten, Antwortzeiten). (4) Dokumentation von über 80% der funktionalen Anforderungen, als Voraussetzung für die Planung der Konstruktionsphase. (5) Planung der Konstruktionsphase, d.h. Planung von Inkrementen und Zuordnung von Ressourcen zu den Inkrementen.

Konstruktion
Ziel der Konstruktionsphase ist die Realisierung der geplanten Inkremente. Die Phase umfasst folgende Aktivitäten: (1) Ausführliche Beschreibung bereits identifizierter Use Cases, (2) Beenden der Analyse des Systems, (3) Warten der existierenden Architektur, (4) Risikokontrolle und gegebenenfalls Einleiten von Gegenmaßnahmen.

Übergang
In der Übergangsphase wird das System aus der Entwicklungsumgebung in die Benutzungsumgebung transferiert. Beispielsweise liefert die Entwicklungsorganisation das Software-System an eine initiale Menge von späteren Benutzern. Diese Phase umfasst verschiedene Aktivitäten: (1) Vorbereitungsaktivitäten, um den Einsatzort der Software vorzubereiten, (2) Anweisungen an den Kunden, zur Aktualisierung der Umgebung, (3) Vorbereiten von Benutzungshandbüchern und anderen Dokumentationen für das Produktrelease, (4) Anpas-

sung der Software, so dass sie in der Benutzungsumgebung läuft. (5) Behebung von aufgedeckten Fehlern.

In jeder Phase des Unified Process werden Iterationen der Kernarbeitsabläufe mit unterschiedlicher Gewichtung durchgeführt. Der Unified Process unterscheidet zwischen fünf Kernarbeitsabläufen: Anforderungsermittlung, Analyse, Entwurf, Implementierung und Test. Im Kernarbeitsablauf Anforderungsermittlung werden die Anforderungen an das zu entwickelnde System ermittelt und dokumentiert. Dies geschieht in vier Schritten.

Anforderungsermittlung

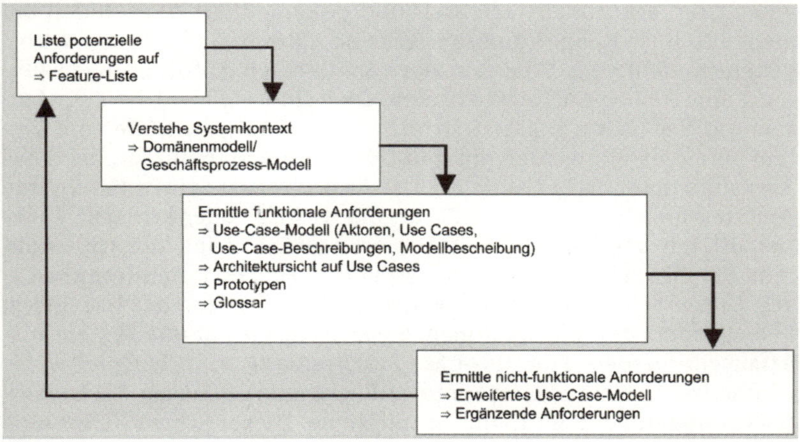

Liste potenzielle Anforderungen auf

Diese Aktivität dient dazu, mögliche Anforderungen, sogenannte „Features", verschiedener Systemnutzer zu ermitteln und zu dokumentieren. „Features" werden eventuell in einem nächsten Release des Systems realisiert. Es wird eine Liste angelegt, wobei für jedes „Feature" ein Name und eine kurze Beschreibung notiert werden. Zudem wird jedes „Feature" mit Planungsattributen versehen, wie beispielsweise Status, geschätzter Aufwand zur Implementierung oder Priorität.

Verstehe Systemkontext

Ziel dieser Aktivität ist es, die Systemumgebung zu verstehen. Dafür gibt es je nach Art des Systems (d.h. Informationssystem oder eingebettetes System) zwei Möglichkeiten: Bei Informationssystemen bietet sich die Modellierung der Geschäftsprozesse an, bei eingebetteten Systemen eher eine Modellierung der Domäne. Ein Modell der Geschäftsprozesse beschreibt die existierenden oder gewünschten Geschäftsprozesse im Unternehmen. Es legt Geschäfts- und Domänenobjekte fest und identifiziert verschiedene Systemnutzer und ihre Aufgaben. Ein Domänenmodell beschreibt die wichtigen Konzepte innerhalb einer Domäne und setzt diese zueinander in Beziehung, beispielsweise mithilfe eines Klassendiagramms.

Ermittle funktionale Anforderungen

Funktionale Anforderungen aus Sicht des Kunden werden mithilfe eines Use-Case-Modells ermittelt und dokumentiert. Das Modell besteht aus einer Menge von Use Cases und Aktoren (vgl. Objectory-Vorgehensmodell). Das Ermitteln der funktionalen Anforderungen umfasst eine Reihe von Teilaktivitäten. Dies sind: (1) Identifiziere Aktoren und Use Cases. Dieser Schritt liefert die Aufgaben, die vom System bereitgestellt werden müssen, sowie die Systemnutzer, die diese Aufgaben nutzen. (2) Priorisiere Use Cases. Dieser Schritt liefert eine Architektursicht auf die Use Cases, die wichtige oder kritische Funktionalitäten beinhaltet und Anforderungen aufzeigt, die früh während der Entwicklung realisiert werden müssen. (3) Detailliere Use Cases. Dieser Schritt liefert eine genauere Beschreibung des Use Cases, insbesondere der Informationen, die zwischen Aktor und System ausgetauscht werden. Eine Use-Case-Beschreibung kann beispielsweise Zustands-, Aktivitäts- oder Sequenzdiagramme umfassen. (4) Entwerfe Prototypen der Benutzungsschnittstelle. Dieser Schritt liefert eine genauere Beschreibung der Schnittstelle zwischen dem System und den Systemnutzern, beispielsweise durch Prototypen der Schnittstelle. (5) Strukturiere das Use-Case-Modell. Ergebnis dieses Schritts ist eine Beschreibung des Use-Case-Modells, die das Zusammenwirken einzelner Use Cases beschreibt. Zudem wird ein Glossar angelegt, welches wichtige Begriffe erklärt. Typischerweise wird ein Glossar vom Domänenmodell oder Geschäftsprozess-Modell abgeleitet.

Ermittle nicht-funktionale Anforderungen

Nicht-funktionale Anforderungen sind Anforderungen an spezielle Systemeigenschaften, die sich aus Umgebungs- oder Implementierungsbeschränkungen ergeben, z.B. Performanz. Teilweise lassen sich nicht-funktionale Anforderungen einzelnen Use Cases zuordnen. Wenn dies möglich ist, werden die nicht-funktionalen Anforderungen in die Use-Case-Beschreibung aufgenommen. Wenn nicht, werden sie in einem ergänzenden Dokument beschrieben. Die zweite wesentliche Entwicklungstätigkeit ist die Analyse der Anforderungen. In dieser Aktivität wird basierend auf den erhobenen Anforderungen ein Analysemodell entwickelt. Ziel ist, die dokumentierten Anforderungen zu verfeinern und zu strukturieren, um die Anforderungen besser zu verstehen und eine wartbare Systemstruktur zu erhalten. Das Analysemodell enthält eine Reihe von Analyse-Teilsystemen (d. h. Analyse-Packages, Analyseklassen und Use-Case-Realisierungen). Analyseklassen sind Abstraktionen von einer oder mehrerer Klassen im Entwurf. Eine Analyseklasse fokussiert auf die funktionalen Anforderungen und hat einen der folgenden Typen: Schnittstellen-, Kontroll- oder Entitätstyp (vgl. Objectory-Vorgehensmodell).

Analyse

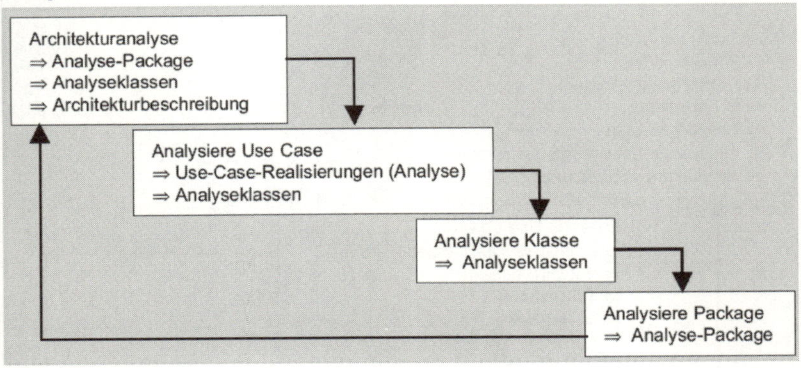

Während der Analyse werden vier Hauptaktivitäten unterschieden. Die **Architekturanalyse** umfasst die Identifikation von Analyse-Teilsystemen, von überflüssigen Entitätsklassen und von Anforderungen, die für die Architektur des Systems entscheidend sind. Ergebnis ist eine Architekturbeschreibung, die architekturrelevante Aspekte enthält, wie beispielsweise die Struktur der Analyse-Teilsysteme, wichtige Analyseklassen und Use-Case-Realisierungen, die wichtige oder kritische Funktionalität umsetzen.

Ziel der **Analyse der Use Cases** ist, Analyseklassen zu identifizieren und Analyse-Objektinteraktionen mithilfe von Kollaborationsdiagrammen zu beschreiben. Zusätzlich zu den Kollaborationsdiagrammen können die Objektinteraktionen textuell beschrieben werden.

Nicht-funktionale Anforderungen, die sich auf Use-Case-Realisierungen beziehen, werden textuell als zusätzliche Anforderungen ergänzt.

Während der **Klassen-Analyse** werden Verantwortlichkeiten, Attribute, Beziehungen und speziellen Anforderungen für einzelne Klassen mithilfe von Klassendiagrammen beschrieben. Die Klassendiagramme fassen die Verantwortlichkeiten und Attribute von Analyseklassen und ihre Objekten zusammen, die in verschiedenen Use-Case-Realisierungen eine Rolle spielen können.

Die **Package-Analyse** umfasst die Analyse von Teilsystemen, die die Ergebnisse des Analysemodells in verwaltbare Stücke aufteilt. Ein Analyse-Package kann aus Analyseklassen, Use-Case-Realisierungen und weiteren Analyse-Packages bestehen.

Entwurf

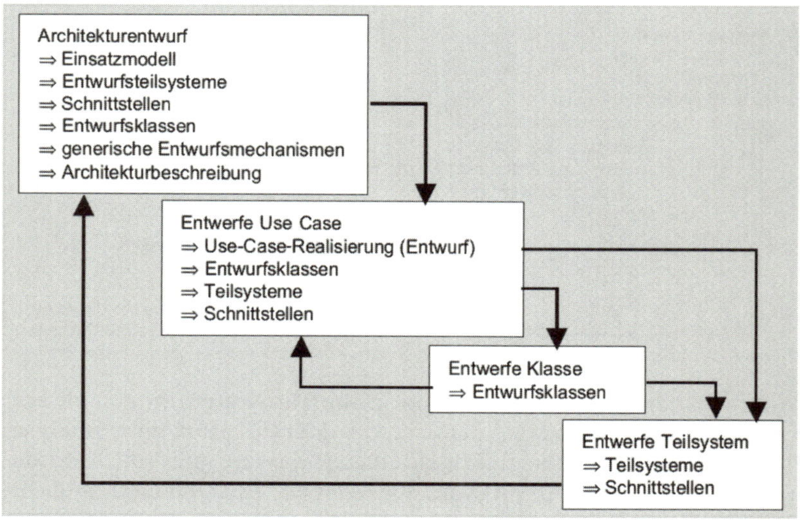

Die dritte wesentliche Entwicklungsaktivität ist der **Entwurf**. Ziel des Entwurfs ist die Definition einer Systemstruktur (einschließlich Architektur), die alle Anforderungen, d. h. auch nicht-funktionale Anforderungen und andere Beschränkungen, berücksichtigt. Während des Entwurfs wird basierend auf dem Analysemodell ein detailliertes Verständnis für nicht-funktionale Anforderungen und Einschränkungen beispielsweise bezüglich der Programmiersprache, des Betriebssystems und verwendbarer Parallelitätstechnologien erarbeitet. Während des Entwurfs wird gewährleistet, dass das System in verwaltbare Teile aufgeteilt wird, die von verschiedenen Entwicklungsteams möglichst parallel bearbeitet werden können. Darüber hinaus soll der Entwurf eine einfache Ableitung der Implementierung erlauben, d. h., es soll keine Umstrukturierung des Systems in der Implementierung erforderlich sein.

Zweck des **Architekturentwurfs** ist, eine Übersicht für die Entwurfs- und Einsatzdiagramme zu geben und eine Architektur für das System festzulegen. Dafür werden zuerst verschiedene Aspekte des Systems identifiziert. Diese Aspekte umfassen: (1) Knoten und Netzwerkkonfigurationen, die in Form eines ersten Einsatzmodells festgehalten werden, (2) Entwurfsteilsysteme und ihre Schnittstellen, (3) architekturrelevante Entwurfsklassen, wie beispielsweise aktive Klassen, (4) generische Entwurfsmechanismen, die Anforderungen wie Persistenz-, Verteilung- oder Performanz-Anforderungen abhandeln. Die Architekturbeschreibung enthält die architekturrelevanten Ausschnitte der zuvor genannten Aspekte des Systems.

Ziel des **Use-Case-Entwurfs** ist die Identifizierung von Entwurfsklassen und/oder Teilsystemen, die benötigt werden, um den Ereignisfluss innerhalb des Systems zur Erbringung eines Use Cases zu gewährleisten. Dieser Schritt umfasst Aktivitäten wie: (1) Verteilung des Verhalten eines Use Cases auf interagierende Entwurfsobjekte und/oder auf teilhabende Teilsysteme. Daraus ergeben sich die Use-Case-Realisierungen (Entwurf). (2) Definition von Anforderungen an die Operationen von Entwurfsklassen und/oder Teilsystemen sowie ihrer Schnittstellen. (3) Erfassung von Implementierungsanforderungen für Use Cases. Die Implementierungsanforderungen erweitern die Use-Case-Realisierungen (Entwurf).

Der **Klassen-Entwurf** verfolgt das Ziel, Klassen zu entwerfen, die ihre Rolle in den Use-Case-Realisierungen (Entwurf) und die assoziierten nicht-funktionalen Anforderungen erfüllen. Der Entwurf einer Klasse umfasst die Festlegung verschiedener Aspekte: Es werden Operationen, Attribute, Beziehungen, Zustände, Abhängigkeiten zu generischen Entwurfsmechanismen und Implementierungsanforderungen für jede Klasse festgelegt. Außerdem wird beschrieben, wie bereitgestellte Schnittstellen korrekt realisiert werden.

Der **Teilsystem-Entwurf** soll sicherstellen, dass (1) ein Teilsystem so unabhängig wie möglich von anderen Teilsystemen ist, (2) ein Teilsystem die richtigen Schnittstellen zur Verfügung stellt und

(3) ein Teilsystem seinen Zweck erfüllt, d.h. bereitgestellte Schnittstellen in Form von Operationen korrekt realisiert.

Implementierung

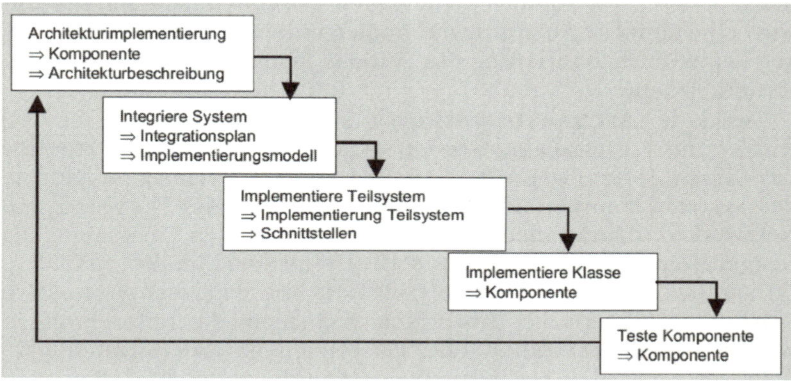

Der vierte Kernarbeitsablauf ist die **Implementierung**. Während dieser Aktivität wird das System basierend auf dem Entwurf implementiert. Dazu gehört die Planung der Systemintegrationen, die die inkrementelle Implementierung erfordert. Außerdem wird ein Einsatzdiagramm erstellt, das die ausführbaren Komponenten auf Knoten verteilt. Die Entwurfsklassen und Teilsysteme werden kodiert und getestet.

Die **Architekturimplementierung** definiert eine Struktur für das Implementierungsmodell durch die Identifikation architektonischer signifikanter Komponenten. Die Komponenten werden Knoten in der relevanten Netzwerkkonfiguration zugeordnet. Während dieser Aktivität überarbeitet, verfeinert und aktualisiert der Architekt die Architekturbeschreibung.

Ziel der **System-Integration** ist die Entwicklung eines Integrationsbauplans, der beschreibt, welche Bauteile für eine Iteration (d.h. für die Entwicklung eines Inkrements) benötigt werden und welche Anforderungen an eine Zusammensetzung der Bauteile existieren.

In der **Teilsystem-Implementierung** wird gesichert, dass ein Teilsystem die Rolle im ausführbaren System einnimmt, die im Integrationsbauplan beschrieben ist und dass die Komponenten innerhalb des ausführbaren Systems korrekt implementiert sind.

Ziel der **Implementierung einer Klasse** ist, eine Entwurfsklasse durch eine Dateikomponente zu realisieren. Dazu gehört (1) die Definition der Struktur einer Dateikomponente, die den Code enthalten wird, (2) die Generierung von Code aus der Entwurfsklasse und der Beziehungen, in denen die Klasse teilnimmt, (3) die Implementierung der Operationen einer Entwurfsklasse durch Methoden und (4) die Überprüfung, ob die Komponente die gleiche Schnittstelle anbietet wie die Entwurfsklasse.

Während des **Komponenten-Tests** werden die Struktur und das Verhalten einer Klasse getestet. Ein Strukturtest überprüft die interne Implementierung der Komponente. Ein Verhaltenstest überprüft das Verhalten, das eine Komponente zeigen soll.

Test

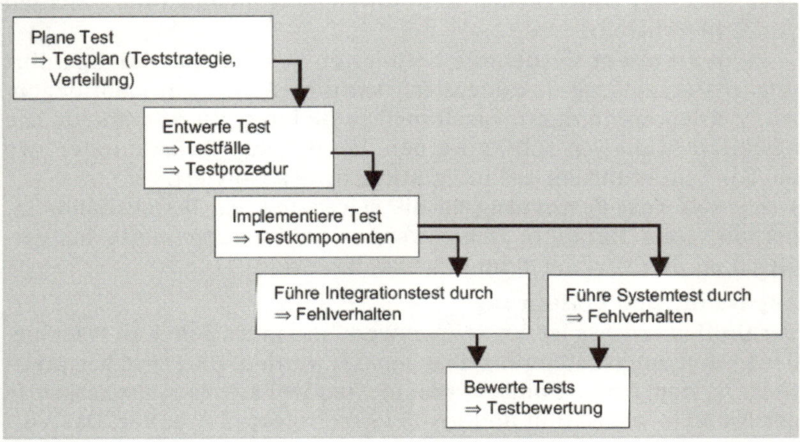

Fünfte und letzte Entwicklungsaktivität ist der **Test**, dessen Ziele die Überprüfung (1) des Ergebnisses der Implementierung, (2) der Kommunikation zwischen Bauteilen und (3) des nach außen sichtbaren Verhaltens der finalen Version des Systems sind. Dabei werden die Tests geplant, die in jeder Iteration benötigt werden. Integrationstests sind für Integration der Bauteile eines Inkrements notwendig, während Systemtests nur am Ende einer Iteration benötigt werden.

Ziel der **Testplanung** ist die Abschätzung des Testaufwands für eine Iteration. Dazu gehört eine Abschätzung der Anforderungen an den Testaufwand (Ressourcen), die Verteilung des Testaufwands und die Entwicklung einer allgemeinen Teststrategie für die Iteration.

Der **Testentwurf** umfasst das Festlegen von Testfällen und Beschreiben von Bauteilen. Es werden Testprozeduren definiert, die festlegen, wie Tests ausgeführt werden. Ergebnisse dieses Schritts sind Testfälle und -prozeduren.

Ziel der **Test-Implementierung** ist, Testprozeduren nach Möglichkeit zu automatisieren. Wenn möglich werden Testkomponenten für diesen Zweck entwickelt.

Während des **Integrationstests** werden die zuvor definierten Integrationstests durchgeführt und Testergebnisse dokumentiert. Dies geschieht in folgenden Schritten: (1) Durchführen der Integrationstests, (2) Vergleichen der Testergebnisse mit den erwarteten Ergebnissen, (3) Untersuchen der Abweichungen und (4) Festhalten von Fehlverhalten.

Im **Systemtest** werden die definierten Systemtests durchgeführt und Testergebnisse dokumentiert. Mit dieser Aktivität kann begonnen werden, wenn der Integrationstest die Integrationsqualitätsziele bestätigt. In diesem Schritt werden die gleichen Teilaktivitäten wie bei der Durchführung des Integrationstests absolviert.

Ziel der **Test-Bewertung** ist die Bewertung des Testaufwands innerhalb einer Iteration. Dabei werden die Testergebnisse im Vergleich zu den Testzielen im Testplan bewertet.

Anpassung und Einführung

Der Unified Process ist ein Rahmenwerk und muss daher an verschiedene Umgebungsbedingungen angepasst werden. Dies sind beispielsweise Systemgröße, Domäne, Komplexität des Systems, Prozessstufe der Projektorganisation und involvierte Projektmitarbeiter. Das Vorgehensmodell gibt nur einen Überblick über die Arbeitsprozesse. Für die konkrete Anwendung ist weiteres Wissen notwendig. So werden zum Beispiel keine Werkzeuge, Templates oder konkreten Handlungsanweisungen gegeben.

Der Unified Process liegt in einer verfeinerten Variante vor, dem Rational Unified Process. Diese Variante wird zurzeit durch die Firma IBM gewartet und gepflegt. Zur Unterstützung des Unified Process bietet sich insbesondere der Rational Method Composer, eine flexible und adaptierbare Prozessplattform, an, die Werkzeuge und Verfahrenanweisungen zur Verfügung stellt.

Wie für die Einführung anderer Vorgehensmodelle, erfordert die Einführung des Unified Process Einführungsstrategien. Für den Unified Process wird keine spezifische Strategie vorgeschlagen, so dass sich hier die Anwendung der bereits erwähnten allgemeinen Strategie zur Einführung von Vorgehensmodellen anbietet.

Werkzeuge
Der Unified Process wird von verschiedenen Zeichen- und CASE-Werkzeugen unterstützt. Die Zeichenwerkzeuge wie z.B. VisualThought erlauben, die verschiedenen Diagramme zu zeichnen. Darüber hinaus erlauben CASE-Werkzeuge wie beispielsweise Rational Rose unter anderem die Codegenerierung von Klassenrahmen. Eine Umgebung, die Entwicklungs- und Testaktivitäten unterstützt, kann durch eine Kombination verschiedener Werkzeuge erreicht werden. Beispielsweise werden von IBM verschiedene Testwerkzeuge im Rahmen der Rational Suite angeboten, die mit Rational Rose verknüpft werden können. Die Rational Suite unterstützt den gesamten Prozess.

Weiterführende Literatur

Booch, G, Jacobson, I., Rumbaugh, J.
The Unified Software Development Process
Addison-Wesley, 1998

Ambler, S.W., Constantine, L.L.
Unified Process Transition and Production Phase
McGraw Hill, 2002

Arlow, J., Neustadt, I.
UML 2.0 and the Unified Process
Addison-Wesley, 2005

Barnes, J.
Implementing the IBM Rational Unified Process and Solutions
Addison-Wesley, 2007

Catalysis

Die Vorteile der komponentenbasierten Software-Entwicklung, z.B. die verbesserte Wiederverwendung von Software-Bausteinen, haben das Bedürfnis nach einer Ausweitung des Komponentenbegriffs auf alle Phasen der Software-Entwicklung geweckt. Dies erfordert eine Unterstützung durch Vorgehensmodelle. Eines der ersten komponentenbasierten Vorgehensmodelle ist das Catalysis-Vorgehensmodell, welches 1998 durch D'Souza und Wills vorgestellt wurde.

Das Vorgehensmodell war ursprünglich als Formalisierung und Weiterentwicklung von OMT gedacht. Während der Entwicklung stellten die Autoren die wachsende Bedeutung neuerer Technologien und Prinzipien fest, so dass Catalysis zu einem der ersten UML-basierten Vorgehensmodelle für die objektorientierte und komponentenbasierte Software-Entwicklung wurde. Damit wurde Catalysis der Initiator zahlreicher Ideen, die inzwischen innerhalb der UML oder anderer Vorgehensmodelle Verwendung finden. Typische Beispiele für solche Ideen sind (1) das Konzept eines Typenmodells zur Beschreibung extern sichtbarer Software-Entwicklungsergebnisse (Systematische Spezifikation), (2) Etablierung von Verfeinerung sowohl als Entwicklungsschritt als auch als Verfolgbarkeitsrelation (Qualitative Entwicklung) und (3) rekursive Entwicklungsprozesse zur Beherrschung von Komplexität.

Vorgehensmodell-Übersicht

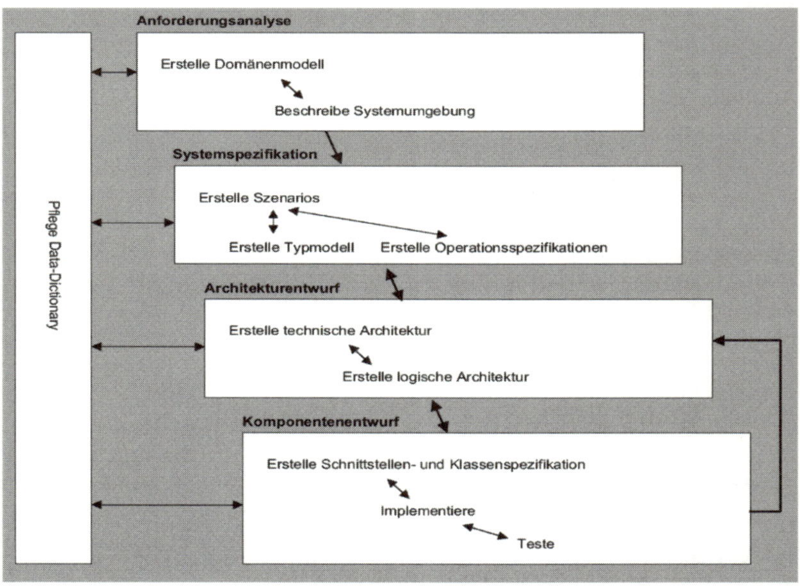

Catalysis definiert drei verschiedene Dimensionen eines Vorgehensmodells, die für die Erstellung der notwendigen Zwischenergebnisse erforderlich sind. Im Einzelnen handelt es sich dabei um (1) Modellierungskonzepte, (2) Prinzipien sowie (3) Abstraktionsebenen der Modellierung. Die eigentliche Erstellung, d.h. der Prozess, bildet den Rahmen für diese Dimensionen und besteht aus vier Phasen, die zu einer Reihe von Ergebnisse führen. Für diese Ergebnisse werden durch Catalysis Konsistenzregeln und präzise Abhängigkeiten definiert, die eine qualitative Prüfung unterstützen. Während die Abfolge der Phasen fest vorgegeben ist, sind die konkrete Abfolge der Aktivitäten innerhalb der Phasen sowie die konkrete Ausprägung der Ergebnisse innerhalb der Phasen nicht definiert. Vielmehr verwendet Catalysis Prozessmuster, die den Einsatz des Vorgehensmodells in verschiedenen Umgebungen erlauben. Gemeinsam ist allen Prozessmustern eine iterativ-inkrementelle Vorgehensweise. Catalysis gehört somit zur Familie der wiederholenden und wiederverwendungsorientierten Vorgehensmodelle. Im Folgenden werden wir ein Prozessmuster für Informationssysteme detaillierter darstellen.

Als eines der ersten Vorgehensmodelle, das Komponenten, iterativ-inkrementelles Vorgehen und die UML miteinander verbindet, ist Catalysis zu einem oft genutzten Vorgehensmodell der komponentenbasierten Software-Entwicklung geworden. Insbesondere die präzise definierten Regeln und Abhängigkeiten zwischen den einzelnen Ergebnissen sowie die systematische Einbeziehung von Aktivitäten, wie Testen und Implementieren, sind als Gründe hierfür anzusehen. Vorteilhaft ist weiterhin die Bereitstellung von allen notwendigen konzeptuellen Hilfsmitteln, z.B. Templates, zur Durchführung von Software-Projekten. Allerdings bewirkt die Komplexität des Vorgehensmodells (Dimensionen, Prozessmuster etc.) Probleme beim Erlernen und Anwenden des Vorgehensmodells. Insbesondere die Verwendung von Prozessmustern zur Definition des konkreten Vorgehens ist problematisch, da bislang nur wenige solcher Muster vorhanden sind und ihre Entwicklung und Adaption nicht unterstützt wird. Catalysis bietet insgesamt viele Elemente, wie Techniken oder Beschreibungsformen, eines Vorgehensmodells zur objektorientierten und komponentenbasierten Entwicklung. Diese können von erfahrenen Projektmanagern und Entwicklern systematisch eingesetzt werden und sollen, bei korrekter Anwendung, die Entwicklung qualitativ hochwertiger Systeme sicherstellen.

Aktivitäten und Ergebnisse

Das in diesem Buch vorgestellte Prozessmuster für das Catalysis-Vorgehensmodell bezieht sich auf Geschäftsinformationssysteme mit menschlichen Benutzern, d.h. auf Systeme, die eine Benutzungsschnittstelle und eine Datenbankanbindung besitzen. Diese Art von Systemen ist weitverbreitet und kann als „Standardapplikation" betrachtet werden. Daher haben wir dieses Muster als Beispiel ausgewählt. Daneben existieren andere Muster beispielsweise für die Entwicklung von eingebetteten Systemen.

Geschäftsinformationssysteme werden in einem vierphasigen Prozess entwickelt. Die einzelnen Phasen sind: Anforderungsanalyse, Systemspezifikation, Architektur- und Komponentenentwurf. Jede Phase beinhaltet zusätzliche Aktivitäten wie beispielsweise Implementierung und Testen.

Die Entwicklung eines Software-Systems im Rahmen des Catalysis-Vorgehensmodells startet mit der Ermittlung der Anforderungen an dieses System. Ergebnis ist eine Beschreibung der Funktionalität, Qualitätseigenschaften, Umgebungs- und allgemeinen Projektinformationen. Im Einzelnen werden folgenden Aktivitäten durchgeführt:

Anforderungsanalyse

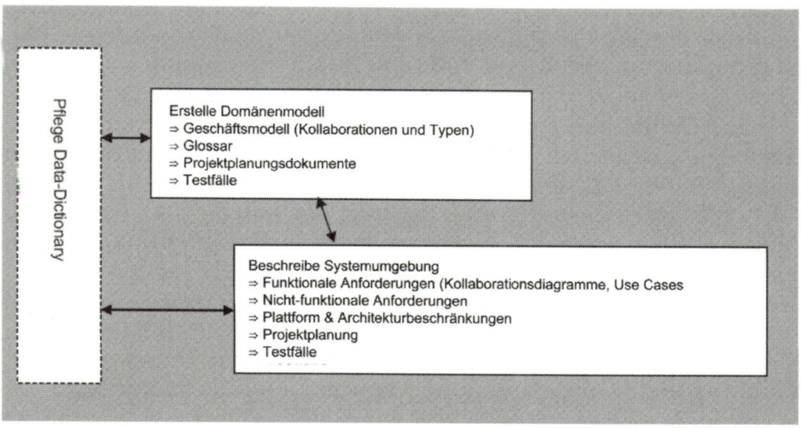

Im Rahmen der Anforderungsanalyse wird zunächst ein Domänenmodell erstellt. Das Domänenmodell beschreibt die Systemumgebung in Form der zukünftigen Nutzer und Umgebungsspezifika. Dazu wird zunächst ein Geschäftsmodell und ein Glossar bzw. Data-Dictionary für das Projekt entwickelt. Das Geschäftsmodell beschreibt die Interaktion zwischen System und Benutzern aus Sicht der Benutzer und wird durch ein Klassendiagramm repräsentiert. Zusätzlich werden die zur Durchführung benötigten Informationen, wie Budgetplanung, Ressourcenverteilung, eingesetzte Mitarbeiter etc., als Teil der Anforderungsanalyse ermittelt und im Domänenmodell dokumentiert. Zur Erstellung des Domänenmodells werden spezielle Techniken aus der Geschäftsprozessanalyse eingesetzt. Mit deren Hilfe werden typische Situationen der Domäne, Geschäftsbeziehungen (engl. Business Collaborations) sowie Aktoren und ihre Interaktionen mit dem System identifiziert und beschrieben.

Während das Domänenmodell die Benutzersicht auf das System beschreibt, wird mit der Systemumgebung eine technische Beschreibung des Systems erstellt. Ausgehend vom Domänenmodell werden die Funktionen des Systems bestimmt und als funktionale Anforderungen dokumentiert. Hierbei finden UML-Kollaborations- und Use-Case-Diagramme Verwendung. Die Diagramme werden durch Testfälle ergänzt. Die Testfälle werden in Form von Szenarien dokumentiert, die eine prototypische Sequenz von Interaktionen mit dem System beschreiben. Diese Szenarien beschreiben somit typische und testbare Abläufe im System. Mehrere Szenarien werden anschließend zu einem Anwendungsfall (engl. Use Case) verallgemeinert. Weiterhin werden die Qualitätseigenschaften des Systems, d. h. die nicht-funktionalen Anforderungen sowie Plattform- und Architekturbeschränkungen an das System festgelegt. Zusätzlich werden im Rahmen der Anforderungsanalyse Dokumente wie ein Projekt- oder Zeitplan entwickelt, die die Steuerung des Projekts unterstützen.

Systemspezifikation

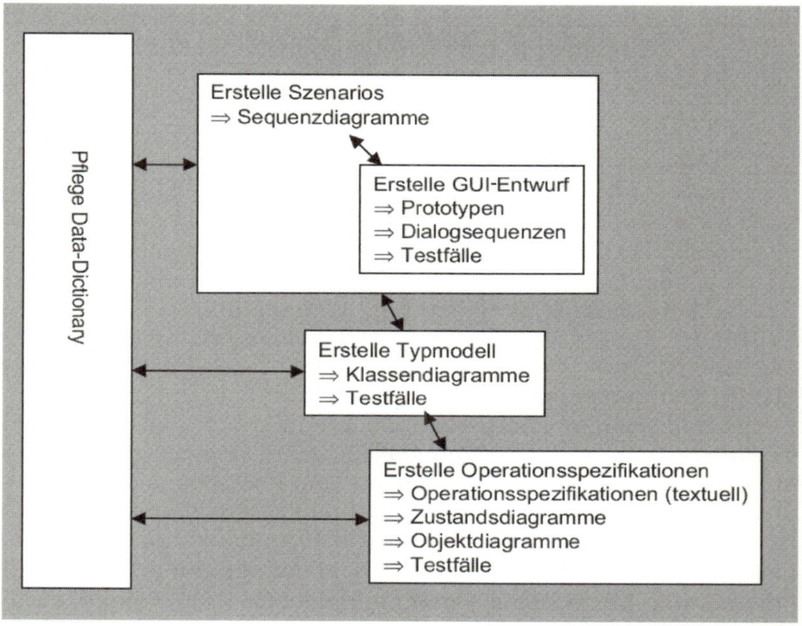

Basierend auf der Anforderungsanalyse werden in der zweiten Phase des Catalysis-Vorgehensmodells die Anforderungen in einer Systemspezifikation dokumentiert. Die Systemspezifikation baut auf den ermittelten Anforderungen auf und beschreibt technische Gegebenheiten des Systems. Dabei wird zusätzlich die Benutzungsschnittstelle modelliert.

Basierend auf den Use Cases und den dazugehörigen Benutzungsszenarien wird im Rahmen der Systemspezifikation die Benutzungsschnittstelle entworfen. Hierzu werden verfeinerte Szenarien in Form von Sequenzdiagrammen, die die Interaktion zwischen Nutzer und System präzisieren, entwickelt. Diese werden, zusammen mit den Informationen des Typmodells, das in der nächsten Aktivität entwickelt wird, zur Erstellung von Dialogsequenzen (z.B. Simulation mittels PowerPoint) und Prototypen der Benutzungsschnitsstelle genutzt und durch Testfälle zur Prüfung der späteren Implementierung ergänzt.

Der Hauptfokus der Systemspezifikationsphase liegt auf der Entwicklung des Typmodells. Es beschreibt die Komponenten/Klassen des Systems zusammen mit ihren Attributen und Beziehungen in Form eines Klassendiagramms. Typische bzw. wichtige Objektkonstellationen zur Laufzeit werden mittels Objektdiagrammen erfasst. Zusätzlich werden Testfälle zur Überprüfung des Typmodells erzeugt. Typische Aktivitäten sind hierbei die Identifizierung von Objekten und Klassen, die Festlegung von Beziehungen zwischen diesen, die Beschreibung von Attributen sowie mehrfache Optimierungen des entstandenen Modells.

Die Operationen des Systems werden in Übereinstimmung mit dem Typmodell spezifiziert. Dabei kann es sich um Operationen aus der Analyse, aber auch um Operationen handeln, die im Rahmen der Erstellung des Typmodells identifiziert wurden. Jede Operation wird textuell, ähnlich zu den in Fusion verwendeten Operationsschemata (siehe Kapitel „Fusion") sowie durch Zustandsautomaten und Szenarien näher beschrieben.

Zusätzlich zu den obigen Aktivitäten wird das Data-Dictionary gepflegt, welches gemeinsame Informationen und Konzepte enthält (z.B. Einhalten von Standards, Namenskonventionen etc.).

Architekturentwurf

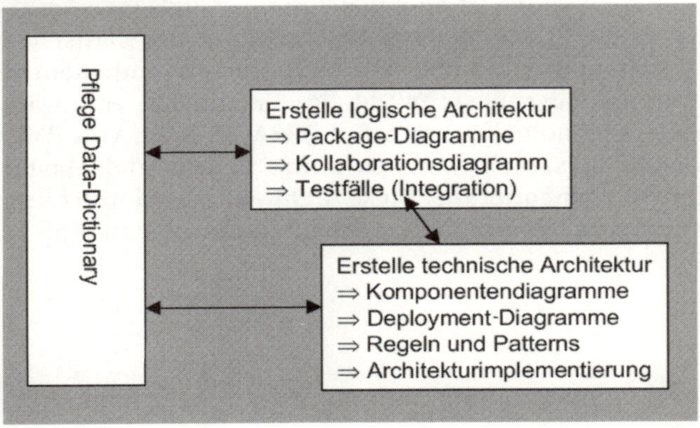

Basierend auf den Informationen der vorherigen Phasen wird in Catalysis dritter Phase, dem Architekturentwurf, die Realisierung/Implementierung des Systems vorbereitet. Die Architektur wird dabei in zwei Teile zerlegt: die Anwendungsarchitektur (logische Architektur) und die physikalische (technische) Architektur.

Die logische Architektur beschreibt die Zerlegung des Systems in eine Menge von Komponenten, wobei jede Komponente einen Teil der Systemfunktionalität realisiert. Sie umfasst weiterhin Integrationstestfälle, die die Zusammenarbeit der Komponenten testen. Auch der Entwurf eventuell notwendiger Datenbankschemata ist Teil der Architekturentwicklung. Bezüglich der Komponenten spielt es keine Rolle, ob diese bereits existieren (Custom off-the-shelf-(COTS)-Komponenten) oder ob sie neu erstellt werden müssen. D. h., in der logischen Architektur werden alle Komponenten „gleich" behandelt, unabhängig von ihrer späteren Realisierung. Die logische Architektur wird mittels sogenannter „Paket-(Package)-Diagramme" beschrieben, indem jede Komponente mittels eines Pakets sowie statische Abhängigkeiten zwischen Komponenten als Paket-Beziehungen modelliert werden. Die Zusammenarbeit zwischen den Komponenten (Operationsaufrufe, Datenaustausch etc.) wird durch Kollaborationsdiagramme präzisiert.

Die technische Architektur ist als Ergänzung der logischen Architektur konzipiert. Sie beinhaltet eine Beschreibung der statischen Strukturen und Abhängigkeiten über alle technischen Komponenten wie beispielsweise Benutzungsschnittstelle, Datenbank, Hardware oder Komponententechnologien wie z.B. CORBA. in Form von UML-Komponenten- und Einsatzdiagrammen sowie Regeln und Muster für deren spätere Implementierung. Diese Architektur wird frühzeitig implementiert und durch logische Komponenten vervollständigt.

Komponentenentwurf

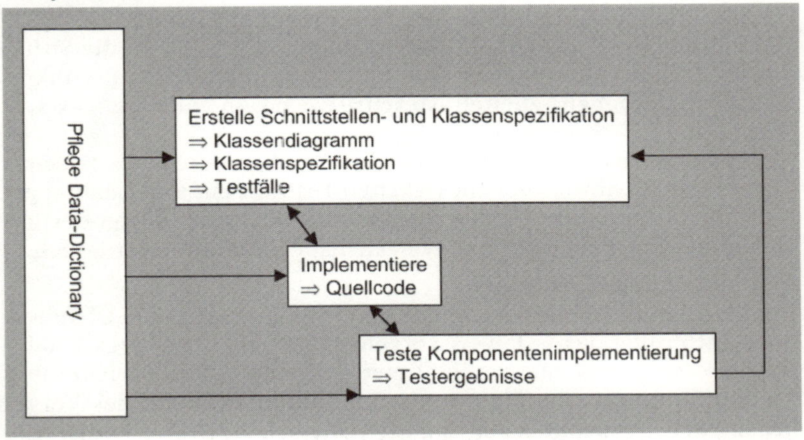

Basierend auf der zuvor erstellten Architektur werden in der vierten und letzten Phase von Catalysis, dem Komponentenentwurf, die identifizierten Komponenten detailliert beschrieben, implementiert und getestet. Dies erfolgt auf iterativ-inkrementelle Weise für jede der beschriebenen Komponenten. Zusätzlich werden die Systemspezifikation und die Architektur stets anhand der gewonnenen Erkenntnisse aus früheren Iterationen oder aufgrund geänderter Anforderungen erweitert und modifiziert.

Die Schnittstellen- und Klassenspezifikation stellt eine technische Beschreibung einer Komponente des Systems dar. In Form von Klassendiagrammen und Textdokumenten werden die in der Komponente enthaltenen Klassen sowie die angebotenen Operationen beschrieben. Die Spezifikation wird durch die Verfeinerung und Präzisierung der Modelle früherer Phasen, z.B. des Typmodells, erstellt. Zusätzlich werden Elemente wie Attribute, Operationen, Interaktionen etc. textuell beschrieben. Insbesondere die Schnittstellen (Operationssignaturen, Datentypen etc.) innerhalb der Komponente sind wichtige Informationen für die spätere Implementierung. Ergänzt werden diese Spezifikationen durch Testfälle, die wichtige Eigenschaften überprüfen.

In der Implementierungsaktivität werden die zuvor erstellten Klassen- und Schnittstellenspezifikationen in Quellcode umgesetzt. Die Implementierung erfolgt dabei auf Basis der durch die Architektur vorgegebenen Strukturen und Abhängigkeiten sowie der eingesetzten Implementierungstechnologien wie beispielsweise CORBA. Ziel ist die Erstellung ausführbarer Komponenten, die in die Struktur der Architektur eingepasst werden. Aufgrund des iterativ-inkrementellen Vorgehens entsteht so schrittweise ein vollständiges System.

Der ausführbare Komponentencode und das entstehende Gesamtsystem werden mittels der entwickelten Testfälle auf ihre Qualität geprüft. Bei auftretenden Fehlverhalten sind Überarbeitungen der Implementierung, Architektur oder Systemspezifikation erforderlich.

Anpassung und Einführung

Wie bei allen komplexen Vorgehensmodellen, benötigt die Organisationseinführung des Catalysis-Vorgehensmodells bzw. eines Catalysis-Prozessmusters eine wohldefinierte Strategie. Zur Erleichterung der Einführung wurde eine sogenannte Minimalversion des Vorgehensmodells, genannt „Catalysis lite", entwickelt. Dieses enthält die Grundprinzipien von Catalysis und kann schrittweise zum vollständigen Vorgehensmodell erweitert werden.

Idee von „Catalysis lite" ist es, die Ergebnisse der vier Phasen des Vorgehensmodells zu vereinfachen. In der Praxis bedeutet dies z.B., dass einzelne Modelle nicht vollständig mittels der UML spezifiziert werden, sondern auch aus Skizzen, Texten oder sonstigen Notizen bestehen können. So wird z.B. das Domänenmodell der Anforderungsanalyse durch ein Glossar und eine einmalige textuelle Beschreibung der Domänenkonzepte beschrieben. Allerdings weisen die Autoren darauf hin, dass die Qualität des Produkts stark von der Formalität und Vollständigkeit der Zwischenergebnisse abhängt und „Catalysis lite" somit nur Startpunkt der Einführung sein kann.

Ein weiterer wichtiger Punkt bei der Einführung von Catalysis ist die jeweilige Anwendungsdomäne. Catalysis nimmt für sich in Anspruch, neben reinen Geschäftsinformationssystemen auch für eingebettete und sicherheitskritische Systeme geeignet zu sein. Dies führt das Modell auf seine präzisen und „formalen" Spezifikationen und Modelle sowie auf geeignete Prozessmuster zurück. Allerdings sind die entsprechenden Prozessmuster und die notwendigen Anpassungen nur abstrakt beschrieben und nicht für die Praxis aufbereitet. Eine Anwendung des Catalysis-Vorgehensmodells in diesen Domänen erfordert daher erfahrene Projektmanager und Entwickler, die mit den Anforderungen und Beschränkungen einer solchen Umgebung vertraut sind und das Modell für ihre Bedürfnisse anpassen können.

Werkzeuge
Der Einsatz des Catalysis-Vorgehensmodells in größeren Projekten ist ohne den Einsatz von Werkzeugen nicht, oder nur mit großer Mühe, möglich. Insbesondere die von Catalysis definierten Beziehungen zwischen einzelnen Ergebnissen, die aufgestellten Konsistenzregeln sowie die iterativ-inkrementelle Vorgehensweise sind nur durch Werkzeuge effizient umsetzbar. Zur Zeit existiert kein Werkzeug welches das Vorgehensmodell sowie die benötigten Notationen (z.B. UML) explizit unterstützt. Allerdings lassen publizierte Erfahrungsberichte darauf schließen, dass Catalysis Projekte mittels des Einsatzes von Werkzeugen wie Rational Rose erfolgreich durchgeführt werden können.

Organisationen, die nicht in die Anschaffung eines speziellen Werkzeugs investieren möchten, können auch andere CASE-Werkzeuge, sofern sie die UML unterstützen, sowie einfache Zeichenwerkzeuge und Texteditoren verwenden. Durch die fehlende Prozessunterstützung müssen allerdings Konsistenzprüfungen und Qualitätssicherungsmaßnahmen manuell durch die Entwickler erfolgen.

Weiterführende Literatur

Catalysis
The Catalysis Resources Pages: www.catalysis.org

D'Souza, D., Wills, A.
Objects, Components and Frameworks with UML: The Catalysis Approach
Addison Wesley, 1998

KobrA / MARMOT

Das KobrA-Vorgehensmodell wurde 2001 von einem Fraunhofer-Team publiziert. Es ist eines der ersten Modelle, welches die modernen Prinzipien der komponentenbasierten Software-Entwicklung (z.B. UML, Produktlinien und „Model Driven Architecture (MDA)") miteinander verbindet. Dabei wird ein System als Hierarchie von Komponenten aufgefasst, wobei jede Komponente auf die gleiche Art modelliert und realisiert wird. Somit ist KobrA ein systematischer und rekursiver Ansatz zur Entwicklung von qualitativ hochwertigen, komponentenbasierten Systemen.

Grundlegende Idee von KobrA ist die Ausweitung des Komponentenbegriffs, von einer reinen Implementierungstechnologie, wie z.B. die zur Entwicklung verteilter Systeme genutzten Technologien .Net/COM+ oder EJB/J2EE, auf alle Phasen der Software-Entwicklung. Diese generalisierte Verwendung des Komponentenbegriffs erlaubt vielfache Wiederverwendungsmöglichkeiten gemäß dem Grundsatz „Das System einer Organisation ist die Komponente einer anderen Organisation".

Zwischenzeitlich wurde eine Erweiterung bzw. Adaption des KobrA-Ansatzes entwickelt, die unter dem Namen MARMOT vermarktet wird. MARMOT (www.marmot-project.org) erweitert den Komponentenbegriff von KobrA im Hinblick auf eingebettete Systeme und unterstützt die ganzheitliche Entwicklung solcher Systeme.

Vorgehensmodell-Übersicht

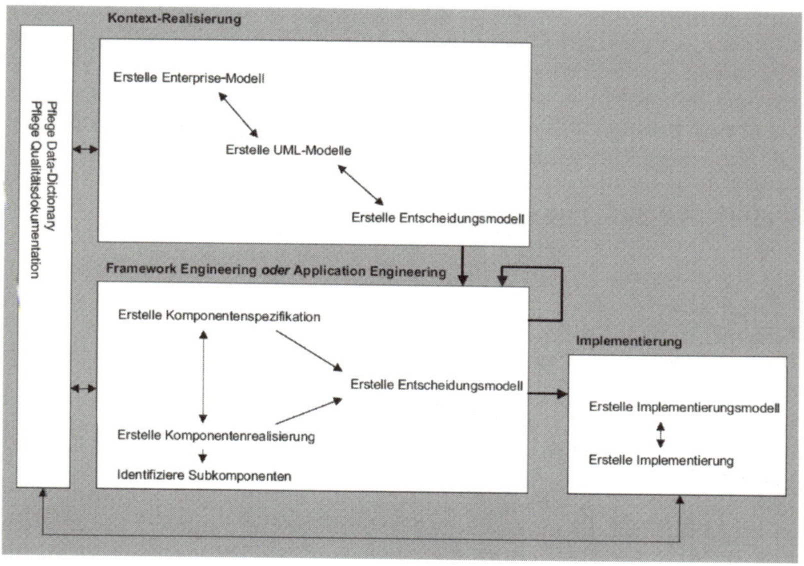

In KobrA wird ein System in einem dreiphasigen und rekursiven Prozess (Kontext-Realisierung, Framework- bzw. Application Engineering und Implementierung) entwickelt. Rekursiv bedeutet in diesem Zusammenhang, dass das gesamte System als eine Komponente aufgefasst wird, die wieder aus Teilkomponenten besteht. Bei der Entwicklung entsteht ein Komponentenbaum. Jede Komponente wird dabei gleich entwickelt, unabhängig davon, wo sie sich innerhalb des Baumes befindet. Aufgrund der rekursiven und inkrementellen Definition des Prozesses ist KobrA ein Vertreter der Familie der wiederholenden Vorgehensmodelle. Zusätzlich erlaubt KobrA die Entwicklung von Produktlinien, d.h. Familien von Systemen, durch die Modellierung der variablen Anteile verschiedener Systeme innerhalb einer Familie. Wegen der Unterstützung von Wiederverwendung zählt das Modell ebenfalls zur Klasse der wiederverwendungsorientierten Vorgehensmodelle.

Das zentrale Ergebnis eines mit KobrA entwickelten Systems ist der Komponentenbaum. Jede Komponente in diesem Baum wird dabei durch verschiedene Modelle (UML-Diagramme und Textdokumente) beschrieben. Dabei gilt, dass nicht immer alle Modelle zur Beschreibung einer Komponente erforderlich sind. Daher definiert das Vorgehensmodell Regeln, wann und welche Modelle zu erzeugen sind (z.B. Komponenten ohne erkennbare Zustände erfordern kein Zustandsdiagramm). Diese flexible Anpassung unterstützt die Skalierung des Vorgehensmodells auf Systeme unterschiedlicher Größe.

Zusätzlich zum zentralen Komponentenbaum bietet KobrA Ansatzpunkte für die Qualitätssicherung der Ergebnisse. Diese Ansatzpunkte bestehen aus einer kombinierten Strategie zur Abdeckung der konstruktiven und analytischen Aspekte der Qualitätssicherung, d.h. Regeln zur Entwicklung sowie Techniken zur Identifizierung und Beseitigung von Defekten. Diese Strategie ist dabei speziell auf die Bedürfnisse objektorientierter und komponentenbasierter Systeme ausgerichtet (z.B. durch die Vorgabe von Checklisten für UML-Diagramme).

Aktivitäten und Ergebnisse

Das Vorgehensmodell von KobrA unterteilt Softwareentwicklungsprojekte prinzipiell in drei Phasen, die wieder eine Reihe von Aktivitäten zur Erstellung von vordefinierten Ergebnissen umfassen. Dabei definiert Kobra, wie beim Fusion-Vorgehensmodell, Konsistenzregeln zwischen den Ergebnissen, die im Rahmen von Inspektionen geprüft werden können. Andere zur Softwareentwicklung gehörende Aktivitäten wie z.B. Testen oder Konfigurationsmanagement sind innerhalb des Vorgehensmodells vorgesehen, werden aber nicht explizit durch vordefinierte Aktivitäten unterstützt.

Kontext-Realisierung

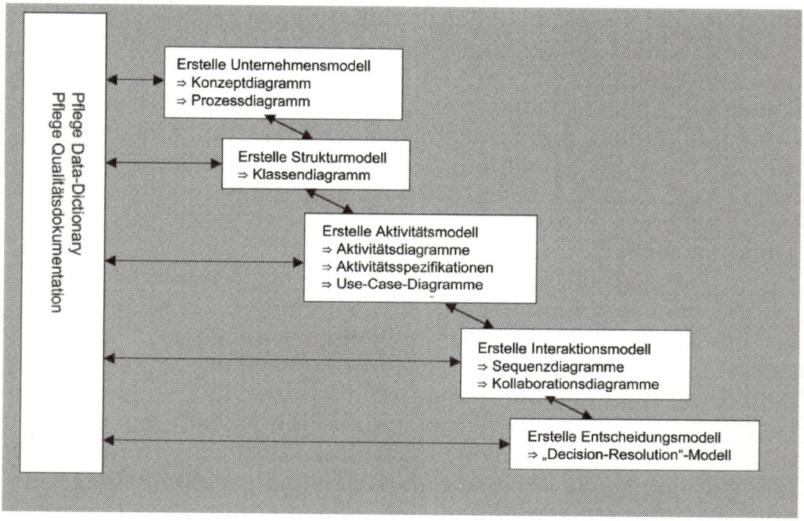

Die Entwicklung eines Software-Systems mittels KobrA beginnt mit der Kontext-Realisierung. Die in dieser Phase entwickelten Ergebnisse beschreiben die Eigenschaften (Struktur und Verhalten) der Umgebung, in der das System ausgeführt wird, die Funktionalität des Systems sowie eine mögliche Variabilität im Falle einer Produktlinie. Im übertragenen Sinn kann die Kontext-Realisierung als „Realisierung" eines übergeordneten Systems betrachtet werden, das das zu entwickelnde System als Komponente enthält. Die einzelnen Aktivitäten werden verzahnt ausgeführt. Die Ergebnisse werden nicht sequenziell erstellt, sondern durch verschiedene Aktivitäten parallel vervollständigt (z.B. werden identifizierte Systemoperationen auch im Strukturmodell dokumentiert).

Das **Unternehmensmodell** beschreibt die Geschäftsprozesse und Besonderheiten des zukünftigen Systems unabhängig von dessen späteren Realisierung. Ziel des Modells ist es, ein Verständnis der Systemumgebung zu erlangen. Außerdem dient der Schritt als Startpunkt für weitere Aktivitäten der Kontextrealisierung. Das Unternehmensmodell besteht dabei aus zwei Ergebnissen: dem Konzept- und dem Prozessdiagramm. Das Konzeptdiagramm ist ein Klassendiagramm und modelliert wichtige Unternehmenskonzepte, z.B. beteiligte Rollen oder beteiligte Systeme in Form von Klassen und deren Beziehungen. Das Prozessdiagramm beschreibt eine Hierarchie der berücksichtigten Geschäftsprozesse und zugehörige Systemfunktionen. Typische Aktivitäten zur Erstellung des Unternehmensmodells sind dabei die Identifikation von relevanten Geschäftsprozessen und deren Beziehungen untereinander sowie die Beschreibung der nach außen sichtbaren Systemfunktionalität. Zur Durchführung der Aktivitäten werden Techniken der Geschäftsprozessmodellierung empfohlen.

Das **Strukturmodell** beschreibt die strukturelle Interaktion des Systems mit seiner Umgebung in Form eines Klassendiagramms. Das aktuelle System wird durch eine einzelne Klasse modelliert, die mit der (System-)Umgebung in Beziehung gesetzt wird. Typische Aktivitäten sind hierbei die Identifizierung von Objekten und Klassen, die mit dem zu entwickelnden System interagieren (z. B. andere Systeme der Organisation) und die Festlegung von Beziehungen zwischen diesen.

Das **Aktivitätsmodell** beschreibt die vom System ausgeführten Operationen und deren Zusammenhänge. Insbesondere modelliert das Modell, wie Geschäftsprozesse oder GUI-Funktionen durch eine oder mehrere Systemoperationen realisiert werden. Hierzu enthält das Aktivitätsmodell drei verschiedene Ergebnisse: (1) Use-Case-Diagramme, die Benutzungsfunktionalitäten beschreiben und zueinander in Beziehung setzen, (2) Aktivitätsdiagramme, die den Ablauf der verschiedenen Aktivitäten (z. B. einzelne Use Cases) modellieren und (3) Aktivitätsspezifikationen, die logische Effekte der Use Cases textuell beschreiben.

Das **Interaktionsmodell** beschreibt die Realisierung von Benutzungsoperationen durch Sequenzen von Systemoperationen. Diese Beschreibung erfolgt mittels UML-Interaktionsdiagrammen (Sequenz- oder Kollaborationsdiagramm) und dient der Vervollständigung bzw. Präzisierung der Systemoperationen. Typische Aktivitäten sind die Identifikation von zusätzlichen Systemoperationen, der Abfolge von Operationen sowie die Beschreibung von ausgetauschten Daten.

Das **Entscheidungsmodell** wird im Fall der Entwicklung einer Produktlinie benötigt. Es erfasst die variablen Aspekte des Systems mittels Entscheidungstabellen und beschreibt, welche dieser Aspekte wie veränderbar sind.

Zusätzlich zu den obigen Aktivitäten wird ein Data-Dictionary erstellt und gepflegt, das gemeinsame Konzepte beinhaltet (z. B. Namenskonventionen). Zusätzlich beginnt in der Kontext-Realisierung die Qualitätssicherung des Systems durch Entwicklung und Pflege erster Qualitätsdokumentationen (z. B. Testfälle).

Framework Engineering *oder* Application Engineering

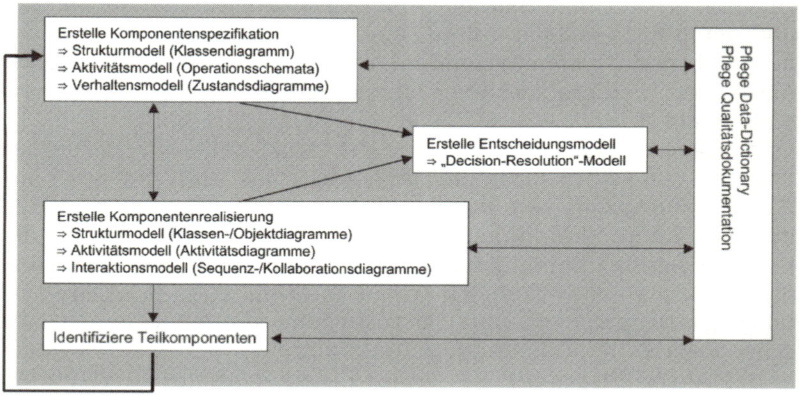

Nach Entwicklung der Kontext-Realisierung beginnt die zweite Phase des KobrA-Vorgehensmodells, das Framework- oder Application Engineering. Das Framework Engineering dient der Entwicklung von Produktlinien, während das Application Engineering auf die Erstellung einzelner Applikationen ausgerichtet ist. In dieser Phase werden rekursiv die Komponenten des Systems beschrieben. Dabei findet das Prinzip der Kapselung Verwendung. In der Praxis bedeutet dies, dass die Beschreibung der Aufgabe einer Komponente („was“) strikt von der Beschreibung, „wie“ diese Aufgabe realisiert wird, getrennt wird. Dies wird durch eine zweistufige Beschreibung einer Komponente mittels Spezifikation (Schnittstelle einer Komponente) und Realisierung (Erfüllung der Schnittstelle) erreicht.

Die **Komponentenspezifikation** beschreibt alle sichtbaren Eigenschaften einer Komponente, d. h. ihre Schnittstelle nach außen. Hierzu gehören strukturelle Konzepte, beispielsweise mit welchen anderen Klassen/Komponenten des Systems sie in Beziehung steht, über welche Attribute und Operationen sie verfügt und welche Art von Beziehungen sie hat. Die Komponentenspezifikation wird mittels eines Klassendiagramms dokumentiert. Weiterhin enthält die Spezifikation eine Beschreibung der angebotenen Operationen, mittels der von Fusion eingeführten Operationsschemata (siehe Kapitel „Fusion") sowie eine Beschreibung des Komponentenverhaltens mittels Zustandsdiagrammen.

Die **Realisierung einer Komponente** beschreibt im Prinzip deren Entwurf, d.h. die technische Lösung zur Erfüllung der in der Spezifikation beschriebenen Schnittstelle. Das Strukturmodell der Realisierung ist daher eine Verfeinerung des entsprechenden Modells der Spezifikation. Das Modell enthält alle Elemente des Spezifikationsmodells, die mit der aktuellen Komponente in Beziehung stehen, sowie zusätzliche, für die Realisierung notwendige Elemente (z.B. technische Klassen). Weiterhin werden die Eigenschaften (Attribute und Operationen) und Beziehungen der enthaltenden Elemente modelliert. Der Algorithmus jeder Operation wird durch ein Aktivitätsdiagramm beschrieben. Zusätzlich werden die Interaktionen zwischen den Klassen für jede Komponentenoperation mittels Sequenz- und Kollaborationsdiagrammen modelliert.

Das **Entscheidungsmodell** wird im Fall der Entwicklung einer Produktlinie benötigt. Es identifiziert und beschreibt die variablen Aspekte einer Komponente über alle Systeme der Familie hinweg auf der Spezifikations- und Realisierungsebene. Das Modell wird mittels Entscheidungstabellen beschrieben.

Die Realisierungsmodelle einer Komponente dienen als Grundlage der **Identifikation von Teilkomponenten**. Für jede Klasse des Strukturmodells wird dabei entschieden, ob es sich um eine Teilkomponente (erneuter Durchlauf von Spezifikation und Realisierung) oder eine einfache Klasse handelt.

Zusätzlich zu den obigen Aktivitäten wird das Data-Dictionary gepflegt und die Qualitätsdokumentation (Testfälle, Messwerte etc.) auf den neuesten Stand gebracht. Auch hier gilt wie bei der Kontext-Realisierung, dass die einzelnen Aktivitäten innerhalb von Spezifikation und Realisierung verzahnt ablaufen.

Implementierung

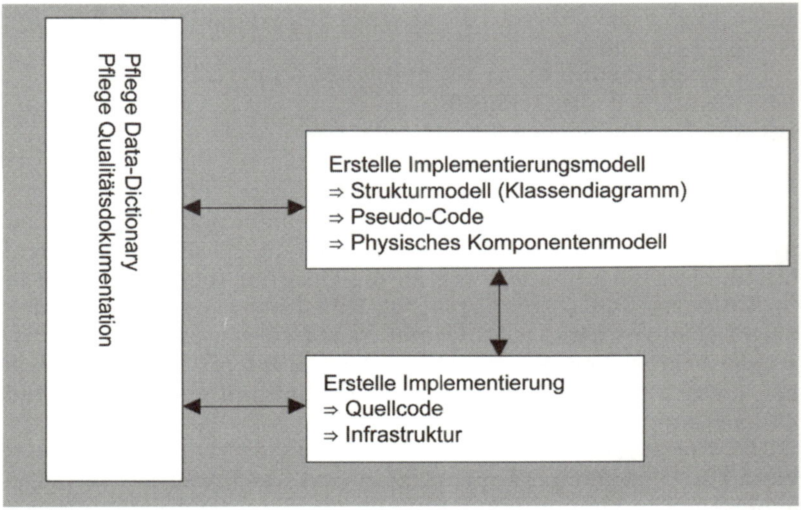

Jede Komponente des KobrA-Komponentenbaumes kann auf zwei Arten implementiert, d. h. in eine ausführbare Version, überführt werden. Zum einen kann dies durch COTS-(„Custom off the shelf")-Komponenten geschehen, wobei diese die gegebene Komponentenspezifikation erfüllen müssen. Zum anderen kann die Komponente mittels der dritten KobrA-Phase, der Implementierung, auf Quellcode abgebildet werden. Hierbei stehen klare Beziehungen zwischen dem Implementierungsmodell und dem Quellcode sowie die Berücksichtigung nicht-funktionaler Aspekte (z. B. Performanz) des Systems durch spezielle Techniken im Vordergrund.

Zentrale Idee ist dabei die Minimierung des logischen Abstands zwischen den Realisierungsmodellen und dem späterem Quellcode durch das Implementierungsmodell. KobrA verwendet Verfeinerungs- und Übersetzungspattern, die die Realisierungsmodelle zunächst auf die Abstraktionsebene des Quellcodes verfeinern und dort mittels Klassendiagrammen, Pseudo-Code und Komponentenmodellen beschreiben. Letztere dienen der Beschreibung der Abbildung „logischer" Komponenten des KobrA-Komponentenbaums auf ausführbare „physikalische" Komponenten (z. B. können mehrere logische Komponenten in einer physikalischen Komponente enthalten sein). Die verfeinerten Modelle werden dann, mittels Übersetzungspattern, in Quellcode oder eine andere Komponententechnologie (z.B. CORBA) übertragen. Der Einsatz von Pattern, d.h. wiederverwendbaren und qualitätsgesicherten Mustern, sorgt dabei für eine qualitativ hochwertige Abbildung.

Anpassung und Einführung
Zur Einführung des KobrA-Vorgehensmodells in bestehende Organisationen wird eine inkrementelle Strategie vorgeschlagen. Im Mittelpunkt steht dabei die Anpassung des Modells an die Organisation in Abhängigkeit von unterschiedlichen Faktoren wie z.B. Anwendungsdomäne, Umgebung oder Projektstruktur. Kern ist in jedem Fall der Komponentenbaum und die Beschreibung jeder Komponente mittels Spezifikation und Realisierung. Die hierfür verwendeten Diagramme und Modelle werden dabei variabel an die Organisation angepasst. Beispielsweise erfordert die Verwendung von KobrA zur Entwicklung von Echtzeit- und Telekommunikationssysteme andere Diagrammarten als die Entwicklung von Web-Anwendungen. Weiterhin existieren Mechanismen zur Anpassung der Prozesse und Aktivitäten an die verschiedenen Ergebnisse.

Werkzeuge
Der Einsatz des KobrA-Vorgehensmodells in größeren Projekten erfordert die Verwendung von unterstützenden Werkzeugen zur Modellierung und Prüfung der von KobrA vorgegebenen Konsistenzregeln. Bislang existiert Werkzeugunterstützung allein in Form eines Plug-ins für das Rational-Rose-Werkzeug. Mithilfe des Plug-ins werden nicht nur die benötigten Diagramme, sondern auch die Pflege/Erstellung des Komponentenbaums und die (automatische) Durchführung von Konsistenzprüfungen und Qualitätssicherungsmaßnahmen unterstützt.

Weiterführende Literatur

Atkinson, C., Bayer, Bunse, C., Kamsties, E., Laitenberger, O., Laqua, R., Muthig, D., Paech, B., Wüst, J., Zettel, J.
Component-based Product Line Engineering with UML
Addison-Wesley, 2001

Gross, H. G.
Component-Based Software Testing with UML
Springer, 2005

Atkinon, C., Bunse, C., Gross, H. G., Peper, C. (Hrsg.)
Component-Based Software Development for Embedded Systems
Springer, 2005

UML Components

Der UML-Components-Ansatz von Cheesman und Daniels beruht auf den Ideen von Catalysis und dem Unified Process und wurde im Jahr 2000 als Prozess zur Spezifikation komponentenbasierter Systeme mit der UML definiert. Ziel des Vorgehensmodells ist dabei insbesondere, die Entwicklung der Serveranteile von Geschäftsanwendungen zu unterstützen.

Der Schwerpunkt des Prozesses liegt vor allem auf der Spezifikation der externen Eigenschaften von Komponenten sowie deren gegenseitigen Abhängigkeiten. Die internen Aspekte einzelner Komponenten bzw. deren Implementierung wird dabei nicht betrachtet. Zentrales Element des Prozesses ist der alleinige Einsatz der UML für alle Software-Entwicklungsergebnisse (Analyse und Spezifikation). Hierzu wurden unter anderem auch Erweiterungen der UML vorgenommen.

Zusammengefasst kombiniert der UML-Components-Ansatz eine Untermenge der Catalysis-Prinzipien mit einem einfachen dem Unified Process ähnlichen Prozess. Diese Wahl einer Untermenge von Prinzipien sowie die Vereinfachung des Prozesses ist gleichzeitig die Stärke als auch die Schwäche des Ansatzes. Einerseits stellt der Ansatz die Kernelemente von Catalysis in einer einfachen anzuwendenden Form zur Verfügung. Andererseits gehen dabei einige wesentliche Elemente von Catalysis verloren. Die Fokussierung auf die frühen Phasen der Software-Entwicklung ist ein richtiger Schritt, führt aber zu einer ungenügenden Abdeckung des Software-Entwicklungsprozesses. Dies bedeutet, dass der Ansatz mindestens um Entwurfs- und Implementierungsaspekte erweitert werden muss, um in der Praxis angewendet werden zu können.

Vorgehensmodell-Übersicht

Der UML-Components-Ansatz unterscheidet zwei Phasen. Eine Anforderungsphase zur Erfassung der wesentlichen Anforderungen, die ein System erfüllen muss, und eine Spezifikationsphase zur Dokumentation der Komponenten und Schnittstellen, die diese Anforderungen erfüllen. Weitere Aktivitäten wie die Komposition der Komponenten zu einem System, deren Implementierung etc. werden dabei nicht betrachtet. Hier wird vielmehr auf den Unified Process verwiesen, dessen evolutionäres, iterativ-inkrementelles Vorgehen auch die Basis von UML Components bildet.

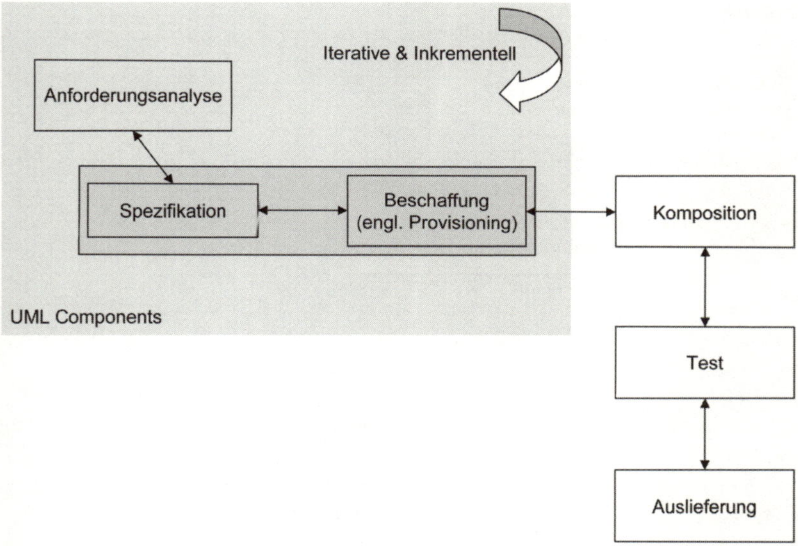

Nach der Erfassung der Anforderung ist die Spezifikationsphase von zentraler Bedeutung, insbesondere aus dem Blickwinkel der komponentenbasierten Entwicklung. In der Spezifikationsphase werden zunächst mögliche Komponenten-Kandidaten identifiziert, deren Beziehungen und Interaktionen festgehalten und schließlich jede Komponenten beschrieben. Dabei spielen Komponentenschnittstellen eine wichtige Rolle, da diese den Zusammenhalt des Systems bewirken und für die Realisierung der gewünschten Funktionalität von hoher Bedeutung sind. Zur Dokumentation der einzelnen Software-Entwicklungsergebnisse wird ausschließlich die UML verwendet, die speziell für diese Zwecke erweitert wurde. UML Components zählt zu den Klassen der wiederholenden und wiederverwendungsorientierten Vorgehensmodelle.

Aktivitäten und Ergebnisse

Das Vorgehensmodell von UML Components folgt dem Muster des Unified Process. Es konzentriert sich allerdings auf die frühen Phasen der Software-Entwicklung. Im Detail beschreibt das Vorgehensmodell zwei Phasen, die wieder eine Reihe von Aktivitäten zur Erstellung von vordefinierten Ergebnissen umfassen.

Anforderungsanalyse

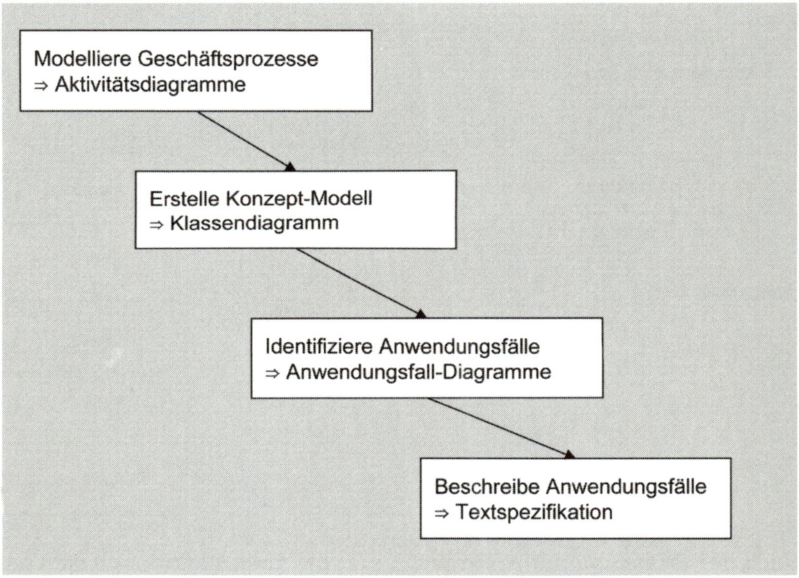

In der ersten Phase, der Anforderungsanalyse, werden die für das System relevanten Anforderungen erfasst und beschrieben. Alle Aktivitäten und Ergebnisse dieser Phase dienen der Vorbereitung der zweiten Phase, die den Schwerpunkt des Ansatzes bildet.

Zunächst werden Geschäftsprozesse innerhalb eines Unternehmens erfasst und beschrieben, um entscheiden zu können, welche **Geschäftsprozesse** vom geplanten System unterstützt werden müssen. Hierbei kann z. B. auf existierende Geschäftsprozessmodelle zurückgegriffen werden. Die identifizierten Prozesse können dann z. B. mithilfe von UML-Aktivitätsdiagrammen beschrieben werden. Neben Anforderungen an das System können so auch wichtige Entitäten und Rollen identifiziert werden.

Das **Konzeptmodell** beschreibt, auf Basis der Geschäftsprozesse, wichtige Konzepte, Begriffe und andere Informationen innerhalb der betrachteten Domäne. Diese Informationen werden als Geschäftskonzepte (engl. Business Concepts) bezeichnet und werden zueinander in Beziehung gesetzt, um Abhängigkeiten und Einschränkungen frühzeitig zu identifizieren.

Anwendungsfälle (engl. Use Cases) beschreiben die Interaktionen zwischen Aktoren und dem System. Diese Interaktionen finden statt, um ein bestimmtes fachliches Ziel (engl. Business Goal) zu erreichen. Dabei beschreiben Anwendungsfälle immer genau einen Ablauf oder Prozess und befassen sich mit der Frage, was die Umwelt vom System erwartet. Zur Beschreibung werden UML-Anwendungsfalldiagramme eingesetzt.

Zusätzlich zu der grafischen Beschreibung der Anwendungsfälle erfolgt zusätzliche eine ausführlich **textuelle Beschreibung** (nach Alistair Cockburn). Diese textuelle Beschreibungsform von Use Cases umfasst mindestens einen eindeutigen Bezeichner, den Namen des initiierenden Akteurs, eine kurze Zielbeschreibung des Ziels und eine nummerierte Folge von Schritten zur Erreichung des Ziels.

Die zweite Phase des UML-Components-Ansatzes, die Spezifikation, besteht selbst wiederum aus drei Schritten, die auf den Ergebnissen der Anforderungsanalyse basieren. Diese Schritte haben das Ziel, die Komponenten des Systems zu identifizieren und zu spezifizieren.

Spezifikation

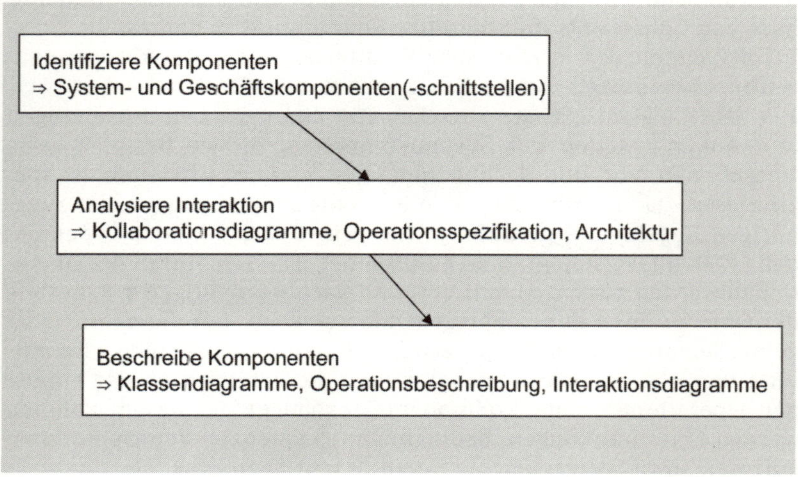

Im Rahmen der **Komponentenidentifikation** werden zunächst Daten und Zustände (engl. Business Types) beschrieben, die vom geplanten System verwaltete, konkrete Geschäftsinformationen repräsentieren. Darauf aufbauend werden zunächst die Elemente identifiziert, die innerhalb des Unternehmens eine unabhängige Existenz besitzen. Dies sind Elemente, die auch losgelöst vom System existieren. Anschließend werden die Verantwortlichkeiten und Abhängigkeiten dieser Elemente festgelegt und mithilfe der UML modelliert. Basierend auf den vorliegenden Informationen können dann die ersten Komponenten(-schnittstellen) identifiziert werden. Dabei gilt, dass pro Anwendungsfall eine Komponente definiert werden kann. Abschließend werden die Komponenten und ihre Abhängigkeiten, z.B. mithilfe von Klassendiagrammen, beschrieben.

Im Rahmen der **Interaktionsanalyse** wird festgelegt, wie die im vorangegangenen Schritt identifizierten Komponenten zusammenarbeiten, um die geforderte Funktionalität zu erzielen. Dazu wird zu jeder Komponente der zugehörige Kontrollfluss durch den Einsatz von UML-Kollaborationsdiagrammen beschrieben und die zugehörigen Operationen identifiziert. Die Signatur jeder Operation wird spezifiziert und die Struktur der Operationen optimiert. Ziel der Optimierung ist es, die Anzahl von Operationsaufrufen zu minimieren, zyklische Abhängigkeiten zu vermeiden sowie Operationen und Schnittstellen anhand der zuvor festgelegten Standards zu normalisieren. Abschließend wird eine Komponentenarchitektur entwickelt und mithilfe von Constraints die referenzielle Integrität sichergestellt.

Im Rahmen der letzten Spezifikationsaktivität, der **Komponentenbeschreibung**, kommt das Konzept des „Design by Contract" aus dem Catalysis-Ansatz zum Einsatz. Ziel ist dabei, Beziehungen und Abhängigkeiten der Systemkomponenten, wie beispielsweise Operationen, Vor- und Nachbedingungen oder Schnittstellen, zu spezifizieren. Dazu wird zunächst jede Schnittstelle, inklusive der zugehörigen Regeln und Abläufe, mittels eines sogenannten Typenmodells (UML-Klassendiagramm) beschrieben. Die Signaturen der Operationen werden zusätzlich mit Vor- und Nachbedingungen z.B. mittels der Object Constraint Language (OCL) versehen, um die dahinterliegende Semantik möglichst präzise zu definieren. Zusätzlich wird mithilfe von UML-Interaktionsdiagrammen die Realisierung der einzelnen Operationen einer Komponente festgelegt. In diesem Rahmen werden Einschränkungen, Bedingungen, Sequenzen von Operationsaufrufen sowie ausgetauschte Daten beschrieben.

Zum Abschluss der Spezifikationsphase liegt eine Liste von Komponenten mit Operationen und Signaturen vor. Zusätzlich sind die Abhängigkeiten und Beziehungen zwischen den Komponenten modelliert und beschrieben worden. Diese Architektur des Systems wird in nachfolgenden Phasen schrittweise verfeinert, realisiert und getestet. Diese Aktivitäten sind allerdings kein Bestandteil des Ansatzes.

Anpassung und Einführung

UML Components ist ein bewusst einfach gehaltenes Vorgehensmodell für die Spezifikation komplexer komponentenbasierter Systeme. Dabei wird allein die (erweiterte) UML zur Dokumentation aller Software-Entwicklungsergebnisse verwendet. Das Vorgehensmodell ist allerdings nicht vollständig und muss daher mit weiteren Prozessen kombiniert bzw. in diese integriert werden. Vorgeschlagen wird dafür der Unified Process.

Aufgrund der Einfachheit lässt sich der Ansatz verhältnismäßig leicht einführen. Aufgrund fehlender Transitions- bzw. Einführungsstrategien sowie fehlender spezifischer Werkzeuge bedarf der Einsatz allerdings einer detaillierten Planung. Dies wird durch den hohen Verwandtschaftsgrad zu Ansätzen wie Catalysis und dem Unified Process sowie der empfohlenen und erforderlichen Integration erleichtert.

Werkzeuge

Der Einsatz des UML-Components-Ansatzes ist aufgrund seiner strikten Verwendung der UML ohne den Einsatz von Werkzeugen nicht, oder nur mit großer Mühe, möglich. Insbesondere die von UML Components definierten Erweiterungen der UML erschweren dabei den Einsatz existierender Standardwerkzeuge. Hier bietet sich z.B. das frei erhältliche Werkzeug ARGO-UML mit einem speziellen Prozess-Plug-in (CCL-Plug-in) an.

Weiterführende Literatur

Cheesman, J., Daniels, J.
UML Components
Addison-Wesley, 2000
http://www.umlcomponents.com
CCL-Plug-in: http://ccl-plugin.berlios.de/

Perspective

Das Perspective-Vorgehensmodell wurde 1994/95 von der Fa. Select (heute: Aonix) entwickelt und 1998 durch die Autoren Allen und Frost überarbeitet. Die Wurzeln des Vorgehensmodells liegen dabei im DSDM-Ansatz (vgl. Agile Methoden). Perspective kann als iterativ-inkrementelle Adaption der DSDM-Prinzipien für die Entwicklung objektorientierter und komponentenbasierter Systeme gesehen werden. Zusätzlich bietet Aonix ein Softwarepaket zur Unterstützung des Vorgehensmodells an.

Im Vorgehensmodell von Perspective sind Geschäftsprozesse von zentraler Bedeutung. Diese werden zu Beginn eines Projektes modelliert, in Systemmodelle übertragen und anschließend implementiert. Das Perspective-Vorgehensmodell verwendet zur Modellierung von Softwaresystemen die UML und versteht sich als konsolidierte Sammlung von bewährten Erfahrungen und Techniken. Ein charakteristisches Merkmal ist die Trennung von Entwicklung unternehmensspezifischer Software und Entwicklung von Komponenten. Beide Aktivitäten werden iterativ und inkrementell durchgeführt und durch ein Komponenten-Repository koordiniert. Die Trennung soll insbesondere die parallele Entwicklung verschiedener Systeme bzw. Systemteile fördern.

Insgesamt bietet das Perspective-Vorgehensmodell die elementaren Bestandteile einer Methode zur Entwicklung komponentenbasierter Systeme (frühe Phasen) angereichert durch praktische Erfahrungen und Richtlinien. Schwachpunkt des Ansatzes ist die fehlende Konsistenz zwischen Geschäftsprozessen, Objekten und Modellen. So ist nicht immer verständlich, welche Modelle die Spezifikation und welche die Realisierung einer Komponente beschreiben. Dies erschwert nicht nur die Qualitätssicherung, sondern auch die Organisation und das Verständnis komplexer Systeme bzw. deren Modelle.

Vorgehensmodell-Übersicht

Perspective definiert einen Entwicklungsprozess und einen Managementprozess, ist aber kein vollständiges Vorgehensmodell. Vielmehr versteht sich Perspective als Rahmenwerk und Werkzeugkasten. Dieses soll mithilfe von flexibel miteinander verknüpfbaren Prozessvorlagen angewendet und angepasst werden. Generell ist das Perspective-Vorgehensmodell aus zwei Prozessen aufgebaut. Der Systemlösungs-(engl. Solution-)Prozess erstellt ausgehend von spezifischen Anforderungen ein unternehmensindividuelles Software-System. Im Komponenten-

(engl. Component-)Prozess werden, auf Basis allgemeingültiger Anforderungen spezifischer Domänen, einzelne Komponenten entwickelt. Perspective basiert dabei auf einer aktivitätsorientierten Prozesssteuerung. Jeder Prozess wird anhand der durchzuführenden Aktivitäten sowie der notwendigen und zu erzeugenden Ergebnisse beschrieben. Beide Prozesse werden in unterschiedliche Schritte aufgeteilt, die jeweils iterativ und inkrementell durchlaufen werden.

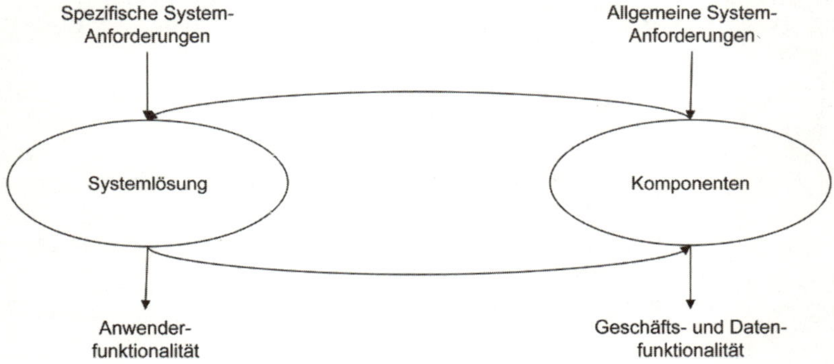

Basierend auf den DSDM-Wurzeln wird in Perspective hoher Wert darauf gelegt, dass alle Aktivitäten in kleinen Teams ($\leq$ 6 Personen) durchgeführt werden. Dabei ist auf die Ausgewogenheit zwischen fachlichen und technischen Rollen zu achten. Die Zweiteilung des Ansatzes in Systemlösung und Komponenten setzt sich auch im Rollenmodell fort, wobei insgesamt 21 Rollen definiert werden.

Wegen des inkrementell-iterativen Vorgehens zählt das Modell zur Klasse der wiederholenden Vorgehensmodelle. Die Unterscheidung zwischen Systemlösung und Komponenten sowie die Zielsetzung, eine hohe Wiederverwendung zu erreichen, führen gleichzeitig zu einer Klassifikation als wiederverwendungsorientiertes Vorgehensmodell.

Aktivitäten und Ergebnisse

In Perspective wird grundsätzlich zwischen der Entwicklung von spezifischen Anwendungen aus Komponenten und der Entwicklung von wiederzuverwendenden Komponenten differenziert. Grundlage des Vorgehens sind Geschäftsprozesse, Dienste (engl. Services) und Referenzarchitekturen. So wird z.B. bei der Entwicklung von Komponenten die Identifikation und Umsetzung von Diensten auf der Basis von Geschäftsprozessen betrachtet. Zur Verfeinerung und Modellierung werden objektorientierte Techniken eingesetzt. Allerdings ist inhaltliche Ausgestaltung der einzelnen Aktivitäten bewusst vage gehalten (vgl. Agile Methoden) und muss im Einzelfall festgelegt werden.

Systemlösung

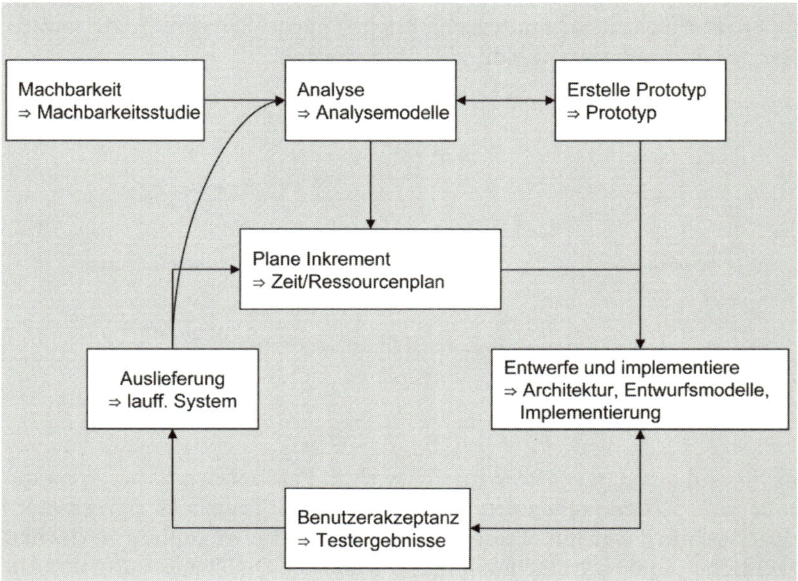

Der **Systemlösungsprozess** besteht aus sieben Aktivitäten zur Entwicklung eines Systems im Kundenauftrag. Zunächst wird eine **Machbarkeitsstudie** erstellt. Diese dient der Prüfung der Umsetzbarkeit des Projekts und der Einschätzung der damit verbundenen Risiken. Die resultierende Studie legt fest, in welchem Umfang, mit welchen Mitteln und in welcher Zeit das gewünschte System realisiert werden kann. Ist das Ergebnis der Studie positiv wird das eigentliche Projekt gestartet. Dazu werden zunächst die Anforderungen an das System erhoben (**Analyse**) und mithilfe eines Analysemodells (z.B. unter Verwendung der UML) dokumentiert. Die Analysephase läuft in der Regel verzahnt mit der Entwicklung eines benutzbaren Prototyps ab, um Erfahrungen und Erkenntnisse direkt umsetzen zu können. Aufbauend auf den Analysemodellen wird ein **Inkrementplan** erstellt, der beschreibt, welche Systeminkremente welche Funktionalitäten erfüllen sollen und in welcher Reihenfolge diese bearbeitet werden. Der Entwurf (mittels UML) und die Implementierung eines einzelnen Inkrements erfolgen anschließend in der **Entwurfs- und Implementierungsaktivität**. Diese Aktivität verläuft häufig parallel zum **Akzeptanztest,** die die Erfüllung der Benutzeranforderungen sicherstellen soll. Anschließend kann das validierte, lauffähige (Teil-)System an den Kunden ausgeliefert (**Auslieferung**) und das nächste Inkrement bearbeitet werden.

Komponenten

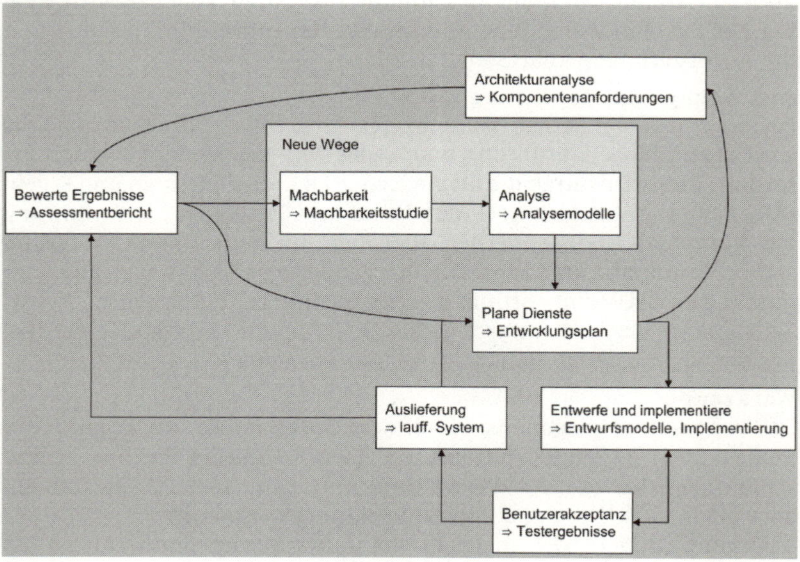

Der iterativ-inkrementelle **Komponentenprozess** besteht aus acht Aktivitäten und dient der Entwicklung wiederverwendbarer Komponenten (projekt- oder abteilungsübergreifend bzw. zur direkten Vermarktung). Die Grundlage der Komponentenentwicklung ist dabei ein architektonischer Rahmen für alle Projekte zur Entwicklung von Komponenten. Dies beinhaltet Koordinationsaufgaben sowie die Identifikation von wiederverwendbaren Teilen, die neu entwickelt werden oder aber aus Altanwendungen übernommen werden können. Zunächst wird hierzu eine **Analyse** bzw. Abgrenzung der Architektur (engl. Scoping) durchgeführt, in der die Anforderungen an eine Komponente ermittelt werden. Diese werden anschließend evaluiert und

bewertet. Ziel ist dabei insbesondere die Feststellung bezüglich des Bedarfs an einer solchen Komponente im Rahmen der Systemlösung. Basierend auf den Bewertungsergebnissen wird die **Planung** der zur Realisierung der Komponente notwendigen Inkremente durchgeführt. Die restlichen Aktivitäten wie Entwurf, Implementierung, Test und Auslieferung verlaufen analog zu den gleichnamigen Aktivitäten der Systemlösung. Der Fokus liegt dabei auf der Komponente. Alternativ zur Durchführung des Entwicklungszyklus wird ein alternativer Pfad durchlaufen, wenn die Bewertungsaktivität neue bzw. zu adaptierende Komponenten identifiziert. In diesem Fall wird, analog zur Systemlösung, eine **Machbarkeitsstudie** durchgeführt und die Anforderungen analysiert.

Anpassung und Einführung
Basierend auf den agilen Wurzeln des Perspective-Vorgehensmodells wird die einfache Einführung und Anpassung des Modells explizit gefordert. Dies wird durch die kleine Menge an Kernelementen und Ergebnissen unterstützt. Konkrete Aktivitäten und Strategien zur Einführung des Vorgehensmodells werden allerdings nicht detailliert. Aufgrund seiner Verwandtschaft zur DSDM-Vorgehensweise kann allerdings der durch das DSDM-Konsortium bereitgestellte Leitfaden (http://www.agilealliance.org/system/article/file/902/file.pdf) verwendet werden, der die wichtigsten Rollen, Schritte und Abwägungen spezifiziert.

Werkzeuge
Das Perspective-Vorgehensmodell wird durch die Fa. Aonix mit einer Reihe von Werkzeugen unterstützt (Select Solution Factory). Diese umfasst Werkzeuge zur Verwaltung und zum Test von Systemen, aber auch Modellierungs- und Entwicklungswerkzeuge.

Organisationen, die nicht in die Anschaffung eines speziellen Werkzeuges investieren möchten, können auch andere CASE-Werkzeuge, sofern sie die UML unterstützen, sowie einfache Zeichenwerkzeuge und Texteditoren verwenden. Durch die fehlende Prozessunterstützung müssen allerdings Konsistenzprüfungen und Qualitätssicherungsmaßnahmen manuell durch die Entwickler erfolgen.

Weiterführende Literatur

Allen, P., Frost, S.
Component-Based Development for Enterprise Systems – Applying the Select Perspective
Cambridge University Press, Cambridge 1998

Apperly, H., Hofman, R., Latchem, S. et al.
Service- and Component-based Development: Using the Select Perspective and UML
Addison Wesley, 2003

Produktlinien

Lange Zeit beschäftigten sich Software-Entwicklungsansätze hauptsächlich mit unabhängigen Software-Entwicklungsprojekten, die parallel oder nacheinander in einem Unternehmen durchgeführt werden. Durch die Konzentrierung auf einzelne unabhängige Entwicklungsprojekte beschränkte sich eine mögliche Wiederverwendung zumeist auf Bibliotheken, in denen Teilergebnisse aus vorangegangenen Projekten, wie beispielsweise Klassen oder Komponenten, verwaltet wurden. Es hat sich jedoch gezeigt, dass sich viele Unternehmen auf bestimmte Anwendungsbereiche bzw. Domänen fokussieren. In diesem Fall entwickelt das Unternehmen typischerweise nicht isolierte Systeme, sondern Familien von Systemen, sogenannte Produktlinien. Eine Produktlinie ist eine Menge von miteinander in Beziehung stehenden Systemen, die Gemeinsamkeiten besitzen. Durch die einmalige Modellierung und Implementierung gemeinsamer Anteile der Produktlinie werden Synergien ausgenutzt, die in klassischen Ansätzen der Software-Entwicklung nicht zur Verfügung stehen. Durch die konsequente Ausrichtung auf Wiederverwendung und die damit zu erwartenden Kostenersparnisse und Qualitätssteigerungen versprechen Produktlinien Unternehmen einen entscheidenden Vorteil gegenüber ihrer Konkurrenz.

Ein Prozess-Referenzmodell (z. B. van der Linden) erlaubt die Charakterisierung von Produktlinienansätzen. Jeder Produktlinienansatz basiert auf diesem Referenzmodell. Die einzelnen Ansätze unterscheiden sich in der Ausgestaltung der Entwicklungsaktivitäten. Das Referenzmodell trennt explizit Domänen- vom Applikations-Engineering. Im Domänen-Engineering werden die gemeinsamen und variablen Aspekte der Produktlinie untersucht, beschrieben und zur Wiederverwendung bereitgestellt. Im Applikations-Engineering werden einzelne konkrete Systeme (Familienmitglieder) abgeleitet. Das Applikations-Engineering wird für jedes einzelne zu entwickelnde System durchgeführt. Sowohl das Domänen-Engineering als auch das Appplikations-Engineering folgen den groben Entwicklungsaktivitäten von Analyse, Entwurf bis zur Implementierung. Das Scoping hilft, den Umfang einer Produktlinie festzulegen.

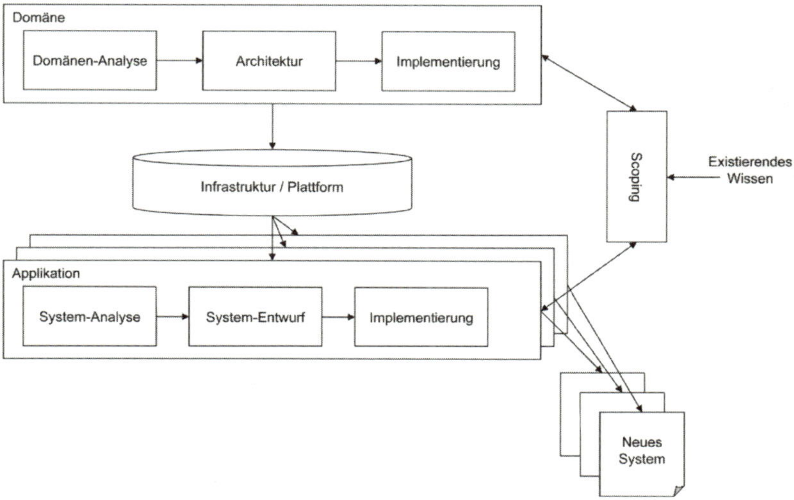

PuLSE

PuLSE™ (Product Line Software Engineering) ist ein Ansatz zur systematischen Entwicklung von Software-Produktlinien, der von einem Fraunhofer Team entwickelt wurde. PuLSE™ deckt die Bereiche Scoping, Domänen-Engineering und Applikations-Engineering des Referenzmodells ab. Die Definition der Produktlinie folgt dabei anhand der Geschäftsziele, die definieren, wie sich die Anwendungsdomäne genau abgrenzt. Außerdem soll die Produktlinie zukünftige Produktentwicklungen abdecken.

Der Fokus des PuLSE™-Ansatzes ist die Etablierung einer Produktlinienorganisation in einem Unternehmen. Außerdem wird die praktische Anwendung eines Produktlinienansatzes unterstützt. PulSE bietet ein Rahmenwerk, das den Lebenszyklus einer Produktlinie einschließlich einer Infrastruktur zur Operationalisierung von Wiederverwendung abdeckt. Die einzelnen Komponenten des Ansatzes sind dabei modular aufgebaut und individuellen Bedürfnissen anpassbar. So ist PulSE z. B. mit den in diesem Buch vorgestellten komponentenbasierten Vorgehensmodellen kompatibel und integrierbar.

Vorgehensmodell-Übersicht

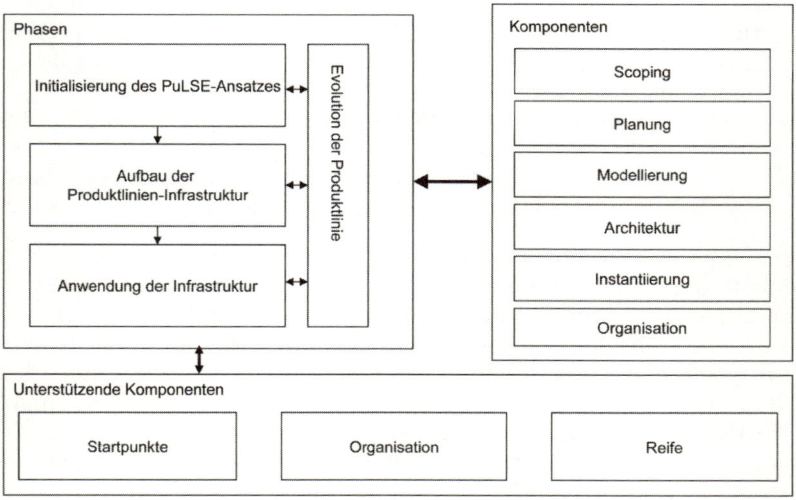

PuLSE™ basiert auf drei Kernelementen: Phasen sowie technischen und unterstützenden Komponenten. Die Phasen entsprechen dabei den logischen Entwicklungsschritten einer Produktlinie und beinhalten alle Aktivitäten zur Definition und Nutzung. Dabei unterscheidet der Ansatz zwischen der Initialisierung (Aufsetzen des PuLSE-Prozesses), der Konstruktion der Infrastruktur (d.h. Scoping, Modellierung und Architektur der Produktlinieninfrastruktur), der Anwendung der Infrastruktur (d.h. Nutzen der Infrastruktur zur Erstellung einzelner Produkte) und der Evolution (d.h. Weiterentwicklung und Verwaltung der Produktlinie).

Die technischen Komponenten helfen bei der Operationalisierung der Produktlinienentwicklung und kommen in den einzelnen Phasen in unterschiedlicher Ausprägung zum Einsatz. Im Einzelnen dienen die technischen Komponenten folgenden Zwecken.

- Aufgabe des Scopings ist, die Unterstützung der Bereitstellung wiederverwendbarer Elemente. Im Rahmen des Scopings werden neben ökonomischen Fragen auch Abgrenzungsfragen (z.B. Welche Produkte stellt man zu einer Produktlinie zusammen?) geklärt.
- Die Komponente „Planung“ unterstützt die Initialisierung einer Produktlinie.

- Die Modellierung befasst sich mit der Beschreibung der Produktcharakteristika und definiert explizit die Mitglieder der Produktlinie.
- Die Architektur zielt auf die Erstellung einer Referenzarchitektur für die Produktlinie und sichert die Verfolgbarkeit zwischen dieser und dem zuvor erstellten Modell.
- Die Instantiierung unterstützt die Anwendungsphase der Produktlinie (den Produktiv-Einsatz).
- Die Organisation befasst sich mit Fragen der Konfigurationsverwaltung und der Weiterentwicklung (Evolution).

Die unterstützenden Komponenten des Pulse-Ansatzes beinhalten Richtlinien und Informationen zur Adaption, Evolution und Bereitstellung einer Produktlinie. Diese bieten Hilfe bei der Anpassung von PuLSE an gängige Typen von Software-Entwicklungsprojekten. Die Komponente zur Organisation unterstützt ein Unternehmen bei der Anpassung seiner Organisationsstruktur, um eine Produktlinienentwicklung zu etablieren. Die Reife-Komponente enthält Transitions- und Einführungsstrategien und unterstützt damit die (schrittweise) Einführung des PuLSE-Ansatzes in ein Unternehmen. Wiederverwendung ist eine wesentliche Zielsetzung des PuLSE-Ansatzes. Daher gehört das Vorgehensmodell zu den wiederverwendungsorientierten Vorgehensmodellen.

Aktivitäten und Ergebnisse

Der PuLSE-Ansatz unterscheidet vier Phasen. Diese werden im Folgenden auf Basis der für sie relevanten technischen Komponenten und Abhängigkeiten beschrieben.

Initialisierung

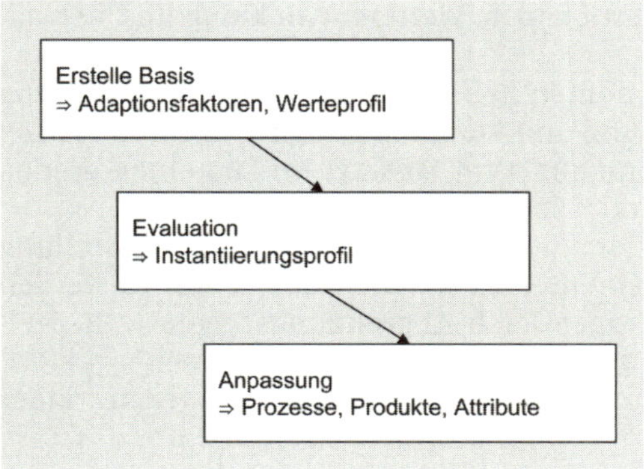

In der Initialisierungsphase wird eine Instanz des PuLSE-Ansatzes für einen Unternehmenskontext erzeugt. In dieser Phase wird hauptsächlich die technische Planungskomponente verwendet. Die Phase verläuft dabei grob in drei Schritten: Basis, Evaluation und Anpassung.

Um die Basis (engl. Baseline) zu erstellen, werden alle zur Adaption von PuLSE notwendigen Informationen gesammelt und in Form von Adaptionsfaktoren (z.B. Anwendungstyp, vorhandene Ressourcen) beschrieben. Diese Faktoren werden anschließend mittels definierter Strategien analysiert (z.B. hinsichtlich von Unternehmenszielen und -werten). Faktoren und Analyseergebnisse bilden dann ein initiales Instantiierungsprofil.

Die Beziehungen zwischen einzelnen Faktoren werden mithilfe sogenannter Entscheidungsbäume (engl. Decision Trees) modelliert und evaluiert. Ergebnis ist ein verfeinertes Instantiierungsprofil, das alle für die Anpassung erforderlichen Informationen beinhaltet.

Im Adaptionsschritt wird auf Basis der vorliegenden Informationen ein vollständiger Prozess mit allen Software-Entwicklungsergebnisse hinsichtlich Abhängigkeiten und Repräsentation definiert.

Aufbau der Infrastruktur

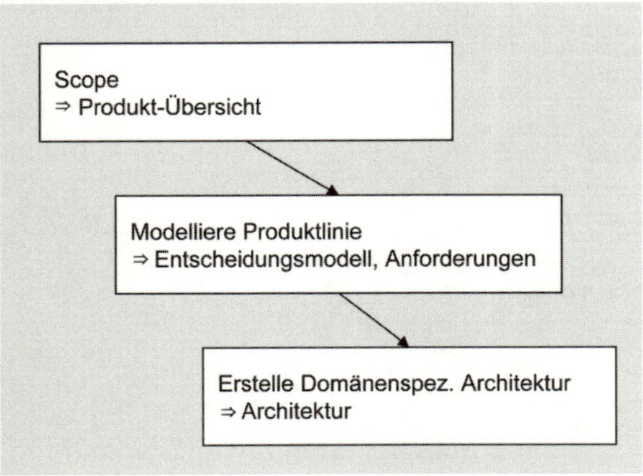

In der Aufbauphase wird die Produktlinieninfrastruktur etabliert. Dazu wird zunächst die Produktlinie abgegrenzt, d.h. der sogenannte Scope festgelegt. Dazu gehört, dass Mitglieder der Produktlinien identifiziert und ihre Eigenschaften festgelegt werden. Die Ergebnisse werden anschließend systematisch in Hinsicht auf ihr Wiederverwendungspotenzial bewertet, geeignete Wiederverwendungskandidaten (Komponenten) werden identifiziert. Alle Ergebnisse werden in der Produktübersicht detailliert beschrieben.

Auf Basis der Produktübersicht werden die identifizierten Komponenten und ihre Beziehungen strukturiert und dokumentiert. Hierzu können neben Kontextdiagrammen auch sogenannte „Storyboards" zum Einsatz kommen, die wichtige Abläufe in der Domäne beschreiben. Zusätzlich wird ein Entscheidungsmodell entwickelt, dass die Variabilität in der Produktlinie dokumentiert und zur Spezifikation eines Produktlinienmitglieds genutzt werden kann. Dies geschieht durch die Auflösung von Entscheidungen im Entscheidungsmodell.

Abschließend wird eine domänenspezifische Referenzarchitektur für die Produktlinie erstellt, die die aktuellen und zukünftigen Produkte der Linie beschreibt. PuLSE sieht hierzu ein iterativ-inkrementelles Vorgehen basierend auf Szenarien vor. Optional können auch Prototypen zum Einsatz kommen.

Anwendung der Infrastruktur

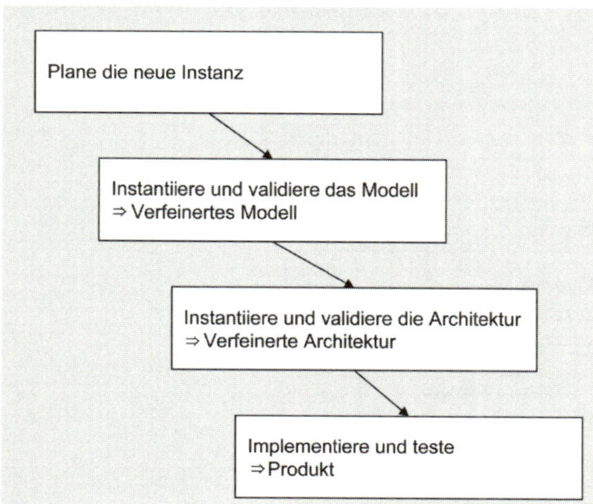

Die Anwendungsphase zielt auf die Erstellung einzelner Mitglieder der Produktlinie. Dies geschieht mittels der Aktivitäten Spezifikation, Instantiierung und Validierung. Dazu werden das Modell der Produktlinie und die domänenspezifische Referenzarchitektur instantiiert, das Produkt aus den wiederverwendbaren Software-Entwicklungsergebnissen konfiguriert und das resultierende Ergebnis gegen die Kundenanforderungen validiert. Wichtig ist, dass dabei keine Änderungen der eigentlichen Produktlinie stattfinden. Sich ergebende Änderungen werden im Rahmen der Produktlinienevolution bearbeitet.

Die Evolutionsphase dient der Kontrolle und Beobachtung der Produktlinieninfrastruktur. Dazu werden Ergebnisse aus allen Phasen, insbesondere der Anwendungsphase, gesammelt und auf ihre Auswirkung auf die Produktlinien untersucht. Notwendige Änderungen der Linie werden konsolidiert und im Rahmen der Pflege durchgeführt.

Anpassung und Einführung

Die Einführung von PuLSE lässt sich inkrementell gestalten und mithilfe der bereitgestellten Strategien schrittweise in eine Organisation einführen. Wichtig ist aber, dass PuLSE ein Rahmenwerk für institutionalisierte Wiederverwendung bereitstellt. Es handelt sich hierbei nicht um eine konkrete Methode bzw. ein Vorgehensmodell zur Entwicklung von Software. PuLSE sollte daher mit einer Entwicklungsmethode (z.B. KobrA) kombiniert werden. Weiterhin ist anzumerken, dass Produktlinien eine gewisse Anzahl von Produkten erfordern, bevor sie ihre volle Nützlichkeit zeigen. In der Literatur finden sich Aussagen, dass es drei bzw. fünf Familienmitglieder bedarf, bevor sich die Investition amortisiert hat.

Werkzeuge

PuLSE basiert zu großen Teilen auf manuellen Tätigkeiten, die teilweise durch Werkzeuge unterstützt werden. So haben die Autoren des PuLSE-Ansatzes ein Werkzeug entwickelt, das den Anwender bei der Erstellung der Anwendungsdomäne und bei der Planung neuer Produkte unterstützt. Allerdings müssen alle Schritte davor, dazwischen und danach von Hand durchgeführt werden. Bislang existiert kein Werkzeug, das PuLSE in seiner gesamten Breite abdeckt.

Weiterführende Literatur

Böckle, G., Knauber, O., Pohl, K., Schmid, K. (Hrsg.)
Software Produktlinien – Methoden, Einführung und Praxis
Dpunkt.verlag, 2004

Atkinson, C., Bayer, Bunse, C., Kamsties, E., Laitenberger, O., Laqua, R., Muthig, D., Paech, B., Wüst, J., Zettel, J.
Component-based Product Line Engineering with UML
Addison-Wesley, 2001

Foda

Foda (Feature Oriented Domain Analysis) ist ein wiederverwendungsbasiertes Vorgehensmodell mit zugehörigem Methodenbaukasten zur Entwicklung von Software Produktlinien. Foda wurde 1990 am Software Engineering Institute (SEI) der Carnegie Mellon Universität zunächst als eigenständige Methode definiert. Im Rahmen zahlreicher Weiterentwicklungen ist Foda heute ein eingebetteter Bestandteil des PLP-(Product Line Practice)-Rahmenwerks des SEIs.

Der Fokus des Foda-Ansatzes liegt auf der Domänenanalyse (vgl. Produktlinien-Referenzmodell). Zur Vervollständigung des Foda-Ansatzes wurde zusätzlich die Erweiterungen Form (Feature-Oriented Reuse Method) und Fople (Feature-Oriented Product-Line Engineering) publiziert. Form dient der Unterstützung des in Foda nur ansatzweise spezifizierten Bereichs der Architekturmodellierung. Fople konzentriert sich auf die Durchführung einer Marktanalyse und Erstellung einer Marketing-Strategie zur Ergänzung der in Foda verwendeten Kontextanalyse.

Vorgehensmodell-Übersicht

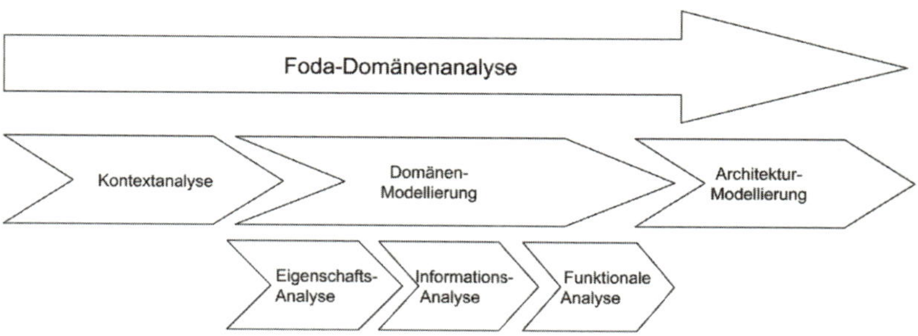

Zentrales Element des Foda-Ansatzes ist das Eigenschaftsmodell (engl. Feature Model). Idee ist dabei, die Domäne hinsichtlich der Eigenschaften zu analysieren, die ein System in dieser Domäne bereitstellen muss bzw. sollte. Die Eigenschaften können dabei funktionale oder nicht-funktionale Eigenschaften sein. Sie werden hierarchisch im Eigenschaftsmodell repräsentiert. Sie können auch optional bzw. alternativ zu anderen Eigenschaften sein. Das Eigenschaftsmodell dient als Grundlage für die Erstellung einer Referenz-Architektur der Domäne.

Foda ist einer der ersten Ansätze zur Unterstützung der Software-Produktlinien-Idee. Allerdings liegt der Schwerpunkt auf der Domänenanalyse, während Elemente wie die notwendige Infrastruktur oder das Applikations-Engineering nicht betrachtet werden. Das Foda-Vorgehensmodell ist dabei weder architektur- noch komponentenorientiert und liefert nur eine unzureichende Prozessbeschreibung. Erweiterungen wie Form oder Fople vervollständigen hier die Prozessbeschreibung.

Wie bei allen Produktlinienansätzen ist ein wesentliches Ziel von Foda die Unterstützung von Wiederverwendung. Daher zählt der Ansatz zu der Familie der wiederverwendungsorientierten Vorgehensmodelle.

Aktivitäten und Ergebnisse

Bei der Anwendung von Foda werden die drei Phasen der Domänenanalyse (d.h. Kontextanalyse, Domänenmodellierung und Architektur) des Produktlinien-Referenzmodells durchlaufen. Zur Beschreibung der Domäne verwendet Foda drei Modelltypen: Informations-, Merkmals- und operationale Modelle.

Kontext Analyse

Analysiere den Kontext
⇒ Kontext-Modell, Struktur-Modell

Foda beginnt mit der Kontextanalyse. In dieser Phase werden die Grenzen und der Umfang einer Domäne analysiert. Dazu werden die Beziehungen zwischen der Domäne, anderen benachbarten/verwandten Domänen und zu externen Elementen wie beispielsweise Betriebssystemen identifiziert und dokumentiert. Dazu gehören auch Datenaustausch, Beschränkungen und Informationsflüsse.

Aus der Kontextanalyse entstehen zwei Produkte, das Kontextmodell zum Beispiel in Form eines Datenflussdiagramms, das die Informationsflüsse der betrachteten Domäne mit angrenzenden und verwandten Domänen beschreibt. Weiterhin entsteht das Strukturmodell beispielsweise in Form eines Blockdiagramms, welches die Domäne in Relation zu untergeordneten, gleichwertigen und übergeordneten Domänen positioniert.

Domänen-Modellierung

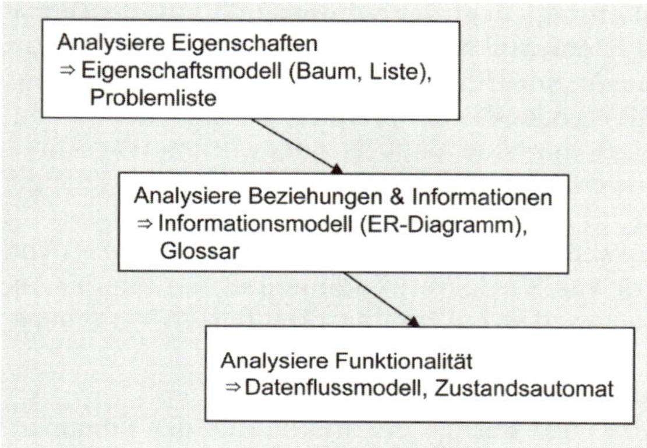

Basierend auf der Eingrenzung der Domäne in der Kontextanalyse beginnt die sogenannte Domänenmodellierung zur detaillierten Identifikation von Gemeinsamkeiten und Variabilitäten der einzelnen Systeme (Familienmitglieder) sowie zur Standardisierung von Domänenwissen. Die Domänenmodellierung umfasst drei Aktivitäten.

In der Eigenschaftsanalyse, der wohl bekanntesten Aktivität von Foda, soll das Nutzer-Verständnis bezüglich der generellen Fähigkeiten, Merkmale und Ausprägungen (Variabilität) von Anwendungen innerhalb der betrachteten Domäne erfasst werden. Die Ergebnisse werden mithilfe eines Eigenschaftsmodells in einer hierarchischen als auch textuellen Form beschrieben. Zusätzlich werden in einer zentralen Liste identifizierte Probleme und getroffene Entscheidungen dokumentiert.

Der Eigenschaftsanalyse schließt sich die Informationsanalyse an. Ziel ist dabei Domänenwissen und Datenanforderungen in Form von Entitäten und deren Beziehungen zu erfassen. Als Notation bieten sich hierzu Entity-Relationship Diagramme (ER Diagramme) an. Denkbar sind aber auch semantische Netzwerke oder objektorientierte Modelle. Die in den Diagrammen erfasste Information wird zusätzlich um ein Domänenglossars erweitert.

Die Funktionsanalyse soll funktionale Überschneidungen und Unterschiede zwischen Anwendungen einer Domäne aufzeigen. Hierzu werden sowohl Datenbewegungen innerhalb der Domäne, als auch Zustandsänderungen der Objekte berücksichtigt. Dazu wird von den in den vorherigen Schritten identifizierten allgemeinen Informationen abstrahiert und strukturiert. Das funktionale Modell umfasst sowohl Datenflussdiagramme als auch Zustandsübergangsdiagramme.

Architektur

Entwickle Domänenarchitektur
⇒ Architektur-Modell (Blockdiagramm)

Im Rahmen der Architektur-Modellierung wird der Lösungsraum der geplanten Produktlinie spezifiziert. Dazu wird eine Referenzarchitektur für die Domänen, d.h. ein Grobentwurf aller Systeme in der Domäne, auf hohem Abstraktionsniveau beschrieben. Der Fokus liegt dabei auf den domänenspezifischen Prozessen und wiederverwendbaren Komponenten. Das entstehende Architektur-Modell legt zusätzlich die Zuordnung von Eigenschaften, Funktionen etc. zu den Prozessen und Komponenten fest. Der Bereich der Architektur wird in Foda nur oberflächlich behandelt und erst durch die Erweiterungen Form und Fople näher spezifiziert.

Anpassung und Einführung
Die Einführung von Foda erfordert, wie alle Produktlinienansätze, eine Reihe von organisatorischen Änderungen. Daher bietet sich eine schrittweise, inkrementelle Einführung an, die durch externe Experten unterstützt werden sollte. Eine Einführung kann ebenfalls durch die umfangreichen Erfahrungen des SEIs und durch publizierte Erfahrungsberichte erleichtert werden.

Werkzeuge
Der Foda-Ansatz setzt in weiten Teilen bekannten Darstellungsformen und Notationen, z.B. Datenflussdiagramme und ER-Diagramme, ein. Dementsprechend steht Nutzern eine Menge von Werkzeugen zur Verfügung. Allerdings unterstützen diese zumeist nur kleine Teilaspekte von Foda. Benötigt wird daher ein umfassendes Werkzeug, das die Konsistenz der Ergebnisse sichert und auch Analysen (z.B. regelbasierte Sprachen zur Identifikation von Abhängigkeiten) bietet. Hierzu werden vom SEI unterstützende Werkzeuge angeboten (http://www.sei.cmu.edu/tools-methods/plp_tools_methods.html).

Weiterführende Literatur

Kang, K. C., Cohen, G. Hess, J. A., William et al.
Feature-Oriented Domain Analysis (FODA) Feasibility Study,
Technischer Bericht CMU/SEI-90-TR-021, SEI
Pittsburgh, 1990

Kang, K. C., Kim, S., Lee, J. et al.
FORM: A Feature-Oriented Reuse Method with Domain-Specific Reference Architectures
Annals of Software Engineering, 5:143–168, 1998

Kang, K. C., Lee, J., Donohoe, P.
Feature-Oriented Product Line „Engineering“.
IEEE Software, Juli/August 2002

Czarnecki, K., Eisenecker, U. W.
Generative Programming – Methods, Tools, and Applications
Addison-Wesley, 2000

FAST

FAST (engl. Family-Oriented Abstraction, Specification, and Translation) ist ein von der Firma Lucent entwickeltes Vorgehensmodell zur Erstellung von Produktlinien und daraus ableitbaren Applikationen. Zentrale Elemente von FAST sind der Aktivitätsbaum (engl. Activity Tree), der alle Aktivitäten für die Entwicklung von und mit Produktlinien enthält, und der Artefaktbaum (engl. Artifact Tree), der alle dabei entstehenden Dokumente definiert. Zusätzlich existiert ein hierarchisches Rollenmodell, das die erforderlichen Rollen in FAST sowie deren Verantwortlichkeiten beschreibt. Ziel der Domänenanalyse ist die Bereitstellung einer domänenspezifischen Sprache, mit der einzelne Applikationen beschrieben und erstellt werden. Jede Aktivität ist durch ein sogenanntes PASTA-Modell (engl. Process and Artifact State Transition Abstraction) definiert. Dieses Modell beschreibt die Vor- und Nachbedingungen jeder Aktivität und unterstützt somit die Einführung und Umsetzung von FAST in einer Umgebung.

Vorgehensmodell-Übersicht

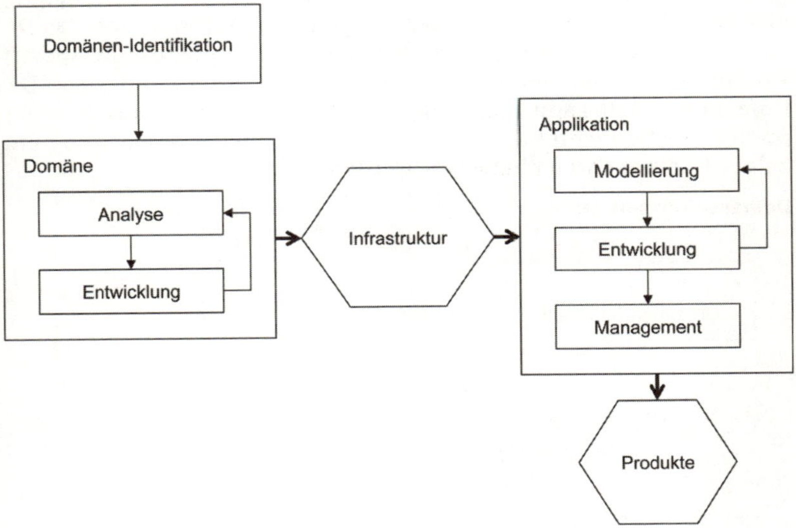

Der FAST-Ansatz besteht im Wesentlichen aus zwei Schritten. Der erste Schritt befasst sich mit der Bereitstellung der Produktlinieninfrastruktur. Hierzu wird die Domäne klassifiziert, d.h. die Domäne bzw. die Familie von Systemen abgegrenzt. Zusätzlich findet ein Domänen-Engineering statt, um wiederverwendbare Elemente, die allen Mitgliedern gemeinsam sind, bereitzustellen. Im zweiten Schritt wird diese Infrastruktur zur Entwicklung konkreter Systeme verwendet.

Zentrales Element des FAST-Ansatzes ist dabei ein Domänenmodell, das die Gemeinsamkeiten und Unterschiede der einzelnen Systeme in der Domäne spezifiziert. Das Dokument enthält Szenarien zur Klärung bestimmter Sachverhalte und Ideen (z.B. Vorgänge aus Sicht des Benutzers oder Unterschiede der einzelnen Familienmitglieder). Basierend auf diesem Modell können dann domänenspezifische Sprachen, Architekturen und Generatoren entwickelt werden, die die rasche Erstellung einzelner Systeme unterstützen. Wie andere Produktlinienansätze zählt FAST zur Familie der wiederverwendungsorientierten Vorgehensmodelle.

Aktivitäten und Ergebnisse

Im ersten Schritt des FAST-Ansatzes wird eine Entscheidung bezüglich des ökonomischen Sinns der Produktlinie getroffen und das Domänenmodell erstellt. Das Domänenmodell stellt präzise die Spezifikations- und Implementierungskonzepte der Produktlinie dar. Das Domänenmodell kann daher als Spezifikation der Produktlinieninfrastruktur betrachtet und als Leitfaden zur Wiederverwendung einzelner Komponenten eingesetzt werden.

Domänenklassifizierung

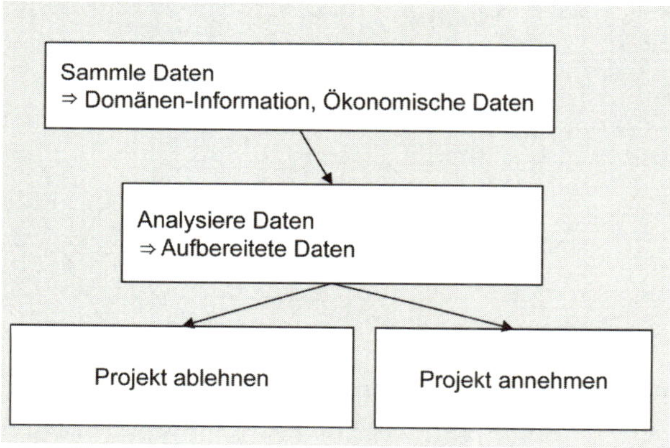

Im Rahmen der Domänenklassifizierung wird die Produktlinie aus ökonomischer Sicht analysiert. Dazu werden alle relevanten Informationen (auch aus Kundensicht) gesammelt. Während der Analyse werden die Anzahl der möglichen Produkte in der Domäne, ihre Erstellungskosten und der zu erwartende Gewinn abgeschätzt. Basierend auf den Analyse-Ergebnissen wird die Entscheidung bezüglich des weiteren Vorgehens getroffen.

Domänenanalyse und -entwicklung

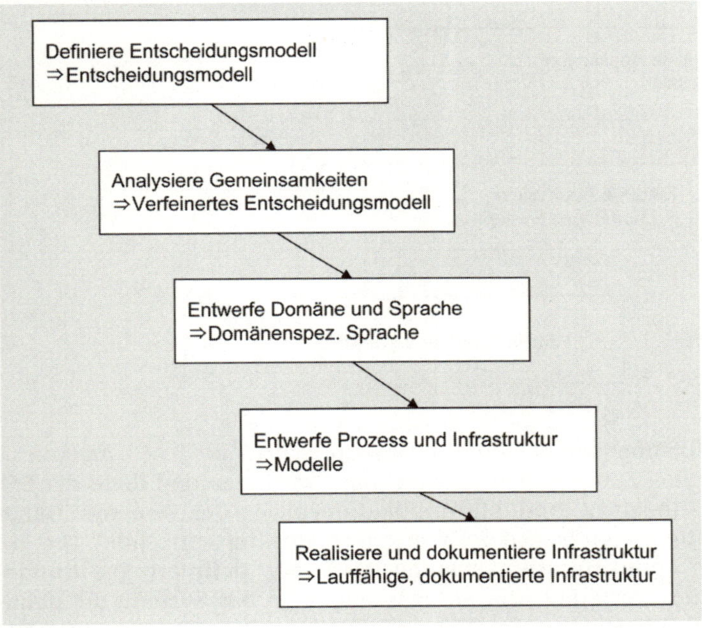

Im Zuge der Domänenanalyse werden die Gemeinsamkeiten und Unterschiede der Systemfamilie beschrieben. Neben Szenarien zur Klärung von Sachverhalten wird hierzu ein Entscheidungsmodell entwickelt, das alle Entscheidungen, die bei der Erzeugung einer Applikation getroffen werden müssen, beinhaltet. Annahme ist, dass alle Variabilitäten mittels Parametern beschrieben werden können. Die Entwicklung der Produktlinie bzw. Familie wird dabei mit der Entwicklung einer neuen, domänenspezifischen Sprache gleichgesetzt. Variabilitäten werden mittels dieser Sprache (Jargon) beschrieben, wobei jeder Jargon eines Compilers bedarf, der in eine ebenfalls zu erstellende Werkzeuglandschaft bzw. Entwicklungsumgebung (Infrastruktur) integriert werden muss. Mithilfe eines Jargons lassen sich einzelne Systeme der Domäne beschreiben und in lauffähigen Code umsetzen. Im Anschluss an die Modellierung wird die Infrastruktur implementiert und dokumentiert und steht dann zur Entwicklung einzelner Systeme zur Verfügung.

Applikationsentwicklung

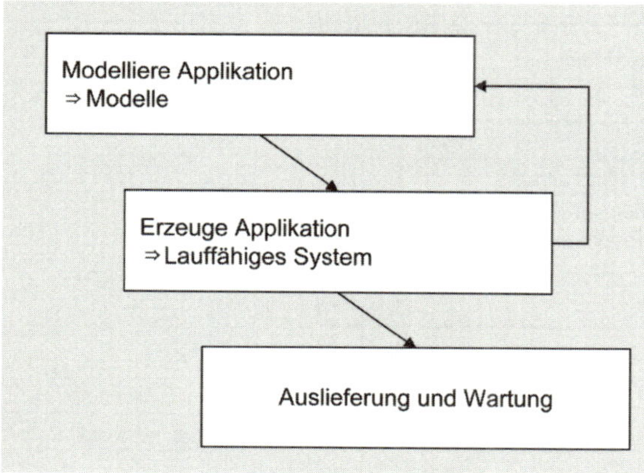

Die Applikationsentwicklung, der zweite Schritt des FAST-Ansatzes, kann parallel zur Domänenentwicklung stattfinden und dient der Erstellung einzelner Produkte/Applikationen aus der Domäne. Dazu wird die im ersten Schritt etablierte Infrastruktur verwendet. Die eigentliche Applikationsentwicklung ist iterativ definiert. Der Kunde identifiziert/verfeinert die Anforderungen an das System, die dann durch die Entwickler in Form eines Modells (z. B. in UML) spezifiziert und verfeinert werden. Dieser Prozess wird so lange fortgeführt, bis das Modell die Kundenanforderungen widerspiegelt. Anschließend wird auf Basis dieses Modells ein ausführbares System beispielsweise durch den Einsatz von Generatoren erzeugt und dokumentiert. Dieses System kann dann, z. B. mittels Akzeptanztests, validiert und ausgeliefert werden. Danach tritt das System in die Wartungsphase ein.

Zusätzlich zu den Entwicklungsaktivitäten definiert FAST Aktivitäten zur Projektverwaltung, zur Wartung der Domäne/Familie und zur Pflege der Bibliothek von wiederverwendbaren Software-Entwicklungsergebnissen. Die Projektverwaltung basiert auf der etablierten Infrastruktur und umfasst alle Aktivitäten zur Identifizierung und Erfüllung der Kundenanforderungen aus organisatorischer Sicht (Zeitplanung, Verfolgung etc.). Die Pflege der Domänen und Bibliothek dient der Evolution der Produktlinie. Dies beinhaltet sowohl Änderungen, die alle Mitglieder der Domänen betreffen, als auch Verbesserungen der Infrastruktur zur effizienteren Generierung einzelner

Systeme. Zur Durchführung stehen hierzu PASTA-(„Process and Artifact State Transition Abstraction")-Modelle zur Verfügung. PASTA-Modelle sind abgewandelte Zustandsautomaten und dienen der Modellierung von Prozessen und Ergebnissen.

Anpassung und Einführung

Der durch FAST bereitgestellte Entwicklungsprozess, einschließlich der Ergebnismodelle und des Rollenkonzepts, ist übersichtlich definiert. Er kann daher, wie in Fallstudien beschrieben, systematisch in ein Unternehmen eingeführt werden. Dabei ist zu beachten, dass FAST keine konkreten Techniken und Vorgehensweisen bietet, sondern nur einen organisatorischen Rahmen definiert. Deshalb muss eine Einführung sorgfältig geplant und begleitet werden. Weiterhin gelten die allgemeinen Einschränkungen von Produktlinienansätzen hinsichtlich ihrer Einführbarkeit. Die systematische Einführung erfordert unter anderem die Etablierung zweier Entwicklergruppen: Domänenentwickler und Applikationsentwickler. Domänenentwickler sind für die Evolution der Produktlinie verantwortlich, während sich die Applikationsentwickler um die Erstellung einzelner Systeme kümmern und im ständigen Kontakt mit dem Kunden sind. Deshalb ist eine schrittweise Umsetzungsstrategie zwingend erforderlich.

Werkzeuge

FAST ist ein werkzeugbasierter Ansatz. Im Rahmen der Domänenanalyse wird u.a. eine Entwicklungsumgebung inklusive Werkzeuge als Teil der Infrastruktur entwickelt bzw. bereitgestellt. Diese enthält neben Werkzeugen zur Generierung auch Werkzeuge zur Analyse von Modellen sowie einen Compiler für die entwickelte domänenspezifische Sprache. FAST sieht die Eigenentwicklung dieser Werkzeuge vor. Es ist aber auch durchaus möglich, extern verfügbare Werkzeuge einzubinden. Ziel ist allein, eine funktionsfähige und effiziente Infrastruktur zu etablieren. Werkzeuge zur Domänenanalyse werden durch den Ansatz nicht genannt, deren Verwendung ist aber sinnvoll. Hier können z.B. die Werkzeuge zur Unterstützung des PuLSE-Ansatzes eingesetzt werden.

Weiterführende Literatur

Weiss, D. M., Lai, C. T. R.
Software Product Line Engineering: A Family Based Software Engineering Process
Addison-Wesley, 1999

Harsu, M.
FAST Product-line Architecture Process. Report 29,
Institute of Software Systems
Tampere University of Technology, January 2002
(http://practise2.cs.tut.fi/pub/papers/fast.pdf)

Agile Methoden

Agile Methoden und Prozesse sind häufig diskutierte Themen im Bereich der Software-Entwicklung. Nach ihrer Einführung als Gegentrend zu den immer größer und komplexer werdenden Vorgehensmodelle und der Veröffentlichung des agilen Manifests (Hervorhebung von Kommunikation, Kooperation und Erfahrung) erlangten sie schnell große Beliebtheit. Allerdings ist bis heute nicht klar definiert, wann sich ein Vorgehensmodell agil nennen darf bzw. was genau agile Entwicklung ist. Dementsprechend gibt es eine ganze Reihe von Vorgehensmodellen, die von ihren Autoren als agil bezeichnet werden. Diese Ansätze reichen von Lernenden Teams ohne Vorgaben und festen Regeln bis hin zu Ansätzen mit definierten Prozessen, ausgearbeiteten Startvorschlägen und Werkzeugen (siehe auch http://www.coldewey.com/). Im Rahmen dieses Kapitels stellen wir einige der bekanntesten Vertreter agiler Vorgehensmodelle vor. Dies sind Extreme Programming, Scrum, Crystal, Dynamic Systems Development Method (DSDM) und Feature-Driven Development (FDD). Wir haben dabei Vertreter der agilen Methoden ausgewählt, die verschiedene Ebenen an Detailgrad und Flexibilität abdecken.

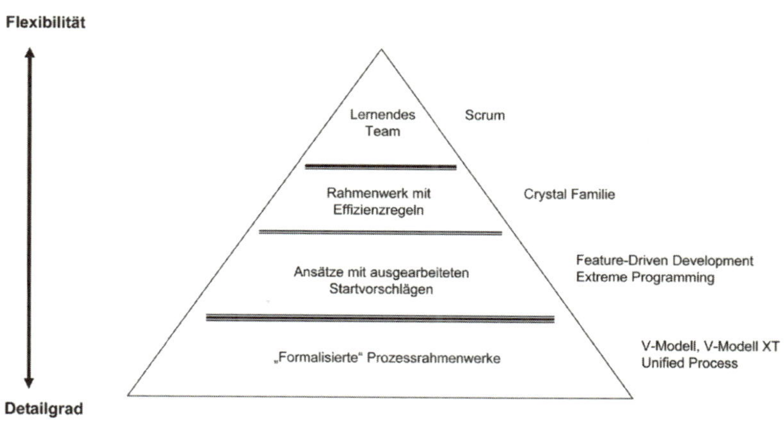

Extreme Programming

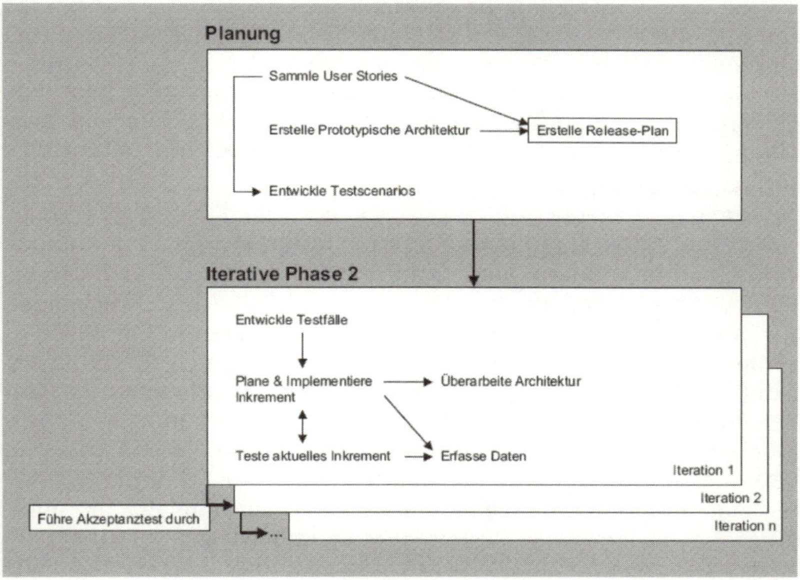

E**x**treme **P**rogramming (XP) gehört zu den „leichtgewichtigen", agilen Vorgehensmodellen. XP wurde Ende der 1990er von Kent Beck vorgestellt und gehört inzwischen zu den populärsten objektorientierten Vorgehensmodellen. Grundprinzip von XP ist die sogenannte „Leichtgewichtigkeit", d. h. die rasche Erstellung eines ausführbaren Systems mit einem Minimum an flankierenden Maßnahmen wie z. B. Modellierung sowie die rasche Anpassbarkeit des Vorgehensmodells. Modellierung wird hauptsächlich zur Beschreibung einer Architektur eingesetzt, die im Rahmen der Entwicklung fortlaufend „optimiert" wird.

Im Vordergrund des XP-Vorgehensmodells steht der Teamgedanke. Daher wird neben technischen Anleitungen eine Reihe von sozialen Faktoren diskutiert, die maßgeblich zum Erfolg eines XP-Projekts beitragen. Zum einen sind dies im europäischen Wirtschaftsraum eher bekannte Faktoren, wie die Gewährung von mindestens zwei Wochen Urlaub im Jahr. Zum anderen gehören hierzu auch teambildende Maßnahmen, die gemeinsame Verantwortung für alle Entwicklungsergebnisse, die frühe Einbeziehung des Kunden sowie „Paired Programming" (d. h., Entwickler arbeiten in Teams von zwei Personen).

Eine neue Entwicklung ist die Herauslösung von XP-Praktiken als Grundlage eines eigenen Entwicklungsansatzes. So entwickelte sich aus dem Testprinzip XPs (engl. Test First) das sogenannte Test-Driven Development (TDD), das teilweise auch als „Extreme Testing" bezeichnet wird. TDD basiert auf der wiederholten Definition von Testfällen gefolgt von der Erstellung von Code, der diese Testfälle erfüllt.

Vorgehensmodell-Übersicht

Der XP-Ansatz beruht auf dem Prinzip der weitgehend eigenverantwortlichen Entwicklung eines Software-Systems durch kleine Teams von Entwicklern sowie einer frühzeitigen und intensiven Einbeziehung des Benutzers oder Kunden. In früheren XP-Veröffentlichungen wird die Definition eines Vorgehensmodells als konträr zur XP-Philosophie aufgefasst und abgelehnt. Inzwischen hat sich allerdings gezeigt, dass ein systematisches Vorgehen unter bestimmten Umständen notwendig und sinnvoll ist. So ist z. B. die Einarbeitung neuer Mitarbeiter oder die externe Zertifizierung eines Unternehmens (ISO, CMM etc.) ohne Vorgehensmodell schwierig. Diese Erfahrungen führten zur Definition eines rudimentären Vorgehensmodells, das allerdings Entwicklern große Gestaltungsspielräume lässt.

Das XP-Vorgehensmodell besteht aus zwei Phasen: einer Planungsphase zum Verständnis und Dokumentation der Anforderungen sowie einer iterativen Phase zur Realisierung des Systems. Jede Phase enthält selbst wieder verschiedene Aktivitäten zur Erstellung von Zwischenergebnissen. Insgesamt steht im XP-Vorgehensmodell der ausführbare und testbare Code im Vordergrund. Aufgrund der iterativen Entwicklungsphase sowie der prototypischen Konzepte in der Planungsphase ist das XP-Vorgehensmodell sowohl Mitglied der Familie der wiederholenden als auch der prototypischen Vorgehensmodelle.

Infolge der großen Anzahl neuer, objektorientierter und häufig komplexer Vorgehensmodelle in den 1990ern erlangte XP als „leichtgewichtiges" Vorgehensmodell rasch große Aufmerksamkeit und wird heute insbesondere für Projekte mit extrem kurzer Entwicklungszeit und instabilen Anforderungen (z. B. webbasierte Applikationen) eingesetzt. Die Vorteile von XP liegen in kurzen Entwicklungszyklen und damit verbundenen präzisen Vorhersagemöglichkeiten, z. B. durch die geforderte Zeit- und Release-Planung. Auch zeichnen sich mittels XP entwickelte Systeme durch simple und effiziente Implementierungen aus, da der Quellcode sowie die Architektur fortwährend optimiert werden. Allerdings ist das XP-Vorgehensmodell auch mit Nachteilen verbunden. So wird z.B. die ideale Teamgröße mit 12 bis14 Personen angegeben, was Rückschlüsse auf die Größe realisierbarer Systeme zulässt. Bei großen oder verteilten Projekten greifen XP-Prinzipien (z.B. jeder Entwickler ist mit allen Eigenschaften des Systems vertraut) zumeist nicht mehr. Erfahrungen mit der Bildung sogenannter „Meta-Teams" (d.h. ein Team aus Teams) zur Skalierung sind jedoch ein erster Schritt in die richtige Richtung. Weiterhin erfordern XP-Projekte eine disziplinierte Arbeitsweise, die häufig nur durch erfahrene Entwickler und Manager realisiert werden kann. Die Ausbildung neuer Entwickler kann daher nur in begrenztem Rahmen, z.B. als kleiner Teil eines Programmierteams, erfolgen. Weiterhin zählt systematische Wiederverwendung nicht zu den Zielen agiler Ansätze wie XP: Der Fokus ist stets das aktuelle Projekt.

Aktivitäten und Ergebnisse

Das hier vorgestellte XP-Vorgehensmodell nutzt zwei Phasen zur Software-Entwicklung, mit deren Hilfe Software-Systeme effizient und qualitativ entwickelt werden. Im Gegensatz zu anderen Vorgehensmodellen legt XP eine besondere Betonung auf die Aktivitäten des Implementierens und Testens, während die Modellierung nur ansatzweise Verwendung findet. Die Aktivitäten des XP-Vorgehensmodells sind nur abstrakt beschrieben, um Entwicklern so viele Freiräume wie möglich zu bieten und das Vorgehensmodell leichtgewichtig zu halten.

Planung

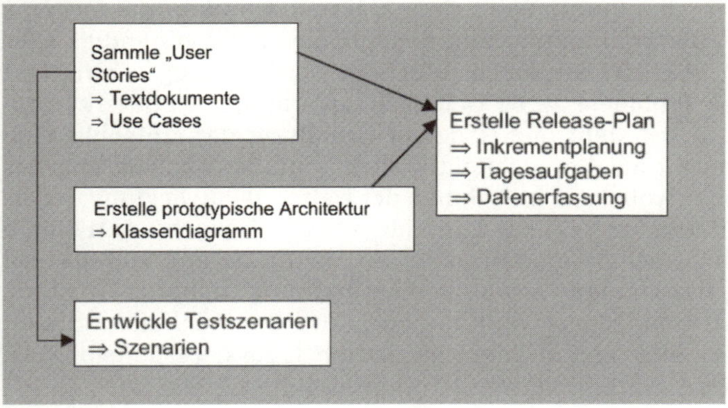

Unter Einbeziehung des Kunden oder Benutzers beginnt ein XP-Projekt mit einer Planungsphase. Allerdings werden hier nicht nur die für eine Planung erforderlichen Dokumente wie Budget- oder Zeitplan erstellt. Weiterhin finden zusätzlich eine Analyse der Kunden- bzw. Benutzeranforderungen, die Entwicklung einer ersten, prototypischen Architektur sowie eine darauf aufbauende Planung der anstehenden Entwicklungsaktivitäten statt. Typische Aktivitäten in der Planungsphase sind:

Sammle „User Stories"

„User Stories" werden vom Kunden bzw. Benutzer des zu entwickelnden Systems erstellt und beschreiben in kurzer Form (ca. drei Sätze pro Story in der eigenen Terminologie) die Erwartungen an das System. Im Rahmen des XP-Vorgehensmodells werden „User Stories" anstelle der üblichen Anforderungsdokumente verwendet und können durch UML Use Cases ergänzt werden. Allerdings beschränken sich „User Stories" nicht auf reine Interaktionen mit dem System, sondern können auch andere Aspekte des Systems, z.B. Algorithmen oder technische Realisierungen, betreffen. „User Stories" dienen dabei nicht nur der Dokumentation der Anforderungen, sondern sind auch Grundlage der Akzeptanztests sowie der Projektplanung. Zur Erstellung von „User Stories" gibt es keine spezifische Technik, da laut XP die Identifizierung und Beschreibung der Anforderungen Aufgabe des Kunden/Benutzers ist und keinerlei methodischer Unterstützung bedarf.

Erstelle prototypische Architektur

Auf Basis der „User Stories" wird durch das Entwicklerteam eine prototypische Architektur in Form eines Klassendiagramms des Systems entwickelt. Die Architektur dient dem allgemeinen Verständnis aller Beteiligten über die Systemstruktur sowie zur Lösung schwieriger technischer Probleme (z.B. Datenbankanbindung, Netzwerkprotokolle etc.). Dabei steht immer der XP-Grundsatz der Einfachheit im Vordergrund, d.h., die Architektur dient nur der Realisierung der „User Stories", wobei sie, im Rahmen der weiteren Entwicklung, jederzeit modifiziert werden kann („Refactoring"). Typische Aktivitäten zur Erstellung der Architektur sind die Identifizierung von Klassen und deren Beziehungen sowie die Beschreibung wichtiger Attribute und Operationen. Hierzu kann die von Ward Cunningham und Kent Beck vorgestellte Technik der CRC-Karten („class, responsibilities, collaborations"-Karten) verwendet werden.

Entwickle Testszenarien

Die „User Stories“ werden in Zusammenarbeit mit dem Kunden/Benutzer auch zur Entwicklung von Testszenarien im Rahmen des Akzeptanz- und Systemtests verwendet. Dabei müssen, vor dem Start der eigentlichen Entwicklung, ein oder mehrere ausführbare Tests vorhanden sein, welche die spätere Implementierung der aktuellen „User Story“ in der Entwicklungsumgebung prüfen. Der sonst typische Abnahmetest in der Zielumgebung wird von XP nicht betrachtet. Aktivitäten zur Entwicklung der Testszenarien sind die Analyse der „User Stories“ und der prototypischen Architektur, das Aufstellen von Testfällen sowie die Implementierung einer Testumgebung, die den automatischen Test des Systems bzw. von „User Stories“ erlauben soll.

Erstelle Release-Plan

Basierend auf den „User-Stories“ und der prototypischen Architektur wird der Release-Plan durch den Kunden/Benutzer und den Entwickler erstellt, Der Release-Plan enthält die Zeit- und Entwicklungsplanung des Projekts. Dazu wird jede „User Story“ durch die Entwickler auf ihre Realisierbarkeit untersucht und eine Abschätzung des für die Realisierung benötigten Aufwandes gegeben. Bei unklaren Beschreibungen oder fehlenden Erfahrungen besteht weiterhin die Möglichkeit, prototypische Realisierungen einer Eigenschaft zu entwickeln und auf deren Basis eine gesicherte Abschätzung zu geben. Basierend auf diesen Abschätzungen wird eine Priorisierung der „User Stories“ („User Stories“ der höchsten Priorität werden zuerst realisiert) durch den Kunden vorgenommen. Dies ist gleichzeitig die Grundlage für die allgemeine Projektplanung (Inkremente, Deadlines, Meilensteine etc.) und der Datenerfassung (Vollständigkeit, Zeiteinhaltung etc.). Die genaue Definition der erhobenen Daten wird von XP nicht vorgegeben und obliegt dem Projektleiter.

Iterative Phase

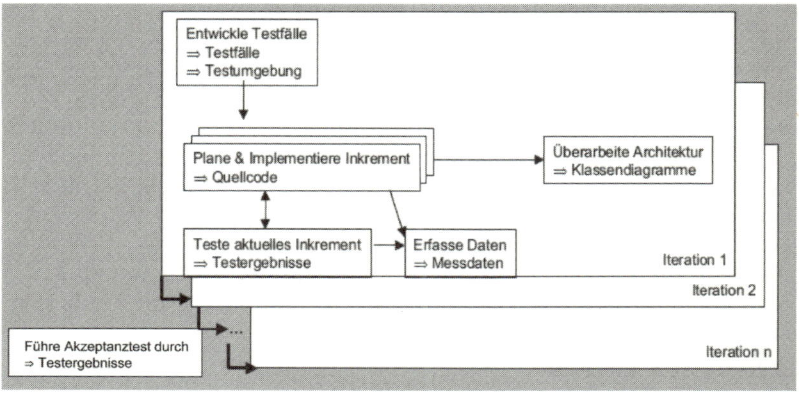

In der zweiten, der iterativen, Phase des XP-Vorgehensmodell werden die „User Stories" im Kontext der prototypischen Architektur realisiert. Typische Aktivitäten sind hierbei:

Entwickle Testfälle

Rigoroses Testen ist eines der Hauptprinzipien von XP. Neben den Akzeptanztests gehören hierzu automatisierbare „Unit Tests". Für alle von einem Programmierteam erstellten/modifizierten Klassen werden, soweit möglich, Testfälle und eine Testumgebung zur automatischen Ausführung erzeugt. „Unit Tests" dienen nicht nur der Überprüfung einzelner Klassen, sondern auch deren Schutz. Bei Änderungen des Quellcodes durch andere Teams kann durch die Tests die „Unversehrtheit" gezeigt werden. Dabei gilt, dass eine Programmieraufgabe erst dann vollständig abgeschlossen ist, wenn alle Unit Tests erfolgreich abgearbeitet wurden. Typische Aufgaben der Testfallentwicklung sind die Analyse der Programmieraufgabe sowie die Definition und Implementierung einzelner Tests.

Plane und implementiere Inkrement

Die Realisierung einzelner „User Stories" erfolgt in der iterativen Phase. In jedem Iterationszyklus wird dabei auf Basis des Release-Plans und einer maximalen Zykluslänge von drei Wochen die aktuelle Iteration, d.h. die wesentlichen Implementierungsaufgaben, geplant. Die in einer Iteration zu realisierenden „User Stories" werden basierend auf dem Release-Plan gewählt. Dabei können auch „User Stories" früherer Iterationen Berücksichtigung finden (z.B. bei Nichtbestehen des Akzeptanztests). Die ausgewählten „User Stories" werden in Programmieraufträge, d.h. in Aufgaben, die in maximal drei Tagen realisiert werden können, unterteilt und anschließend einzelnen Programmierteams zugewiesen und von diesen implementiert.

Überarbeite Architektur
Die Implementierung beschränkt sich nicht nur auf die reine Erzeugung von Quellcode, sondern kann auch eine Modifikation der Architektur bzw. der Codefragmente anderer Iterationen oder Teams beinhalten. Einzelne Teams können zur Erledigung ihrer Aufträge jegliche Implementierungen verändern, sofern die geänderten Elemente ohne „Fehler" getestet werden. Ziel ist die rasche Realisierung der übernommenen Aufträge. Die Modifikation „fremder" Implementierungen erfordert aber Disziplin und andere Maßnahmen, z.B. Konfigurations- und Änderungsmanagement, um Probleme, wie das gegenseitige Überschreiben von Quellcode, zu vermeiden.

Teste aktuelles Inkrement
Jeder Auftrag eines Programmierteams wird vor seiner Fertigstellung intensiv getestet. Dazu werden sowohl die neu implementierten Klassen als auch andere betroffene oder geänderte Implementierungen mittels „Unit Tests" geprüft. Eventuell sind hierbei auch Fragmente früherer Iterationen aufgrund von Änderungen in der aktuellen Iteration zu berücksichtigen. Tritt beim Test ein Fehlverhalten auf, ist das einzelne Programmierteam für dessen Beseitigung verantwortlich (Rücksprung zur Aktivität „Plane & Implementiere Inkrement"). Dazu muss das Team eventuell den Code anderer Teams modifizieren.

Erfasse Daten
In dieser Aktivität werden Aufwands- und Fehlerdaten erfasst. Mithilfe dieser Daten kann stets der aktuelle Projektstatus genannt sowie im Krisenfall geeignete Maßnahmen ergriffen werden. Weitere Daten, z.B. Kohäsions- oder Kopplungsmaße, können je nach Bedarf erfasst und weiterverarbeitet werden, sind aber im XP-Vorgehensmodell nicht direkt vorgesehen.

Führe Akzeptanztest durch
Neben den „Unit Tests", die die Implementierung einzelner Klassen bzw. deren Interaktionen überprüfen, wird das vollständige System am Ende einer Iteration einem Akzeptanztest unterzogen. Hierzu

werden die in der ersten XP-Phase definierten Tests verwendet. Ziel ist die korrekte Abarbeitung aller Akzeptanztests nach Integration einer realisierten „User Story“. Wird der Akzeptanztest nicht bestanden, so ist die Realisierung durch die jeweiligen Teams zu überarbeiten. Bei größeren Problemen kann die betroffene „User Story“ in der nächsten Iteration neu behandelt, d. h. realisiert bzw. implementiert werden.

Anpassung und Einführung

Trotz der kompakten und übersichtlichen Struktur der zwei Phasen des XP-Vorgehensmodells erfordert seine Einführung in eine Software-Organisation eine durchdachte Strategie. Nach ausführlichen Diskussionen unter den Anwendern von XP kristallisierte sich die folgende auf der XP-Homepage veröffentlichte Vorgehensweise heraus: In den ersten Wochen des Projekts werden zunächst die „User Stories“ gesammelt und eine prototypische Architektur für die kritischen Aspekte des Systems entwickelt. Basierend auf diesen Dokumenten wird ein Treffen mit Kunden, Entwicklern und Managern abgehalten, um eine Zeitplanung zu vereinbaren. Im Anschluss beginnt die iterative Entwicklung der „User Stories“. Im weiteren Zeitverlauf, eventuell auch über mehrere Projekte verteilt, können dann schrittweise weitere XP-Prinzipien hinzugenommen werden. Obwohl dies für einige der XP-Prinzipien (z. B. jeder Entwickler darf alle Teile des Systems modifizieren) einfach erscheint, erfordert die vollständige Umsetzung aller Prinzipien Aufwand und sorgfältige Planung, um Chaos und daraus resultierende Qualitätsprobleme zu vermeiden.

Die obige Strategie ist nur für neue Projekte geeignet. Projekte, die bereits gestartet sind und auftretende Probleme mit XP lösen möchten, bedürfen einer anderen Strategie. In diesem Fall bietet es sich an, das Projekt sorgfältig zu analysieren und nur die dringendsten Probleme mittels XP-Prinzipien zu adressieren. Stellt man z. B. im Rahmen eines konventionellen Vorgehensmodells am Ende der Anforderungsanalyse fest, dass die bisherige Dokumentation nicht die Wünsche des Kunden wiedergibt, so bietet es sich an, statt die Anforderungen zu überarbeiten, zusammen mit dem Kunden „User Stories“ zu erstellen. Weitere Lösungen für typische Probleme, wie auf der Website veröffentlicht, sind:

- Bei sich häufig ändernden Anforderungen bieten sich kurze Iterationszyklen sowie eine vereinfachte Release-Planung an, um eine schnelle Reaktion der Entwickler auf die geänderten Anforderungen zu ermöglichen.
- Bei Integrationsproblemen wirken sich automatische Tests jedes Inkrements zusammen mit dem Ziel der vollständigen Testabarbeitung vor der Integration neuer Elemente positiv aus.
- Falls die Hauptteile des Systems von wenigen Entwicklern erzeugt werden und es dadurch zu Verspätungen kommt (alle Änderungen müssen durch diese Entwickler geschehen), ist kollektive Verantwortung für den Quellcode eine XP-Lösung. Änderungen können somit von allen Entwicklern vorgenommen werden.

Trotz der von XP propagierten Einfachheit und seiner nahezu generellen Anwendbarkeit ist XP kein „silver bullet". Insbesondere die Entwicklung großer Systeme, die beispielsweise von verteilten Teams entwickelt werden, erfordern Maßnahmen zur Beherrschung der Komplexität. Besonders die kollektive Verantwortung für den Code inklusive der allgemeinen Änderungsmöglichkeiten ist dabei problematisch. Dies verbietet auch die Anwendung von XP zur Entwicklung sicherheitskritischer Systemen, da eine „nachweisbare Korrektheit" nicht gewährleistet werden kann. In diesen Fällen müssen andere Vorgehensmodelle gewählt werden, die allerdings Prinzipien von XP beinhalten können.

Werkzeuge

XP konzentriert sich auf die Implementierung und den Test des zu entwickelnden Systems, d.h. auf ausführbare Elemente. Im Gegensatz zu anderen Vorgehensmodellen werden daher für XP-Projekte keine umfangreichen Werkzeuge benötigt und angeboten. Im Prinzip kann sich die Werkzeugauswahl auf einen Texteditor sowie ein Entwicklungsumgebung (z.B. Compiler, Linker, Debugger) beschränken. Diese Grundauswahl kann zusätzlich durch ein einfaches Zeichen- oder Modellierungswerkzeug zur Dokumentation der Architektur sowie ein Projektmanagementwerkzeug, z.B. Microsoft Project, für die Release-Planung abgerundet werden. Selbst die in XP praktizierte Datenerhebung erfordert grundsätzlich kein spezielles Werkzeug, kann aber z.B. durch webbasierte Systeme teilweise automatisiert werden.

Weiterführende Literatur

Beck, K.
Extreme Programming Explained: Embrace Change
Addison Wesley, 1999

Beck, K.
Extreme Programming
Addison Wesley, 2003

Wolf, H., Roock, S., Lippert, M.
eXtreme Programming: eine Einführung mit Empfehlungen und Erfahrungen aus der Praxis
dpunkt Verlag, 2., überarb. u. erw. Aufl., 2005

Newkirk, J. W., Vorontsov, A. A.
Test-Driven Development in Microsoft .NET
Microsoft Press, 2004

Jeffries, R. E.
Extreme Programming Adventures in C#
Microsoft Press, 2004
The Extreme Programming Pages www.extremeprogramming.org

SCRUM

Scrum (deutsch: das Gedränge) ist ein „Werkzeugkasten" von Prozessen, Rollen und Methoden im Rahmen eines agilen Vorgehensmodells. Grundidee von Scrum ist die Selbstorganisation von Entwicklerteams und die eigenverantwortliche Auswahl der eingesetzten Mittel. Das Vorgehensmodell gibt daher nur wenige und abstrakte Vorgaben vor, d. h., es definiert nur einen Entwicklungsrahmen. Der Fokus liegt in der Priorisierung von Aufgaben, basierend auf den geschäftlichen Erfordernissen, in der Verbesserung der Nützlichkeit der Ergebnisse und in der Erhöhung sowie der frühen Erzielung von Gewinnen. Das Scrum-Vorgehensmodell ist darauf ausgelegt, Adaptationen des Vorgehens zu unterstützen, um auf sich ändernde Anforderungen schnell reagieren zu können. In kurzen, wiederkehrenden Zyklen werden Anforderungen priorisiert und das Vorgehen auf die Bedürfnisse des Kunden angepasst. Ziel des Vorgehens ist es, ein Produkt zu entwickeln, das die Wünsche des Kunden zur Auslieferungszeit reflektiert und auf „Ballast" verzichtet.

Die Wurzeln von Scrum liegen in der 1986 erschienenen Veröffentlichung von Takeuchi und Nonaka „The New Product Development Game". Hierin wird ausgeführt, dass Projekte mit kleinen, hochvernetzten Teams häufig die besten Ergebnisse erzielen und dass diese Teams mit der sogenannten Scrum Formation im Rugby vergleichbar seien. Aufbauend hierauf entwickelte sich Scrum durch verschiedene weitere Veröffentlichungen zu einem Methoden-Baukasten zur agilen Software-Entwicklung. Zur Professionalisierung und Verbreitung von Scrum wurde zusätzlich die gemeinnützige Scrum Alliance gegründet, die Zertifizierungsprogramme, Trainings und weiterführende Informationen bereitstellt.

Vorgehensmodell-Übersicht

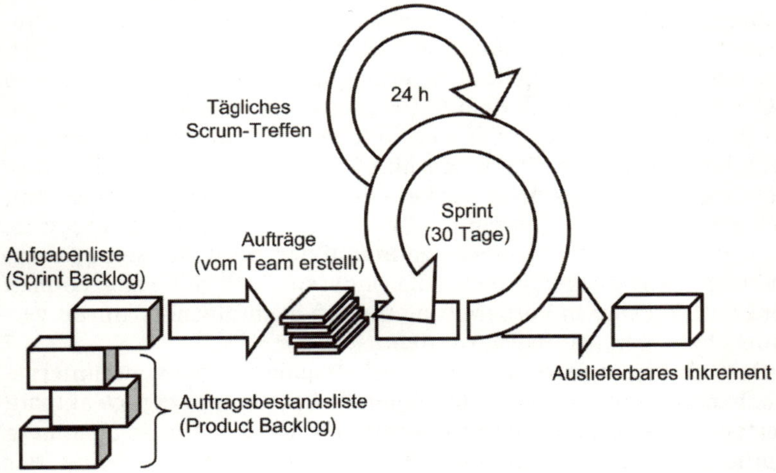

Scrum, als agiles Vorgehensmodell, basiert auf den Grundannahmen der schlanken Produktion (engl. Lean Production), wie sie zum Beispiel in der Automobilindustrie zum Einsatz kommt, und überträgt diese auf die Softwareentwicklung. Dementsprechend ist die grundlegende Philosophie die Eliminierung aller überflüssigen Arbeitsgänge, Einsetzen einer intelligenten Organisation sowie ein neues Selbstverständnis von führenden und ausführenden Akteuren.

Scrum ist ein inkrementelles und iteratives Vorgehensmodell. Inkremente orientieren sich dabei an den Bedürfnissen des Kunden unter dem Schlagwort „Das Wichtigste zuerst". Annahme ist dabei, dass sich die Software-Entwicklung im Voraus weder in große abgeschlossene Phasen noch in einzelne Arbeitsschritte mit der Granularität von Tagen oder Stunden pro Mitarbeiter vorherplanen lassen. Dementsprechend ist es „besser“, wenn sich ein Team in einem festen äußeren Rahmen mit sehr grober Granularität selbst organisiert. Dieses selbst organisierte Team übernimmt die gemeinsame Verantwortung für die Fertigstellung der selbst gewählten Aufgabenpakete.

Der Entwicklungszyklus in Scrum ist durch drei Begriffe charakterisiert: Anwenden (engl. Apply), Prüfen (engl. Inspect), und Anpassen (engl. Adapt). In anderen Worten: Ideen werden aktiv umgesetzt bzw. neue Funktionalität entwickelt, Ergebnisse werden kritisch geprüft und Fehler in Produkt und Prozess analysiert. Abschließend wird der Prozess verbessert und die Anforderungen präzisiert.

Die Anforderungen werden in einer Liste, dem sogenannten „Product Backlog“, gepflegt, ständig aktualisiert, erweitert und priorisiert. Um ein sinnvolles Arbeiten zu ermöglichen, wird monatlich vom Team in Kooperation mit dem Auftraggeber ein definiertes Arbeitspaket dem oberen, höher priorisierten Ende der Liste entnommen und komplett in Funktionalität umgesetzt (inkl. Test und notwendiger Dokumentation). Dieses Arbeitspaket entspricht also einem Inkrement, welches während der laufenden Iteration, des sogenannten Sprints, nicht durch Zusatzanforderungen modifiziert wird, um seine Fertigstellung nicht zu gefährden. Alle anderen Teile der Liste können vom Auftraggeber in Vorbereitung für den nachfolgenden Sprint verändert bzw. neu priorisiert werden.

Das Inkrement wird in kleinere Arbeitspakete (Tasks) heruntergebrochen und mit jeweils zuständigem Bearbeiter und täglich aktualisiertem Restaufwand in einer weiteren Liste, dem sogenannten „Sprint Backlog“, festgehalten. Während des Sprints arbeitet das Team daran, die Arbeitspakete in eine vollständig und produktiv einsetzbare Anwendung umzusetzen. Es soll dabei von außen nicht gestört werden. Ein tägliches, streng auf 15 Minuten begrenztes, Informationsmeeting dient dem Team dazu, sich abzugleichen.

Am Ende des Sprints präsentiert das Team die implementierte Funktionalität dem Kunden. Dabei darf keine halbfertige Lösung oder gar „Slideware“ vorgestellt werden. Feedback und neue Anforderungen für den kommenden Sprint fließen in die Planung des nächsten Zyklus ein. Danach beginnt das Vorgehen von Neuem. Scrum gehört aufgrund des iterativen inkrementellen Vorgehens zur Familie der wiederholenden Vorgehensmodelle.

Aktivitäten und Ergebnisse
Anders als bei planbasierten Vorgehensmodellen bietet Scrum einen „abstrakten" Organisationsrahmen, der im Rahmen eines Projekts angepasst und verfeinert werden muss. Gemäß dieses Rahmens verläuft ein Scrum-Projekt in drei, wiederholt angewendeten Phasen:

- Pre-Sprint: Planung, Vision.
- Sprint: Software-Entwicklung und deren Überwachung.
- Post-Sprint: Review (Rückkopplung, Feedback).

In der **Pre-Sprint-Phase** oder Planungsphase werden zunächst die initialen Anforderungen an das zukünftige System ermittelt und in der Auftragsbestandsliste (engl. Product Backlog) gesammelt. Die Auftragsbestandsliste enthält alle funktionalen, nicht-funktionalen sowie technologischen Anforderungen an das zukünftige System und stellt eine kontinuierlich gepflegte Sammlung von Anforderungen ohne Wertungsmerkmale dar. Anforderungen können von allen Beteiligten (Kunde, Vertrieb, Entwickler etc.) zu jedem Zeitpunkt innerhalb des Projekts eingebracht werden.

Zur Planung der nächsten Iteration (der folgende Sprint) werden zunächst deren Ziel und Zweck geplant. Dazu werden einzelne Anforderungen aus der Auftragsbestandsliste extrahiert, in die Freigabeliste (engl. Release Backlog) überführt und mit Prioritäten versehen. Dabei handelt es sich genau um die Anforderungen, die im nächsten Zyklus realisiert werden sollen. Die Freigabeliste stellt die gewünschten (zusätzlichen) Eigenschaften des Systems am Ende der nächsten Iteration dar. Die Auswahl erfolgt dabei hauptsächlich gemäß den Wünschen des Kunden. Allerdings können auch technische Faktoren, wie z. B. die Etablierung der System-Infrastruktur, eine Rolle spielen.

Unter Berücksichtigung der Wichtigkeit (Priorität) der Anforderungen sowie der für die Entwicklung zur Verfügung stehenden Ressourcen wird eine konkrete Aufgabenliste (engl. Sprint Backlog) erstellt. Die Aufgabenliste übersetzt die generellen Anforderungen an das Produkt (Kundensicht) in konkrete Aufgaben für die Entwickler (Entwicklersicht). Eine Aufgabe ist dabei auf ca. 16 h (2 Arbeitstage) begrenzt. Längere Aufgaben werden in kurze Teilaufgaben unterteilt, wobei innerhalb einer Iteration die Anzahl der Aufgaben von der Kapazität des Teams abhängt. Die Team-Kapazität berechnet sich mittels folgender Formel: Kapazität (in Stunden) = Arbeitstage × Anzahl Personen × 7 h.

Neben den Planungsaktivitäten wird im Rahmen des Pre-Sprints eine initiale Systemarchitektur entwickelt (vergleichbar mit dem Architektur-Spike in XP) bzw. die bisherige Architektur überprüft und angepasst. Ziel ist eine schlanke, aber gleichzeitig effiziente Architektur unter Berücksichtigung aller Anforderungen der Freigabeliste.

In der **Sprint-Phase** finden alle Entwicklungs- und Prüfaktivitäten statt. Im Gegensatz zu „schwergewichtigen" Methoden gibt Scrum diesbezüglich keine konkreten Vorgaben. Es wird lediglich sichergestellt, dass die jeweiligen Anforderungen (in der Freigabeliste) und die daraus abgeleiteten Aufgaben (in der Aufgabenliste) während eines Sprints (Dauer ca. 30 Tage) unverändert bleiben. Die Fixierung der Anforderungen dient der Stabilisierung des Umfelds während der Entwicklung. Entwickler verpflichten sich im Gegenzug für die Dauer eines Sprints, allein Aufgaben aus der Aufgaben-Liste zu realisieren. Die tatsächlichen Aktivitäten zur Realisierung liegen dabei allein in der Verantwortung der Entwickler. Diese entscheiden über Prozesse (z. B. Einbezug von XP-Elementen), Werkzeuge und Regeln. Kunden haben erst am Ende eines Sprints die Möglichkeit, Ergebnisse zu prüfen, zu akzeptieren oder zu verwerfen.

Neben den Entwicklungstätigkeiten finden während eines Sprints tägliche Treffen aller Projektteilnehmer von ca. 15 Minuten statt (vergleichbar den Stand-Up Meetings in XP). Ziel ist die Diskussion und Aktualisierung von Zielen, Auftragslisten, Problemen etc. Zur Visualisierung des Projektfortschritts werden erledigte Aufgaben markiert und offene Aufgaben für alle Beteiligten sichtbar visualisiert. Dabei gilt: Die täglichen Treffen sind informativer, nicht fachlicher Natur. Sie dienen der Überwachung des Projekts und geben dem Management die Möglichkeit, Probleme schnell zu erkennen und Maßnahmen zur Überwindung der Probleme einzuleiten.

In der **Post-Sprint-Phase**, am Ende einer Iteration, wird in einem informativen Treffen die zurückliegende Sprint-Phase retrospektiv analysiert. Dies umfasst die Abschätzung des durch die Iteration erzielten Fortschritts als auch eine Abnahme der Ergebnisse durch den Kunden. Jedes identifizierte Verbesserungspotenzial wird priorisiert und einem Verantwortungsbereich (Team oder Organisation) zugeordnet. Alle der Organisation zugeordneten Themen werden aufgenommen und in eine Hindernisliste (engl. Impediment Backlog) eingetragen, alle teambezogenen Punkte dagegen in die Auftragsbestandsliste.

Innerhalb eines Scrum-Projekts gibt es drei klar getrennte **Rollen,** die durch Projektbeteiligte ausgefüllt werden müssen.

- *Kunde (engl. Product Owner):* Der Kunde definiert das globale Ziel des Scrum-Projekts und stellt dafür die nötigen Ressourcen (Budget) zur Verfügung. Während der Entwicklung sind seine Aufgaben die Definition von Anforderungen, die Festlegung von Prioritäten für Einträge der Auftragnehmerliste, die Begutachtung von Ergebnissen und Rückmeldung an die Entwickler.
- *Team:* Das Team ist für die eigentliche Entwicklung verantwortlich. Seine Aufgaben sind die Abschätzung von Aufwänden, die Pflege der unterschiedlichen Listen und die Realisierung der für den nächsten Sprint geforderten Elemente. Das Team arbeitet selbst organisiert und hat das Recht (und die Pflicht), über Art, Umfang und Durchführung zu entscheiden.
- *Experte (engl. Scrum Master)*: Der Experte koordiniert alle Aktivitäten bezüglich Entwicklung und Planung. Hierzu gehört auch die Identifikation und eventuelle Umsetzung von Verbesserungspotenzialen. Der Experte dient als „Orakel" für alle Fragen der Entwicklung und steht in dieser Hinsicht sowohl dem Kunden als auch dem Team zur Verfügung, ohne aber selbst eine dieser Rollen wahrzunehmen.

Anpassung und Einführung

Wenn in einem Scrum-Projekt die ideale Team-Größe von sieben Personen wesentlich überschritten wird, muss der Prozess adaptiert bzw. skaliert werden. Eine gängige Lösung für die Realisierung großer Systeme mittels Scrum ist die Etablierung mehrerer, parallel arbeitender Teams. Die Koordination der Teams untereinander soll dabei mit so wenig Aufwand wie möglich erfolgen. Dies geschieht, indem die einzelnen Teams unabhängig voneinander definiert werden. Jedes Team betrachtet seinen Systemteil als eigenständiges System, **das unabhängig von anderen Teams entwickelt wird.** Diese strikte Trennung der Teams funktioniert allerdings nur bis zu einem gewissen Grad. Zur Abstimmung und Synchronisation wird daher ein zusätzliches Koordinationstreffen etabliert (engl. Scrum of Scrums oder Meta-Scrum), zu dem jedes Team einen Vertreter entsendet. Die Vertreter – es müssen nicht immer dieselben Personen sein – berichten nach dem bewährten Muster des Daily Scrum aus ihrem Teilprojekt und gleichen sich auf diese Weise bzgl. übergeordneter Themen ab. Sie nehmen die Informationen mit zurück in ihre jeweiligen Teams, um sie dort nach Bedarf zu verbreiten. In der Literatur wird von sehr großen Projekten berichtet, die mehrere hundert Team-Mitglieder umfassen. Dies deutet an, dass sich der Prozess von Scrum mit geringem Aufwand skalieren lässt.

Werkzeuge

Inzwischen existieren einige Programme, welche den Scrum-Prozess unterstützen, z.B. um die Verwaltung des Product Backlogs zu vereinfachen:

- ScrumWorks http://danube.com/scrumworks
- VersionOne http://www.versionone.com/
- Rally Dev http://www.rallydev.com/
- Scrum for Team System http://scrumforteamsystem.com
- TargetProcess http://www.targetprocess.com
- XPlanner http://www.xplanner.org
- Scrumwiki http://scrumwiki.org
- Mingle http://studios.thoughtworks.com/mingle-project-intelligence

Weiterführende Literatur

DeGrace, Peter, Hulet Stahl, Leslie
Wicked Problems, Righteous Solutions: A Catalogue of Modern Engineering Paradigms Yourdon Press Computing Series, 1990 (erste Definition)
The New Product Development Game Harvard Business Review 86116:137–146, 1986

Nonaka, Ikujiro, Takeuchi, Hirotaka
The Knowledge Creating Company. How Japanese Companies Create the Dynamics of Innovation
Oxford University Press, 1995, ISBN 0-195-09269-4

Schwaber, Ken
Agile Project Management with Scrum
Microsoft Press, 2004, ISBN 0-735-61993-X (aktuelles Standardwerk über Scrum)

Schwaber, Ken, Beedle, Mike
Agile Software Development with Scrum
Prentice Hall, 2001, ISBN 0-13-067634-9

Cohn, Mike
Agile Estimating and Planning
Prentice Hall, 2006, ISBN 0-13-147941-5

Kerth, Norman L.
Project Retrospectives: A Handbook for Team Reviews
Dorset House, 2001, ISBN 0932633447

Crystal

Crystal ist eine Familie von Software-Entwicklungsmethoden, die zu den agilen Methoden der Softwareentwicklung gerechnet wird. Crystal wurde von Alistair Cockburn entwickelt. Wesentliche Grundlage von Crystal ist dabei, dass Menschen mit ihren Interaktionen, ihrer Kommunikation und ihren Fähigkeiten einen signifikanten Einfluss auf den Erfolg eines Software-Projekts haben. Prozesse spielen zur Erlangung des Projekterfolgs nur eine untergeordnete Rolle. Im Mittelpunkt eines Crystal-Projekts steht daher das Team. Da jedes Teammitglied über andere Fähigkeiten und Erfahrungen verfügt, muss sich der Prozess dem Team anpassen und so minimal wie möglich sein. Oft wird zur Veranschaulichung des Grundkonzepts das Bild des Samurais verwendet, der Software entwickelt. Dieser befolgt bestimmte Regeln, bricht diese wenn notwendig oder definiert neue. Wichtig ist dabei nur, dass regelmäßig kommuniziert wird, dass es regelmäßige Auslieferungen von Ergebnissen gibt, dass auf Expertenwissen zugegriffen werden kann und es rasche Rückmeldungen für die Entwickler gibt.

Der Begriff Crystal (engl. für Kristall) bezieht sich auf die unterschiedlichen Facetten eines Edelsteins, die verschiedene Einblicke in den Kern bieten. Übertragen auf die Software-Entwicklung besteht der Kern aus Prinzipien und Werten, während jede Facette eine bestimmte Menge von Techniken, Rollen, Werkzeugen und Standards repräsentiert. Crystal unterscheidet explizit zwischen Methoden, Techniken und Richtlinien. Eine Methode ist dabei eine Menge von Elementen beispielsweise Praktiken oder Werkzeuge. Techniken sind bestimmte Wissensgebiete z.B. das Entwickeln von Use Cases. Richtlinien definieren die organisatorischen Rahmenbedingungen.

Die einzelnen Software-Entwicklungsmethoden der Crystal-Familie sind in der Regel mit Farben bezeichnet: Crystal Clear, Crystal Yellow, Crystal Orange, Crystal Orange Web, Crystal Red, Crystal Magenta, Crystal Blue etc. Die Farbe charakterisiert dabei die „Agilität“ der Methode. D. h. je heller die Farbe, desto agiler bzw. „leichtgewichtiger“ die Methode. Dementsprechend heißt die einfachste Variante Çrystal Clear“. Die Wahl der Crystal-Variante richtet sich nach zwei wesentlichen Kriterien. Dies sind einerseits die Projektgröße, gemessen durch die Anzahl der Beteiligten, und andererseits die Kritikalität, bestimmt durch die Höhe der Risiken im Projekt. Größere Projekte bedürfen einer höheren Koordination und Planung als kleinere. So wird die einfachste Variante, „Crystal Clear", für Teamgrößen von zwei bis sechs Personen empfohlen. Die Kritikalität charakterisiert die Risiken im Falle des Scheiterns des Projekts. Risiken sind dabei: Gefährdung der Kundenzufriedenheit, Verlust von Geld, Imageschaden und Verlust von Menschenleben. Je nach gewählter Crystal-Variante ändern sich die Anzahl der Rollen, die verwendeten Techniken sowie der Dokumentationsumfang.

Vorgehensmodell-Übersicht

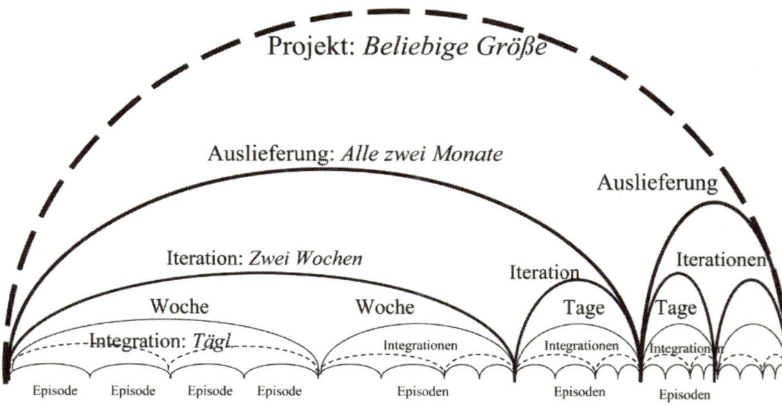

Crystal ist eine Familie agiler Methoden, basierend auf einem iterativen und inkrementellen Vorgehen. Aktuell sind allerdings nur wenige Mitglieder der Crystal-Familie (Crystal Clear, Crystal Orange und Crystal Orange Web) vollständig definiert. Alle Varianten betonen, wie wichtig die Kommunikation und Kooperation aller am Projekt Beteiligten ist. Die Auswahl von Werkzeugen, Techniken, Vorgehensweisen (z.B. auch von SCRUM oder XP) für ein Projekt wird dabei nicht durch Crystal vorgegeben, sondern ist Aufgabe des Teams. In dieser Entscheidung ist das Team frei. Allerdings wird empfohlen, die folgenden Regeln zu beachten:

- Das Projekt wird auf Basis von Produkt-Meilensteinen und nicht auf Basis der Dokumentation geleitet und der Projektfortschritt verfolgt.
- Der Kunde ist in alle Aktivitäten involviert.
- Zur Minimierung von Qualitätssicherungsaufwänden werden automatische Regressionstests eingesetzt.

- Am Anfang und zur Mitte jeder Iteration, in der ein Inkrement entwickelt wird, werden Treffen zur Produkt- und Prozessverbesserung durchgeführt.
- Alle Entscheidungen obliegen dem Team.

Im Folgenden werden die zwei Mitglieder Crystal Clear und Crystal Orange exemplarisch für die gesamte Familie vorgestellt.

Crystal Clear ist das „kleinste" und leichtgewichtigste Mitglied der Methoden-Familie und richtet sich als solches vor allem an kleine Projekte mit einer überschaubaren Teamstruktur. Crystal Clear verzichtet auf starre Regeln und Prozesse. Es wird auf Maßnahmen wie räumliche Nähe des Teams oder Einsatz von Whiteboards zur Dokumentation gesetzt. Grundprinzipien der Entwicklung mit Crystal Clear sind inkrementelle und regelmäßige Auslieferung der Software im Abstand von zwei bis drei Wochen und Fortschrittsüberwachung durch Meilensteine, die Softwareversionen oder wichtige Entscheidungen sein können. Ebenso wichtig sind Benutzereinbindung, automatische Regressionstests, Präsentationen der Ergebnisse in jedem Entwicklungsschritt, regelmäßige Treffen sowie Konfigurationsmanagement und Versionsverwaltung. Generell können alle Prinzipien vom Team angepasst werden.

Crystal Orange ist für größere Projekte ausgelegt. Zielgruppe sind Projekte mit bis zu 40 Entwicklern und einer Projektdauer von ein bis zwei Jahren. Im Gegensatz zu Crystal Clear gibt Crystal Orange stärkere Koordinations- und Kontrollmechanismen vor, wobei aber die Grundprinzipien erhalten bleiben. Neben der Forderung nach einer Dokumentation der Anforderungen, Architektur und Schnittstellen werden insgesamt 14 Rollen definiert. Das sind zehn Rollen mehr als bei Crystal Clear. Crystal Orange fordert beispielsweise zusätzlich Business-Experten und -Analysten.

Aufgrund der Projektgröße ist der Einsatz eines einzelnen Teams nicht möglich. Daher werden in Crystal Orange spezialisierte und parallel arbeitende Teilteams mit drei bis sechs Mitarbeitern definiert. Teams sind hierbei hoch spezialisiert (engl. Holistic Diversity Strategy), so gibt es Teilteams für Infrastruktur, Architektur, Test usw. Jedes Team ist kollektiv für seine Ergebnisse verantwortlich und organisiert sich selbst. Damit sollen Teams in die Lage versetzt werden, selbstständig komplexere Aufgaben zu lösen. Die eigentliche Software-Entwicklung ist mittels eines schlanken iterativen Prozesses gelöst, in dem Planung und Dokumentation möglichst minimiert und die Erstellung des tatsächlichen Systems forciert wird. Aufgrund der iterativen und inkrementellen Entwicklung gehört die Crystal-Familie zur Familie der wiederholenden Vorgehensmodelle.

Aktivitäten und Ergebnisse

Alle Mitglieder der Crystal-Familie besitzen eine Reihe von gemeinsamen Praktiken wie z. B. inkrementelle Entwicklung. Allerdings findet sich erst in der Beschreibung von Crystal Orange eine systematische Beschreibung der Inkrement-Entwicklung und der zugehörigen Praktiken.

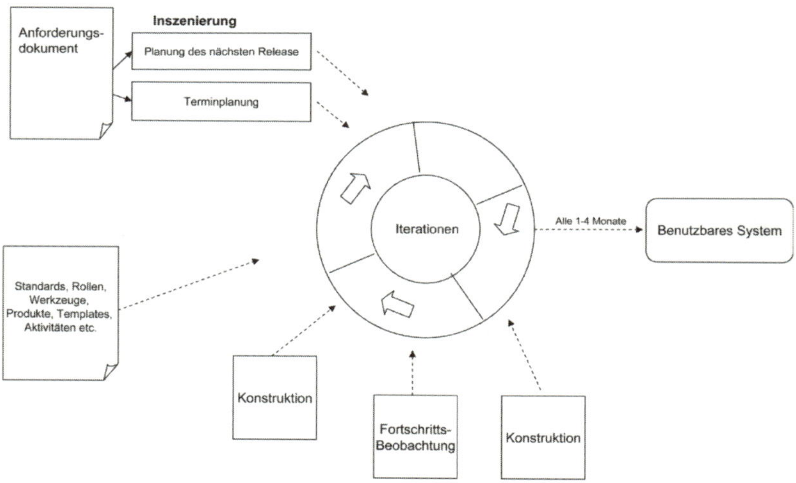

Im Rahmen der sogenannten Inszenierung (engl. Staging) findet die Planung des nächsten Inkrements statt, welches innerhalb von maximal drei bzw. vier Monaten abgeschlossen sein soll. Die Entwicklerteams wählen in dieser Phase die zu implementierenden Anforderungen aus dem Anforderungsdokument. Weiterhin werden die gültigen Werkzeuge, Rollen, Aktivitäten für das Team festgelegt.

Jedes Inkrement enthält mehrere Iterationen. Die dabei zu durchlaufenden Arbeitsschritte sind: Konstruktion (engl. Construction), Demonstration und Überprüfung (engl. Review) der erreichten Ziele (Review). Die hierbei eingesetzten Techniken und Werkzeuge werden durch das Team bestimmt.

Der Fortschritt des Projekts (engl. Monitoring) wird anhand der Arbeitsergebnisse und der Stabilität des Systems gemessen. Arbeitsergebnisse sind dabei Start, Review 1, Review 2, Test und fertige Softwareversion. Die Stabilität des Systems wird festgelegt mithilfe der Kategorien: starke Änderungen, Änderungen, stabil genug für das Review.

Ergibt die Überwachung, dass ein Inkrement stabil genug für einen Review ist, so kann mit der nächsten Aufgabe begonnen werden. In Crystal Orange können so verschiedene Teams parallel zueinander arbeiten (engl. Parallelism and Flux). Dazu müssen allerdings Arbeitspläne und Teams miteinander synchronisiert werden (-> Staging).

In Crystal Orange sind für jeden Entwicklungsschritt drei Kunden Begutachtungen (engl. User-Reviews) für jedes Inkrement vorgesehen. Diese Begutachtungen sollen gewährleisten, dass die Ergebnisse den Kundenwünschen entsprechen. Interviews und Team-Besprechungen werden dazu genutzt, die Entwicklungsmethoden auf die speziellen Bedürfnisse des Projekts anzupassen. Eine Gruppenbesprechung erfolgt vor und nach jedem Entwicklungsschritt und idealerweise auch zusätzlich während eines Entwicklungsschritts.

Anpassung und Einführung
Crystal definiert nur einen losen Organisationsrahmen für die Durchführung von Softwareprojekten, wobei alle Regeln durch das Team definiert und geändert werden können. Zur Skalierung bzw. Adaption an verschiedene Kontextfaktoren ist Crystal als Familie definiert, und einzelne Methoden sind durch Farben gekennzeichnet. Basierend auf der Größe und Kritikalität eines Projekts wird das entsprechende Familienmitglied ausgewählt. Als Entscheidungshilfe dient dabei das Crystal-Charakterisierungsschema.

Die Anordnung der Crystal-Methoden nach Mitarbeitergröße basiert auf der Annahme, dass der Kommunikationsaufwand bei steigender Mitarbeiterzahl unterschiedlich strukturiert werden muss (Ad-hoc-Treffen, Strukturierte Treffen, Meta-Organisation). Für jede Gruppengrößen kommen unterschiedliche Kommunikationsformen und -mittel zum Einsatz.

Kritikalität des Systems

Defekte bedeuten Gefahr für	Clear	Yellow	Orange	Red	Maroon	Blue
• Leben	L6	L20	L40	L100	L200	L500
• Unternehmen	U6	U20	U40	U100	U200	U500
• Geld	G6	G20	G40	G100	G200	G500
• Komfort	K6	K20	K40	K100	K200	K500
• ...	...	...	...	...	...	...
Größe des Systems (Zahl der Mitarbeiter)	1 - 6	-20	-40	-100	-200	-500

Die verschiedenen Kritikalitätsstufen basieren auf der Annahme, dass eine höhere Kritikalität eines Systems größere Strenge und Disziplin bei der Entwicklung erfordert. Ist das Ergebnis eines Projekts kritisch für das Fortbestehen des Unternehmens, müssen andere Verfahren verwendet werden, als wenn das Projekt weniger kritisch ist. Im Detail bedeutet somit Risiko-Stufe K, dass ein Systemversagen Komfortproblem beim Nutzer verursacht, während Systeme mit Risiko-Stufe L den Verlust von Menschenleben verursachen können.

Die Projekt-Kategorie wird durch die Kombination der Kriterien definiert. So beschreibt ein Projekt vom Typ K6 ein Projekt, das von maximal sechs Personen entwickelt wird und dessen größtes Risiko im Komfort-Bereich liegt. Projekte diese Kategorie können mittels Crystal Clear realisiert werden.

Werkzeuge

Aktuell gibt es keine speziellen Werkzeuge zur Unterstützung der Crystal-Familie. Diese sind aufgrund der Agilität von Crystal nicht erforderlich. Zur Durchführung eines Crystal-Projekts werden eine Entwicklungsumgebung (Editor, Compiler etc.), Versionierungs- und Testwerkzeuge sowie Whiteboards (mit Druckfunktionalität) benötigt. Die Dokumentation eines Systems besteht aus Kopien der auf dem Whiteboard festgehaltenen Ergebnisse. „Formale“ Dokumente werden nicht erstellt.

Weiterführende Literatur

Cockburn, Alistair
Surviving Object-Oriented Projects
Addison Wesley, 1998, ISBN 0-201-49834-0

Cockburn, Alistair
Agile Softwareentwicklung
mitp, 2003, ISBN 3-8266-1346-5

Ludewig, Jochen, Lichter, Horst
Software Engineering
dpunkt, 2007, ISBN 3-89864-268-2

Cockburn, Alistair
Crystal Clear
Addison Wesley, 2005, ISBN 0201699478

Dynamic Systems Development Method

Die „Dynamic Systems Development Method" (DSDM) ist ein agiler Ansatz zur Software-Entwicklung, der auf dem Prinzip des Rapid Application Development (RAD) beruht. DSDM wurde in den 1990ern durch das gemeinnützige DSDM-Konsortium (www.dsdm.org) entwickelt und wird als einziger agiler Ansatz von diesem kontinuierlich gepflegt. So wurde 2007 die derzeit aktuelle Version *DSDM Atern* veröffentlicht.

Zentrale Elemente von DSDM sind die Verringerung von Implementierungsaufwänden und Zeiten, der Einbezug des Kunden bzw. Nutzers in den Prozess. DSDM-Projekte werden „produktorientiert" durchgeführt, d.h. der Funktionalitätsumfang, der innerhalb eines bestimmten Zeitraumes realisiert werden soll, wird definiert. Grundprinzipien von DSDM sind dabei die Berücksichtigung von Unternehmenszielen, Einbeziehung der Kunden/Nutzer in den Implementierungsprozess, rasche Verfügbarkeit einer Lösung und große Flexibilität während der Implementierungsphase. Der Anwendungsschwerpunkt liegt dabei im Bereich der Informationssysteme, wobei hier insbesondere Projekte mit kleinen Budgets und engen Zeitplänen adressiert werden.

Vorgehensmodell-Übersicht

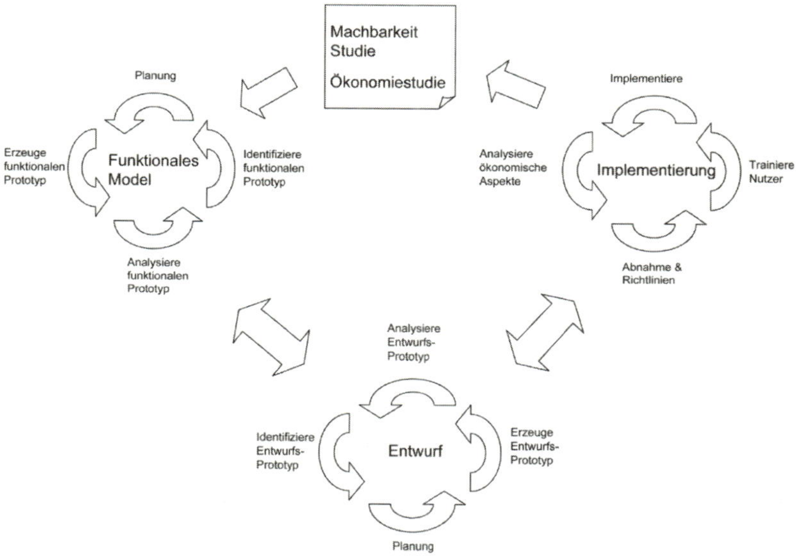

DSDM verfolgt einen iterativen und inkrementellen Ansatz basierend auf drei sequenziellen Phasen (Prä-, Ausführungs-, Post-Projektphase). Dabei ist die Ausführungs-Phase detailliert ausgearbeitet. Sie besteht aus fünf Stufen (siehe Abbildung) die einen iterativen Ansatz zur Entwicklung von Informationssystemen bilden. DSDM ähnelt in seiner Struktur dem Scrum-Ansatz, bietet aber eine detaillierte Definition seiner Aktivitäten und Abläufe.

Die **Prä-Projekt**-Phase dient der Analyse und Festlegung der Projektziele, des Projektumfangs und der Projektorganisation. Zusätzlich findet im Rahmen dieser Phase eine grobe Zeitplanung statt.

Die **Ausführungsphase** ist das Kernelement des DSDM Ansatzes. Zur Realisierung eines Systems (Informationssystem) werden fünf Stufen durchlaufen. Die ersten beiden Stufen (Ökonomie- und Machbarkeitsstudie) sind dabei komplementär zueinander und dienen der Vorbereitung des Projekts durch die Abgleichung des Projekts mit den Unternehmenszielen und die Klärung der technischen Realisierbarkeit. Nach Abschluss dieser Stufen beginnt die System-Entwicklung, in der das System iterativ und inkrementell mittels funktionalem Modell, Entwurf und Implementierung realisiert wird. Dabei ist jede der drei Stufen iterativ angelegt, wobei in jeder Iteration neue Funktionalität realisiert wird. Aufgrund der inkrementellen Organisation von DSDM kann dabei in „jeder" Iteration auf einem funktionierenden Prototyp aufgebaut werden. Zusätzlich existiert die Möglichkeit der Umkehr, d.h. der Überarbeitung der Entwicklung, sowohl innerhalb als auch zwischen jeder der drei Stufen. Dies erlaubt es z.B., aus der Implementierung in das Funktionale Modell zurückzukehren, um bislang nicht berücksichtigte Funktionalität (Budgetgründe etc.) nachträglich in das System zu integrieren.

Weiterhin finden in der Ausführungsphase der Test des Prototyps, die Einführung und Rückmeldung des Kunden, die Bearbeitung der verbleibenden Iterationen sowie die Inbetriebnahme der Lösung (Roll-out) statt. Sobald alle zur Erreichung der Unternehmens- und Geschäftsziele erforderlichen Anforderungen umgesetzt wurden, tritt das Projekt in die nächste Phase ein.

In der **Post-Projekt**-Phase soll der effiziente und effektive Einsatz des Systems beim Kunden gewährleistet werden. Daher umfasst diese Phase Wartungs-, Erweiterungs- und Korrekturaktivitäten, die jeweils gemäß der DSDM-Prinzipien (iterativ und inkrementell) durchgeführt werden.

DSDM gehört aufgrund der inkrementell-iterativen Vorgehensweise sowie der prototypischen Konzepte sowohl Mitglied der Familie der wiederholenden als auch der prototypischen Vorgehensmodelle.

Aktivitäten und Ergebnisse

Die eigentliche Software-Entwicklung findet in einem DSDM-Projekt innerhalb der Ausführungsphase statt. Diese Phase unterscheidet fünf Stufen: Machbarkeits- und Ökonomiestudie, Funktionales Modell, Entwurf und Implementierung. Alle Phasen werden einmal oder mehrfach iteriert.

Die **Machbarkeitstudie** untersucht die technische Realisierbarkeit des geplanten Systems. Mithilfe von sogenannten „Workshops" werden dabei die Projektziele und Technologien analysiert, Risiken identifiziert sowie ein erster Prototyp realisiert.

Im Rahmen der **Ökonomiestudie** wird die zuvor durchgeführte Machbarkeitsstudie erweitert. Dazu werden der Einfluss des neuen Systems auf die aktuellen Geschäftsprozesse analysiert, Nutzerbefragungen durchgeführt beispielsweise durch den Einsatz des Prototypen und die Ergebnisse in Form einer priorisierten Anforderungsliste aufbereitet. Darauf aufbauend wird dann der sogenannte Entwicklungsplan erstellt, in dem z. B. die Aufteilung der Funktionalität in Inkremente beschrieben ist sowie eine vorläufige Systemarchitektur festgelegt.

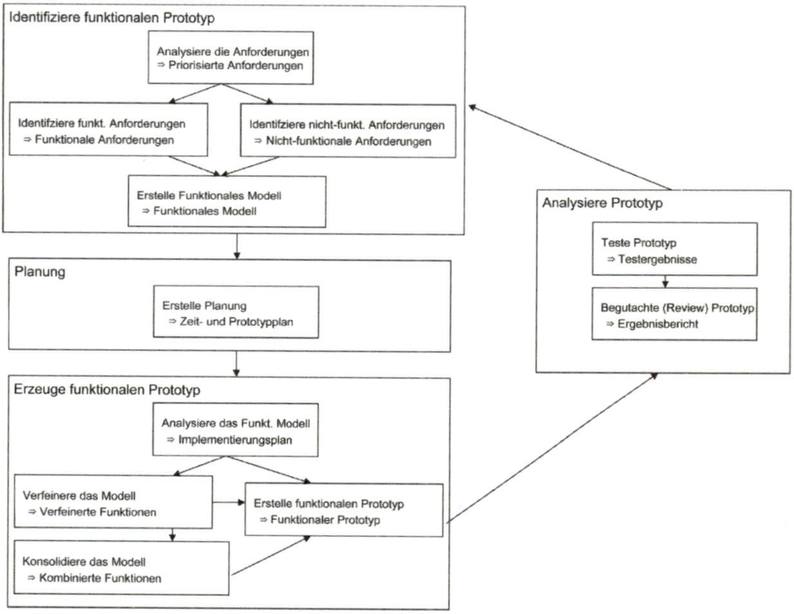

Die in der vorherigen Stufe identifizierten Anforderungen werden in der nächsten (iterativen) Stufe in das **Funktionale Modell** übertragen. Dazu werden die Anforderungen zunächst analysiert und priorisiert. Ziel ist die Identifikation der konkreten funktionalen und nichtfunktionalen Anforderungen sowie die Erstellung eines Arbeitsplans. Die priorisierten Anforderungen werden gemäß ihrer Sortierung bearbeitet. Dazu werden zunächst Implementierungsaufträge abgeleitet und die Anforderung dementsprechend verfeinert und konsolidiert. Anschließend wird ein funktionaler Prototyp erstellt und geprüft. Modell und Prototyp umfassen alle innerhalb der Iteration zu betrachtenden Anforderungen.

Die aktuelle Stufe enthält Analyse- und Implementierungsaufgaben (Prototyp). Aufgrund der iterativen Organisation der Stufe werden gesammelt Erfahrungen genutzt, um die Analysemodelle, und daran anschließend, den Prototyp zu verfeinern und verbessern. Der Prototyp dient als Ausgangspunkt für die folgenden Stufen und somit als Basis für das finale System.

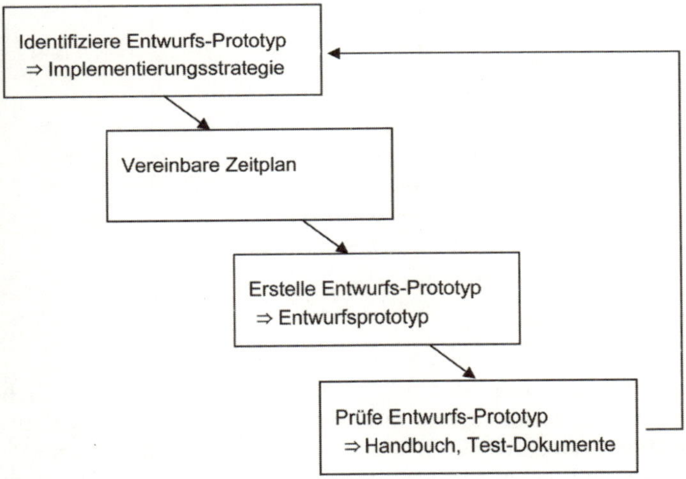

Das übergeordnete Ziel des **Entwurfs** ist die Integration der zuvor erstellten funktionalen Elemente (Prototyp) in ein System, das den Kundenanforderungen genügt. Zunächst werden die (zu testenden) funktionalen und nicht-funktionalen Anforderungen für die aktuelle Iteration identifiziert sowie deren zeitliche und technische Umsetzung geplant. Darauf aufbauend wird ein verfeinerter Prototyp entwickelt (basierend auf dem funktionalen Prototyp). Maßgabe ist dabei, dass der Prototyp am Ende der Iteration im Tagesgeschäft des Kunden eingesetzt werden kann. Dazu gehört unter anderem auch die Erstellung eines Benutzungshandbuchs. Dieser Prototyp wird intensiv getestet und geprüft (Review), wobei insbesondere das Feedback des Kunden eine wichtige Rolle spielt. Hierbei gewonnene Erkenntnisse können iterativ umgesetzt werden. Ergebnis dieser Stufe ist das getestete System. Dieses geht am Ende der Entwurfs-Stufe in die sogenannte Implementierung ein.

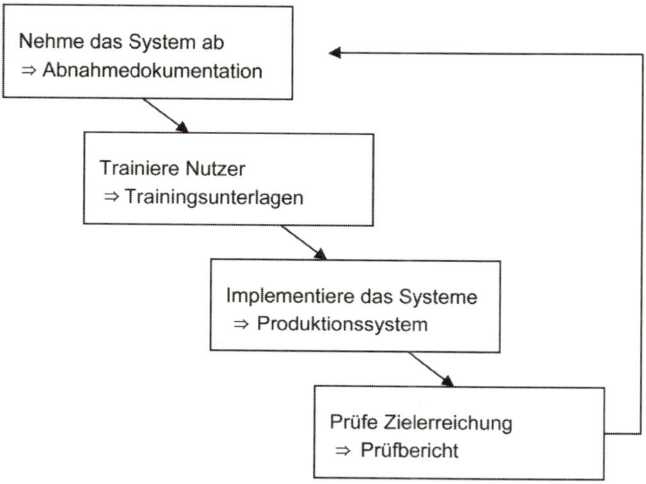

In der **Implementierung** wird das getestete System einschließlich der Nutzerdokumentation an den Kunden ausgeliefert. Dazu wird zunächst ein Akzeptanztest durch den Kunden bezüglich der Umsetzung der gewünschten Anforderungen durchgeführt. Bei positivem Ausgang werden anschließend die zukünftigen Nutzer auf das neue System geschult und das System vor Ort in der Kundenumgebung installiert. Zum Abschluss wird mithilfe dieses Systems die Erreichung der spezifizierten Geschäfts- und sonstigen Ziele geprüft. Basierend auf den Ergebnissen der Prüfung kann das Projekt entweder in die nächste Phase (Post-Projekt) gehen oder die Ausführungsphase neu gestartet werden (Iterative und Inkrementelle Organisation).

Anpassung und Einführung
Die Einführung von DSDM, wie bei jeder Methode, erfordert eine sorgfältige Planung und schrittweise Umsetzung. Durch das DSDM-Konsortium wird hierzu ein Leitfaden bereitgestellt (http://www.agilealliance.org/system/article/file/902/file.pdf), der die wichtigsten Rollen, Schritte und Abwägungen spezifiziert. Obwohl DSDM detaillierter als z.B. Scrum ist, ist es dennoch nur ein Rahmenwerk, das dynamisch adaptiert werden kann und muss. Aufgrund des einfachen und modularen Aufbaus ist es durchaus möglich, Praktiken und Techniken anderer Ansätze wie z.B. dem Rational Unified Process (RUP) oder Extreme Programming (XP) zu integrieren.

Werkzeuge
Wie die meisten agilen Entwicklungsmethoden erfordert DSDM keine speziell für DSDM entwickelten Werkzeuge. Eine gute Entwicklungsumgebung sowie Versionierungs- und Dokumentations-Werkzeuge sind ausreichend.

Weiterführende Literatur

www.dsdm.org

Fazackerley, B., DSDM Consortium, Stapleton, J.
DSDM: Business Focused Development
Addison Wesley, 2002

Stapleton, Ann Margaret, MacDonald, David
DSDM: The Method in Practice
Addison-Wesley, 1997

Feature-Driven Development

Feature-Driven Development (FDD) ist ein agiler Ansatz zur Software-Entwicklung, der die Eigenschaften eines Systems (engl. Feature) in den Vordergrund stellt. FDD wurde 1997 von Jeff De Luca vorgestellt und seitdem kontinuierlich weiterentwickelt (www.nebulon.com). Die Wurzeln von FDD liegen in der Organisation eines großen, zeitkritischen Projekts (15 Monate, 50 Entwickler) und den von Peter Coad publizierten Ideen zur objektorientierten Software-Entwicklung. Aufbauend auf den dort gemachten Erfahrungen wurde FDD als iterativer Ansatz entwickelt, der sich auf den Entwurf und die Implementierungsaktivitäten in der Software-Entwicklung konzentriert und kein spezielles Prozessmodell vorgibt, sondern vielmehr die Integration bewährter Elemente aus anderen Ansätzen erlaubt.

FDD besteht aus fünf sequenziell angeordneten Aktivitäten sowie einem Rollenmodell zur Entwicklung eines Systemmodells und zur Planung, Entwurf und Implementierung von Systemen basierend auf deren Eigenschaften. Im Gegensatz zu anderen agilen Ansätzen verbindet FDD agile Prinzipien mit denen der modellbasierten Entwicklung und lässt sich relativ einfach in bestehende Organisationsstrukturen integrieren. Im Gegensatz zu anderen agilen Ansätzen wird FDD nachgesagt, auch zur Entwicklung kritischer Systeme geeignet zu sein.

Vorgehensmodell-Übersicht

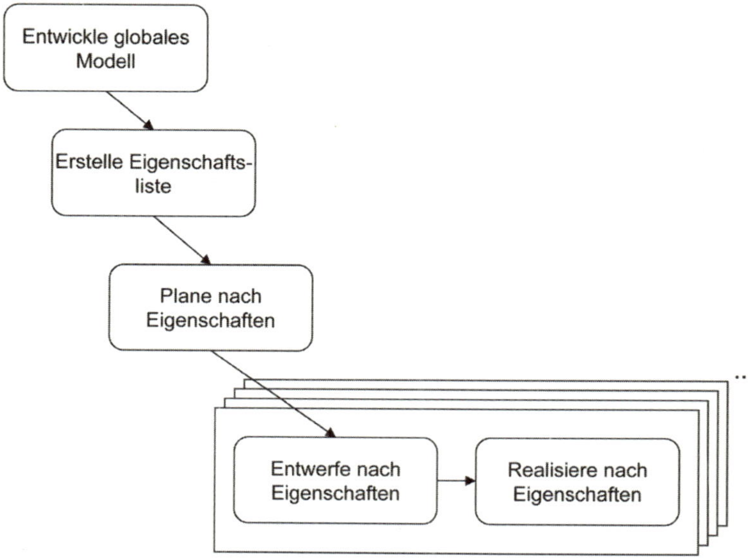

FDD ist ein iterativer und modellgetriebener Prozess, der aus fünf Kernaktivitäten (Prozessen) besteht. Alle Kernaktivitäten sind sequenziell organisiert, wobei nur die letzten beiden Aktivitäten, der Entwurf und die Implementierung, iterativ organisiert und agil definiert sind. Alle Aktivitäten basieren auf den Eigenschaften (engl. Features) eines Systems, die kleine, detaillierte Funktionalitätselemente repräsentieren, die für den Kunden sichtbar sind.

Während der ersten sequenziellen Kernaktivitäten, Entwickle ein globales Modell, Erstelle Eigenschaftsliste und Plane nach Eigenschaften, wird ein globales Modell des Systems und seiner Eigenschaften entwickelt. Dazu wird der Anwendungsbereich (engl. Scope) des Systems analysiert und mithilfe eines Domänenmodells beschrieben. Dieses Modell wird schrittweise verfeinert und zur Identifizierung der nach außen sichtbaren Eigenschaften verwendet. Maßgabe ist dabei, dass eine Eigenschaft innerhalb eines kurzen Zeitraums von ein bis zwei Wochen realisierbar sein muss. Die identifizierten Eigenschaften werden priorisiert und sortiert, um eine Planung für die folgenden Iterationen zu erhalten.

In der iterativen Entwicklungsphase werden die für diese Iteration gewählten Eigenschaften modelliert (UML) und verfeinert. Anschließend werden die Eigenschaften schrittweise implementiert, getestet und dem Gesamtsystem hinzugefügt.

Aufgrund der geringen Größe der einzelnen Eigenschaften ist deren Implementierung eine überschaubare Aufgabe. Zur Nachverfolgung des Projektfortschritts definiert FDD für jede Eigenschaft sechs Meilensteine, für den Entwurf und die Implementierung jeweils drei. Diese werden sequenziell abgearbeitet. Auf Basis dieser Meilensteine lässt sich der aktuelle Stand der Realisierung einer Eigenschaft einfach nachverfolgen. So ist z. B. eine Eigenschaft, die sich in der Implementierung befindet, zu 44% vollständig (1% Domänenanalyse, 40% Entwurf, 3% Entwurfsinspektion, 45% Implementierung, 10% Implementierungsinspektion, 1% Auslieferung).

Entgegen der üblichen Vermutungen bezüglich agiler Entwicklungsansätze wurde FDD bereits mit Erfolg eingesetzt, um große und komplexe Systeme umzusetzen und wird von einigen Firmen genutzt. Allerdings finden sich bislang nur wenige detaillierte Erfahrungsberichte, so dass eine objektive Bewertung der Nützlichkeit schwierig ist.

Aktivitäten und Ergebnisse

Das Vorgehensmodell von FDD beruht auf fünf sequenziellen Aktivitäten zur Modellierung und Implementierung von Software-Systemen. Der iterative Teil von FDD unterstützt die Prinzipien der agilen Entwicklung in Bezug auf späte und schnelle Änderungen von Anforderungen und Zielen.

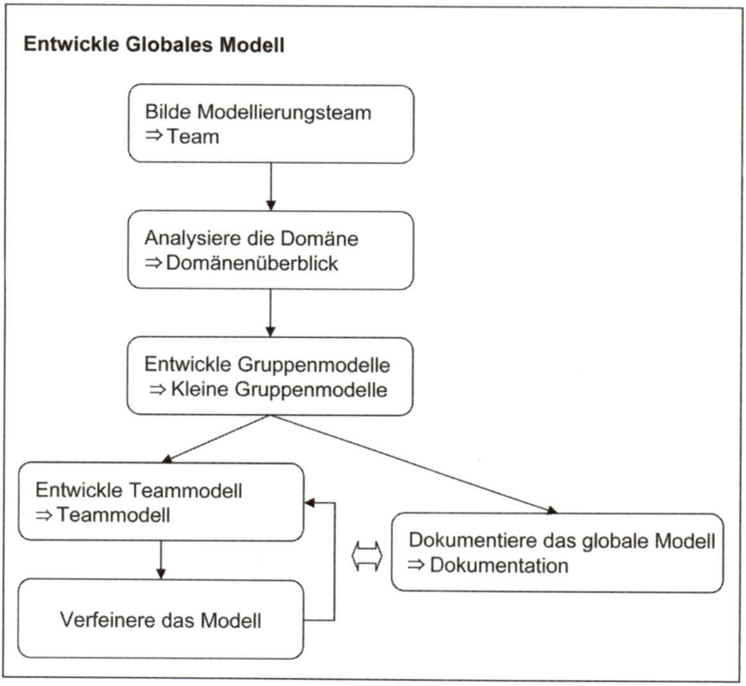

Ein FDD-Projekt beginnt nach der Etablierung des entsprechenden Teams mit der Entwicklung eines globalen Systemmodells. Das Systemmodell charakterisiert den Funktionsumfang, den Anwendungskontext und die Domäne. Dabei wird vorausgesetzt, dass entsprechende Informationen (z.B. in Form von Use Case- und Domänenmodellen) dem Team bereits zur Verfügung stehen. Vorgaben zur Identifizierung und Erfassung dieser Informationen werden dabei nicht gemacht. Die aus der Domänenanalyse hervorgehende Beschreibung des Systems wird anschließend in sogenannten Gruppen (einzelne Domänen) zerlegt, die dann von kleinen Teams separat detailliert und modelliert werden. Parallel dazu wird das globale Modell basierend auf den Erfahrungen und Ergebnisse der einzelnen Teams beschrieben.

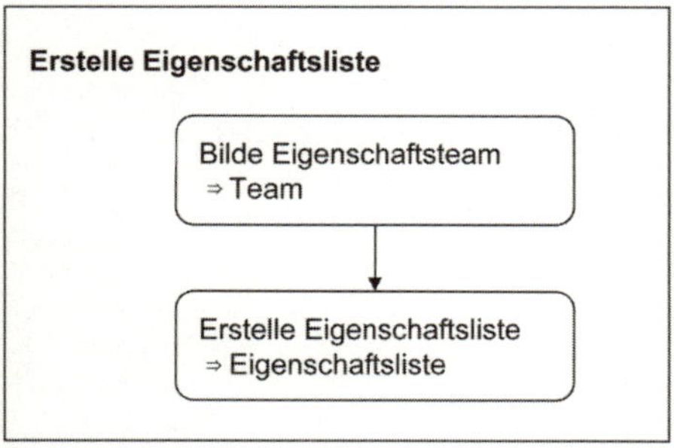

Auf Basis der erstellten Modelle sowie den Anforderungen wird durch ein spezielles Team eine vollständige Liste der Eigenschaften des zukünftigen Systems entwickelt. Diese Liste umfasst alle von außen aus Kundensicht sichtbaren Eigenschaften gemäß der Form: <Funktion> <Ergebnis> <Objekt>. Die identifizierten Eigenschaften werden anschließend nach den einzelnen Systemteilen (Domänen, Teammodelle) sortiert, so dass für jeden Teil ein eigener Satz von Eigenschaften erfasst ist. Dabei gilt für jede Eigenschaft, dass sie innerhalb eines kurzen Zeitraums von ein bis zwei Wochen realisierbar sein muss. Anderenfalls ist die Eigenschaft aufzuteilen.

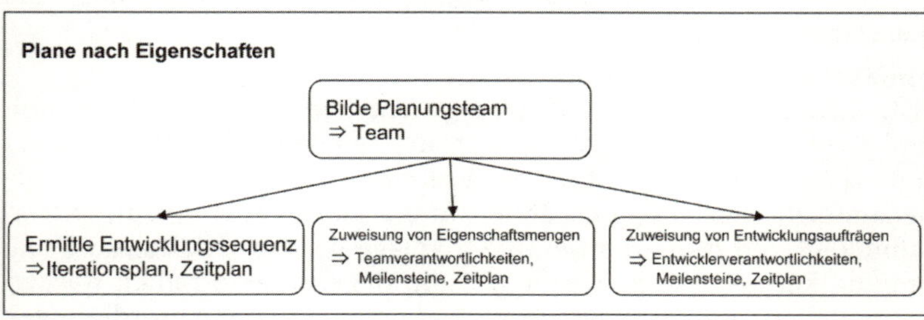

Sobald die Liste der Eigenschaften vollständig, priorisiert und sortiert ist, wird sie als Grundlage zur weiteren Planung des Projekts herangezogen. Dazu wird ein Iterationsplan erstellt, in dem die Entwicklungsreihenfolge der einzelnen Eigenschaftssätze gemäß ihrer Priorisierung und Abhängigkeiten festgelegt wird. Die Verantwortung für einzelne Eigenschaftssätze wird Teamleitern (engl. Chief Programmers) und für einzelne Eigenschaften Entwicklern zugewiesen. Parallel dazu werden Meilensteine und Zeiten definiert.

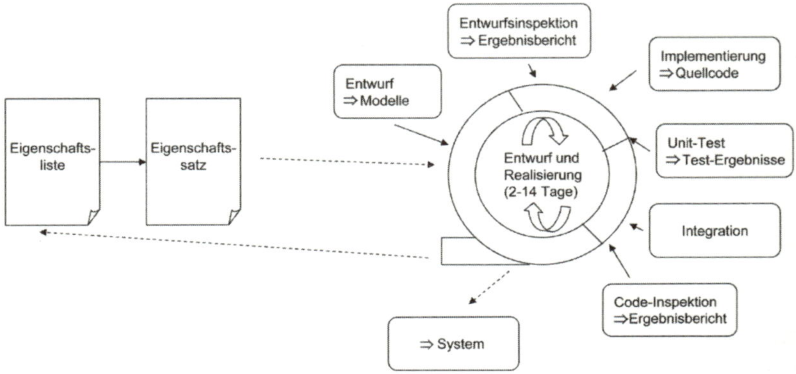

In den iterativen Entwurfs- und Realisierungsaktivitäten wird jeweils eine kleine Menge von Eigenschaften gemäß der Iterationsplanung modelliert und implementiert. Dazu werden kleine Teams gebildet, die unabhängig voneinander und parallel arbeiten. Die Ergebnisse der einzelnen Aktivitäten werden unabhängig voneinander mithilfe von Inspektion und Test geprüft und bei Akzeptanz miteinander integriert. Am Ende einer Iteration, die zwei bis 14 Tage dauern sollte, werden die Ergebnisse dem Gesamtsystem hinzugefügt, und eine neue Iteration beginnt.

Anpassung und Einführung

FDD wird häufig zu den agilen Vorgehensmodellen gezählt und teilt mit diesen einige Praktiken. Durch die sequenzielle Definition der fünf Hauptaktivitäten, ohne Wechselmöglichkeit, wirkt das Vorgehensmodell eher starr und ähnelt in dieser Hinsicht einem Wasserfallmodell. Aufgrund der iterativen Anlage der Entwicklungsaktivitäten und kurzer Zyklen erlaubt FDD, im Gegensatz zu reinen Wasserfallmodellen, auf veränderte Randbedingungen oder Anforderungen zu reagieren. Voraussetzung für FDD ist daher eine geringe Änderungsrate. Dies erschwert auch die Anpassung des Prozesses durch die Beteiligten und damit die reibungslose Einführung in ein Unternehmen. Insgesamt ist FDD, auch durch den höheren Planungs- bzw. Modellierungsaufwand, weniger leichtgewichtig als Scrum oder XP, bietet dafür aber eine bessere Unterstützung für große und verteilte Projekte.

Werkzeuge

Inzwischen existieren einige Werkzeuge, die FDD unterstützen:

- FDD Project Manager Application (FDDPMA) ist ein webbasiertes System, das alle anfallenden Managementaufgaben unterstützt.
- FDD Tools ist eine Entwicklungsplattform zur Code-Erstellung.
- FDD Tracker erlaubt die Nachverfolgung und -verwaltung von FDD-Projekten.

Weiterführende Literatur

Wolf, H., Roock, S., Lippert, M.
eXtreme Programming
dpunkt, 2., überarb. u. erw. Aufl., 2005

Palmer, S. R., Felsing, J. M.
A Practical Guide to the Feature-Driven Development
Prentice Hall International, 2002

Palmer, S. R., Felsing, J. M.
A Practical Guide to Feature-Driven Development
Prentice Hall, 2002

Coad, P., Lefebvre, E., De Luca, J.
Java Modeling in Color With UML: Enterprise Components and Process
Prentice Hall, 1999.

Service-Orientierung

Die zunehmende Komplexität, aber auch der Bedarf nach rasch zu realisierenden und kostengünstigen IT-Lösungen (z.B. über systematisierte Wiederverwendung) hat in den letzten Jahren zu neuen Entwicklungen im Bereich der Entwicklungsparadigmen und Vorgehensmodelle geführt. Neben den populären agilen Ansätzen ist gerade in letzter Zeit „Service-Orientierung" ein häufig verwendetes Schlagwort. Im Prinzip beruht die Service-Orientierung auf der Definition, Komposition und Instrumentierung von sogenannten Services. Ein Service repräsentiert dabei Dienstleistungen zumeist aus dem Bereich der Informationstechnologie. Systeme, beispielsweise zur Unterstützung von Geschäftsprozessen, werden aus einzelnen, bereits zuvor existierenden Services komponiert. Einzelne Services werden durch Komponenten der System-Architektur bereitgestellt (serviceorientierte Architektur) und ein Geschäftsprozess als eine Aneinanderreihung von Service-Aufrufen implementiert. Services sind dabei unabhängig voneinander und nur lose über die Infrastruktur gekoppelt. Sie können daher auch verteilt über mehrere Unternehmen entwickelt und eingesetzt werden. In Prinzip kann man somit die Service-Orientierung als „Weiterentwicklung“ der komponentenorientierten Entwicklung betrachten, die einen abstrakteren Fokus (Services statt Komponenten) einnimmt. Die Service-Orientierung gibt dabei Hinweise zur Gestaltung der Services. Diese sollen möglichst nah an der Geschäftslogik ausgerichtet werden, d. h., unterstützte Geschäftsprozesse werden in Services zerlegt und diese dann entsprechend zur Strukturierung des Software-Systems benutzt. Auf diese Weise soll eine leichte Anpassung an fachliche Änderungen gewährleistet werden und der Wiederverwendungsgrad eines Services erhöht werden.

Die Service-Orientierung basiert wie die Komponentenorientierung auf den Basisprinzipien der objektorientierten Modellierung. Wesentliche Prinzipien sind dabei die Gestaltung abstrakter Datentypen und die Einhaltung des Geheimnisprinzips: Algorithmen und vorgehaltenen Daten werden gekapselt und sind nach außen nicht sichtbar. Auf die Daten kann nur über standardisierte Aufrufe zugegriffen werden. Weiterhin gelten ebenfalls Prinzipien wie wenige und explizite Schnittstellen nach außen. Über diese können andere Services auf den Service zugreifen bzw. der Service selbst kann über die Schnittstellen anderer Services auf diese zugreifen.

Bevor mit der eigentlichen Identifikation der Services begonnen wird, werden fachlich die Geschäftsprozesse im Geschäftsumfeld geklärt. Danach werden die Services, aus denen die Geschäftsprozesse bestehen, sowie die entsprechenden Dienstanbieter und Dienstkonsumenten identifiziert. Ein Service wird von einem Dienstanbieter (engl. Service Provider) angeboten. Ein Dienstkonsument (engl. Service Consumer) stellt eine Anfrage (engl. Service Request) an einen Service und bekommt daraufhin eine Antwort (engl. Service Response) vom Dienstanbieter. Service-Orientierung geht davon aus, dass Services im Rahmen einer Software-Entwicklung nicht unbedingt neu geschrieben werden müssen, sondern sieht explizit die Wiederverwendung von existierenden Services vor, d. h. die Suche nach passenden Services in Service-Bibliotheken und deren Anpassung für ein konkretes zu entwickelndes Software-System. Standardisierungen erlauben den Einsatz von Services beliebiger Anbieter und vermeiden so Abhängigkeiten zu einem bestimmten Anbieter.

Bei der Beschreibung eines Services wird explizit zwischen externer Schnittstellen- und interner Implementierungssicht auf einen Service unterschieden. Diese klare Trennung findet sich teilweise ebenso in den vorgestellten komponentenbasierten Vorgehensmodellen.

Eine Service-Beschreibung ist dabei eine Schnittstellen-Beschreibung eines Services für mögliche Dienstkonsumenten. Interne Implementierungsdetails eines Services beinhaltet diese Beschreibung nicht. Neben der Service-Beschreibung gibt es für einen Service noch ein konkretes „Artefakt", welches das Datenmodell des Services festlegt und an welches sich ein Dienstkonsument halten muss, wenn er den Service nutzen will. Ziel der Service-Orientierung ist es, das Software-System so zu strukturieren, dass es flexibel ist und schnell auf verändernde Anforderungen im Geschäftsumfeld angepasst werden kann. Weiterhin soll durch die Strukturierung die Wiederverwendung von System-Komponenten erleichtert werden, da einzelne Services einen hohen Wiederverwendungsgrad besitzen. Eine verteilte System-Architektur wird ebenfalls unterstützt, da Services über mehrere Unternehmen verteilt realisiert werden können.

Eine serviceorientierte Architektur lässt sich auch auf Basis existierender Software-Komponenten in einem Unternehmen realisieren. Hierfür müssen für existierende Komponenten Adapter bereitgestellt werden, damit die Komponenten aufrufbar sind und einem geeigneten Datenaustauschformat genügen.

OASIS (Organization for the Advancement of Structured Information Standards) ist eine internationale Organisation, die sich mit der Weiterentwicklung von E-Business- und Web-Service-Standards beschäftigt. Bekannte Standards der OASIS sind u. a. die OpenDocument und DocBook. Die Organisation hat sich auch Standardisierungen im Bereich serviceorientierter Architekturen auf ihre Fahnen geschrieben. Standardisierungsbestrebungen der Organisation konzentrieren sich hierbei auf Arbeitsabläufe, Koordination von Übersetzungen, Instrumentierung, Zusammenarbeit, loser Kopplung, Geschäftsprozessmodellierung und anderer Konzepte, die agile Software-Entwicklung unterstützen (www.oasis-open.org).

Service-Orientierung ist im Wesentlichen ein Konzept zur Strukturierung von Software-Systemen. Es ist weniger ein konkretes Vorgehensmodell und gibt daher nur wenige Hilfestellung für das Vorgehen in einem konkreten Entwicklungsprojekt. Daher sollte die Service-Orientierung mit anderen konkreten Vorgehensmodellen, die Handlungsanweisungen für die verschiedenen Aktivitäten in einem

Entwicklungsprojekt geben, kombiniert werden. In diesem Zusammenhang bieten sich die aufgezeigten komponentenbasierten Vorgehensmodelle an, weil diese auf den gleichen Grundprinzipien wie die Service-Orientierung basieren. Das Verbundprojekt PESOA (Process Family Engineering in Service-Oriented Applications), das vom Bundesministerium für Bildung und Forschung (BMBF) unterstützt wird, ist ein Beispiel für ein Integrationsbestreben von Produktlinienansätzen und SOA (www.pesoa.de). Ziele des Projekts sind der Entwurf und die prototypische Implementierung einer Plattform für *Process Family Engineering* und ihre Anwendung in den Bereichen E-Business und Telematikdienste.

Weiterführende Literatur

Melzer, Ingo
Service-orientierte Architekturen mit Web Services. Konzepte – Standards – Praxis
Spektrum Akademischer Verlag, April 2007

Krafzig, Dirk, Banke, Kark, Slama, Dirk
Enterprise SOA. Service Oriented Architecture Best Practices
Prentice Hall International, Dezember 2004

Webbasierte Entwicklung

Durch die weite Verbreitung, die allgemeine Verfügbarkeit und die laufend zunehmende Nutzung des WWW (world wide web) steigt der Bedarf an unterstützenden webbasierten Software-Systemen. Ein webbasiertes Software-System (auch: Webanwendung) wird auf einem Webserver ausgeführt. Der Benutzer interagiert mit dem System über einen Webbrowser. Hierzu sind der Computer des Benutzer (Client) und der Server über das Inter- oder Intranet miteinander verbunden, so dass die räumliche Entfernung zwischen Client und Server unerheblich ist. Das WWW ist dabei geprägt durch einen hohen Innovationsdruck und starken Wettbewerb zwischen den agierenden Unternehmen insbesondere im elektronischen Handel. Unterstützende Software-Systeme müssen daher in kurzen Entwicklungszyklen entwickelt und ständig an sich verändernde Anforderungen an Funktionalität, Schnittstellen oder verfügbare Informationen angepasst werden. Darüber hinaus steigt die Komplexität der unterstützenden Software-Systeme und der entsprechender Software-Entwicklungsprojekte, da die Systeme nicht von einem Team an einem Ort, sondern weltweit verteilt entwickelt werden.

Damit die entwickelten Software-Systeme diesen Anforderungen genügen können, bedarf es spezieller Vorgehensmodelle, Techniken und Werkzeuge, die die webbasierte Entwicklung unterstützen. In den letzten Jahren hat sich die Disziplin „Web-Engineering" etabliert, die sich mit der Anwendung systematischer, disziplinierter und quantifizierbarer Ansätze für die kosteneffektive Entwicklung und Evolution von qualitativ hochwertigen Anwendungen im World Wide Web beschäftigt.

In der Literatur finden sich verschiedene konkrete Vorgehensmodelle für die webbasierten Entwicklung, z. B. die Object-Oriented Hypermedia Design Method (OOHDM) von Schwabe, Rossi, Barbosa oder die Relationship Management Method (RMM) von Isakowitz et al. Sehr häufig werden in diesem Bereich auch agile Vorgehensmodelle eingesetzt. Generell gehören die unterstützenden Vorgehensmodelle alle zur Familie der wiederholenden Modelle, da eine inkrementell-iterative Vorgehen Voraussetzung ist, um mit den sich ständig ändernden Anforderungen an das Software-System umgehen und den kurzen Entwicklungszeiten genügen zu können. Sequenzielle Vorgehensmodelle sind aus diesen Gründen für die Web-Entwicklung ungeeignet.

Die Verwendung eines wiederverwendungsorientierten Vorgehensmodells, insbesondere wenn dieses komponentenbasiert ist, bietet sich für die Web-Entwicklung an. Durch eine Wiederverwendung von verschiedenen Software-Entwicklungsergebnissen können die entsprechend kurzen Entwicklungszyklen bei gleichzeitiger Gewährleistung einer hohen Software-Qualität erreicht werden können. Eine Komponentenorientierung unterstützt dabei gleichzeitig eine verteilte Software-Entwicklung und bietet Strategien zum Umgang mit Komplexität.

Ein wiederverwendungsorientiertes Vorgehensmodell für die Web-Entwicklung ist beispielsweise der WebComposition-Ansatz, vorgestellt von Gaedke und Graf. Dieses Modell beinhaltet ein explizites, koordiniertes Wiederverwendungsmanagement und ist ansonsten offen. Offen bedeutet an dieser Stelle, dass das Vorgehensmodell die Integration verschiedener existierender konkreter Vorgehensmodelle für verschiedene Komponenten erlaubt. Die verwendeten konkreten Vorgehensmodelle müssen an das übergreifende Wiederverwendungsmanagement angepasst werden. Dafür müssen alle Ergebnisse innerhalb der Softwareentwicklung als standardisierte Ergebnisse modelliert werden und auf diese Weise eine Verwendbarkeit über die verwendeten konkreten Vorgehensweisen gewährleisten. Die Bereitstellung und der Austausch erfolgen über das explizit definierte Wiederverwendungsmodell. Die Ergebnisse werden mithilfe der WebComposition Markup Language modelliert, die auf der XML basiert. Um mit der Evolution einer Web-Anwendung umzugehen, beruft sich das WebComposition-Vorgehensmodell auf Konzepte von Produktlininenansätzen.

Weiterführende Literatur

Gaedke, Martin, Graf, Guntram
WebComposition Process Model: Ein Vorgehensmodell zur Entwicklung und Evolution von Web-Anwendungen
In R. G. Flatscher, K. Turowski (Hrsg.): Tagungsband 2. Workshop Komponentenorientierte betriebliche Anwendungssysteme (WKBA 2)
Wien, S. 21–38

Kappel, Gerti, Pröll, Birgit, Reich, Siegfried
Web Engineering. The Discipline of Systematic Development of Web Applications
Wiley & Sons, 2006

Wöhr, Heiko
Web-Technologien
dpunkt Verlag, 2004

Tipps und Tricks

Vorgehen zur Auswahl eines Vorgehensmodells

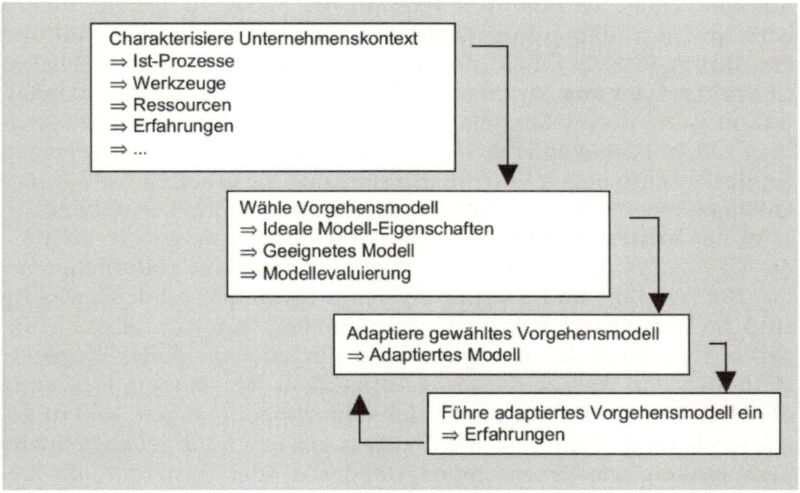

Der Erfolg eines Software-Projekts ist abhängig von einer Vielzahl von Kontextgrößen. Neben Faktoren wie Erfahrungsgrad der beteiligten Mitarbeiter, eingesetzten Werkzeugen und lokalen Organisationsstrukturen gehört hierzu insbesondere auch der Einsatz eines geeigneten Vorgehensmodells zur Software-Entwicklung. Dabei sollte ein Vorgehensmodell an den Unternehmenskontext angepasst und fortlaufend durch gesammelte Erfahrungen überarbeitet und verfeinert werden (kontinuierliche Qualitätsverbesserung). Welches konkrete Vorgehensmodell ist nun für eine spezielle Entwicklungssituation das passende? Nicht immer kann jedes Vorgehensmodell in jeder Situation eingesetzt werden. So ist z. B. der Einsatz von agilen Ansätzen wie z.B. Scrum, Crystal oder XP in großen oder verteilten Projekten nicht immer empfehlenswert. Auch mag der Einsatz von komplexen Vorgehensmodellen, die viele verschiedene Dokumente verwenden, überdimensioniert sein, wenn das Software-Entwicklungsprojekt klein ist. Insbesondere wiederverwendungsorientierte Vorgehensmodellen erfordern eine unterstützende Unternehmensstrategie und -struktur. Ihre Vorteile zeigen sich erst, wenn das Modell für eine Vielzahl von Projekten im Unternehmen eingesetzt wird. Die Einführung sollte daher unternehmensweit und nicht projektspezifisch erfolgen.

Ziel dieses Kapitels ist es, Ihnen einen praktischen Leitfaden zur Auswahl eines Vorgehensmodells an die Hand zu geben. Hierzu wird im Folgenden eine einfache Vorgehensweise zur Auswahl und Einführung von Vorgehensmodellen beschrieben, die die vier Phasen **Charakterisierung**, **Auswahl**, **Adaption** und **Anwendung** beinhaltet. Im Laufe dieses Kapitels werden Sie durch praktische Hilfestellung z. B. in Form von Fragen durch dieses Vorgehen geführt. Folgen Sie der beschriebenen Vorgehensweise, und Sie erhalten das für Ihre Entwicklungssituation „erfolgversprechendste" Vorgehensmodell.

In der **ersten Phase**, der Charakterisierungsphase, erfassen Sie die Kontextfaktoren und Rahmenbedingungen Ihres Unternehmens, die für Auswahl und Einführung eines Vorgehensmodells wichtig sind. Im Detail handelt es sich hierbei um Faktoren wie: bereits in anderen Softwareprojekten eingesetzte Vorgehensmodelle, Prozesse, Methoden und Werkzeuge sowie vorhandene Ressourcen, Erfahrung der Mitarbeiter oder auch zeitliche Rahmenbedingungen. Hierzu gehören ebenfalls Faktoren, die die Auswahl eines Vorgehensmodells beschränken, wie Unternehmensstandards oder -prozesse, die befolgt werden müssen, oder andere Beschränkungen, die sich aus der Unternehmensstrategie oder -struktur ergeben. Erfahrene Projektmanager verfügen üblicherweise über diese Informationen.

In der **zweiten Phase**, der Auswahlphase, vergleichen Sie die erfassten Faktoren und Bedingungen mit den Eigenschaften einzelner Vorgehensmodelle. Hierzu werden zunächst aus den zuvor identifizierten Faktoren und Bedingungen Eigenschaften eines „idealen" Vorgehensmodells für die von Ihnen charakterisierte Entwicklungssituation abgeleitet. Diese werden dann mit den tatsächlichen Eigenschaften der einzelnen Vorgehensmodelle verglichen. Aufgrund dieses Vergleichs wird ein Modell ausgewählt und evaluiert. Die Evaluation dient der Qualitätssicherung und untersucht die tatsächliche Eignung für das aktuelle Projekt auf Basis der notwendigen Aufwände zur Einführung, Risikofaktoren etc. Die Evaluierung kann z. B. in Form eines Pilotprojekts, durch Assessments oder mittels sorgfältiger Prüfungen erfolgen.

In der **dritten Phase**, der Adaptionsphase, passen Sie das ausgewählte Vorgehensmodell an die Einsatzumgebung an. Nur in den seltensten Fällen wird ein publiziertes Vorgehensmodell ohne Anpassungen in eine Umgebung eingeführt werden können. Details wie existierende Geschäftsprozesse, zur Verfügung stehende Ressourcen und andere Rahmenbedingungen machen eine Anpassung in den meisten Fällen notwendig. Die Adaption selbst sollte dabei von internen oder externen Experten auf Basis der in den ersten Phasen identifizierten Faktoren vorgenommen werden.

In der **vierten Phase** und letzten Phase, der Anwendungs- und Verbesserungsphase, wenden Sie das adaptierte Modell in einem konkreten Projekt an. Die dabei gesammelten Erfahrungen dienen wieder als Eingabe für weitere Anpassungen, so dass die Adaptions- und die Anwendungsphase iterativ über verschiedene Projekte hinweg fortgesetzt werden. Ziel ist dabei stets, über Projekte hinweg zu lernen und das Vorgehensmodell für das nächste Projekt zu optimieren.

Das oben beschriebene Vorgehen bietet Hilfestellung bei der Auswahl eines Vorgehensmodells, das für eine bestimmte Situation geeignet ist. Es erhebt keinen Anspruch auf Vollständigkeit bzw. auf die Nennung des „besten" Vorgehensmodells. In einer konkreten Auswahlsituation sollte daher stets beachtet werden, dass ein Vorgehensmodell eine eindeutige Beschreibung des „Was" und des „Wie" der Software-Entwicklung, d. h. eine detaillierte Beschreibung der Ergebnisse und Aktivitäten, beinhalten muss. Weitere, eventuell benötigte Informationen im Vorgehensmodell sind detaillierte Auskünfte zum Projektmanagement, zur Qualitätssicherung und zum Konfigurationsmanagement. Als weitere Hilfestellung zur Auswahl eines Vorgehensmodells können die von Denert genannten allgemeinen **Qualitätskriterien** für Vorgehensmodelle verwendet werden. Im Einzelnen sind dies:

- **Vollständigkeit**
  Das Vorgehensmodell beschreibt alle Phasen der Software-Entwicklung und bindet Aktivitäten zum Projektmanagement, Qualitätssicherung und Konfigurationsmanagement ein.
- **Systematik**
  Das Vorgehensmodell verfügt über eine einheitliche Begriffswelt, die es Entwicklern erlaubt, präzise und aussagekräftige Aussagen zu machen.
- **Modularität**
  Ein Projekt wird durch das Vorgehensmodell in überschaubare Ein-

heiten unterteilt. Diese Einheiten verfügen über wohldefinierte Vorgaben und Ergebnisse und sind „einfach“ plan- und kontrollierbar.

- **Allgemeingültigkeit**
  Das Vorgehensmodell ist skalierbar und somit zur Entwicklung von Systemen unterschiedlicher Größe geeignet. Weiterhin spielt die Anwendungsdomäne des zu entwickelnden Systems keine Rolle.
- **Anpassbarkeit**
  Das Vorgehensmodell lässt sich an organisationsspezifische und technische Besonderheiten anpassen.
- **Werkzeugunterstützung**
  Es existieren Werkzeuge, die die einzelnen Aktivitäten des Vorgehensmodells systematisch unterstützen.

Ein weiterer wichtiger Punkt bei der Auswahl eines Vorgehensmodells ist die Art der veröffentlichten Dokumentation. Häufig werden Vorgehensmodelle in Handbüchern dokumentiert. Handbücher haben aber häufig eine komplexe Struktur, und ihre Änderung erfordert hohe Aufwände. Dies führt zu einem geringen Benutzungsgrad und ist auch Grundlage ihrer Bezeichnung als „Schrankware“. Von Vorteil ist daher eine elektronische Lösung z.B. in Form eines „Electronic Process Guide“ (EPG). EPGs und andere elektronisch dokumentierte Vorgehensmodelle sind leicht anpassbar und können den am Projekt beteiligten Mitarbeitern z.B. per Intranet zur Verfügung gestellt werden.

Weiterführende Literatur

Denert, E., Hesse, W.
Projektmodell und Projektbibliothek: Grundlagen zuverlässiger Software-Entwicklung und -Dokumentation Informatik-Spektrum, (3), 1980, pp. 215–228

Fraunhofer IESE
The Spearmint/EPG Pages
http://www.iese.fhg.de/Spearmint/EPG/

Kneuper, R., Müller-Luschnat, G., Oberweis, A.
Vorgehensmodelle in der betrieblichen Anwendungsentwicklung
B. G. Teubner Verlag, 1998

Kneuper, R., Petrasch, R., Wiemers, M.
Angepasste Vorgehensmodelle – 9. Workshop der Fachgruppe 5.11 der Gesellschaft für Informatik e.V.,
Shaker Verlag, 2002

Kneuper, R.
Leichte Vorgehensmodelle – 8. Workshop der Fachgruppe 5.11 der Gesellschaft für Informatik e.V.,
Shaker Verlag, 2001

Wallmüller, E.
Software-Qualitätssicherung in der Praxis
Carl Hanser Verlag, 2001

Kriterienkatalog

Der folgende Kriterienkatalog hilft Ihnen bei der Auswahl eines (objektorientierten) Vorgehensmodells für Ihre spezielle Entwicklungssituation. Dafür charakterisieren Sie die Entwicklungssituation zuerst mithilfe der im Folgenden aufgelisteten Fragen. Die Antworten auf diese Fragen weisen auf wichtige Eigenschaften hin, über die ein Vorgehensmodell für Sie verfügen sollte. Die Tabelle im folgenden Kapitel zeigt Ihnen, welche der in diesem Buch beschriebenen Vorgehensmodelle über diese Eigenschaften verfügen.
Neben den Kriterien in diesem Katalog sollten Sie sich auch über Beschränkungen durch den Unternehmenskontext bewusst sein, die Ihren Handlungsspielraum bei der Auswahl eines Vorgehensmodells festlegen. Dies könnten beispielsweise allgemein zu befolgende Unternehmensprozesse oder unternehmensweite Standards sein.

Eigenschaften des Projekts

1. **Wie schätzen Sie die Größe des Projekts in Personenmonaten?**
   Je größer das Projekt ist, umso mehr Konzepte müssen von dem Vorgehensmodell zum Umgang mit Komplexität bereitgestellt werden.
   Klein (1–6 Personenmonate)
   Für kleine Projekte können Sie prinzipiell jedes Vorgehensmodell verwenden. Allerdings empfehlen wir Ihnen, überschaubare und kompakte Modelle einzusetzen. Diese Modelle verwenden nur wenige, aber wesentliche Diagramme zur Modellierung. Auf diese Weise halten Sie außerdem den Aufwand für die Modellierung ge-

ring, gewährleisten aber gleichzeitig, dass wichtige Aspekte des Systems modelliert werden.

Mittel (7–12 Personenmonate)
Mit zunehmender Größe eines Projekts muss das Vorgehensmodell über Konzepte zur Beherrschung von Komplexität verfügen. Daher empfehlen wir Ihnen für mittlere Projekte die Wahl eines Vorgehensmodells aus der Familie der wiederholenden Vorgehensmodellen, da hier die Entwicklung in überschaubare Zyklen verläuft, die häufige Qualitätsprüfungen ermöglichen.

Groß (13 Personenmonate)
Große Projekte zeichnen sich durch komplexe Aufgabenstellungen aus. Daher empfehlen wir Ihnen die Auswahl eines rekursiven Vorgehensmodells aus der Familie der wiederholenden Vorgehensmodelle. Diese Modelle sind leicht adaptierbar und erlauben die Zerlegung des Systems in Inkremente, die aufbauend aufeinander entwickelt werden können (Risikominimierung).

2. **Wie hoch ist die Anzahl der beteiligten Mitarbeiter?**
Je höher die Anzahl der an einem Projekt beteiligten Personen ist, umso mehr Planungs- und Kontrollaktivitäten müssen vom Vorgehensmodell unterstützt werden. Weiterhin muss das Vorgehensmodell verschiedene Aufgaben klar abgrenzen und Meilensteine definieren.

Klein (1–10 Personen)
Bei kleinen Teams empfehlen wir Ihnen überschaubare und kompakte Vorgehensmodelle, die sich auf Kernaktivitäten konzentrieren. Bei einer kleinen Teamgröße kann auch XP eingesetzt werden.

Mittel (11–25 Personen)
Für mittlere Teamgrößen empfehlen wir Ihnen die Auswahl eines Vorgehensmodells aus der Familie der wiederholenden Vorgehensmodelle, das die Verteilung von klar getrennten Aufgaben erlaubt. Jede Aufgabe kann dann einem Teilteam oder einer Einzelperson zugeordnet werden. Weiterhin sollte das Vorgehensmodell ausführlich, z.B. in Form von Handbüchern, dokumentiert sein. Diese Dokumentation bildet die gemeinsame Wissensbasis aller Beteiligten.

Groß (26 und mehr Personen)
Für große Teams sollten Sie ein Vorgehensmodell aus der Familie der wiederholenden Vorgehensmodellen wählen, das nicht nur eine Beherrschung der Komplexität erlaubt, sondern auch Aktivitäten zur Planung und Kontrolle beinhaltet. Die Verwendung von

XP ist nicht zu empfehlen, da hier geeignete Maßnahmen zur Komplexitätsverwaltung fehlen und das Grundprinzip, jeder Entwickler hat Zugriff auf alle Teile des Systems, problematisch sein kann. Weiterhin sollte eine elektronische Dokumentation des Vorgehensmodells, z. B. in Form eines EPGs, vorliegen, so dass alle Mitarbeiter stets den gleichen Wissenstand bezüglich des Vorgehensmodells besitzen.

3. **Arbeiten die Mitarbeiter in verteilten Teams?**
Verteilte Projekte, d. h. Projekte, die von räumlich getrennten Teams durchgeführt werden, erfordern eine sorgfältige Abgrenzung von Aufgaben und wohldefinierte Meilensteine.
Ja
Wenn Ihre Mitarbeiter in verteilten Teams arbeiten, bieten sich insbesondere evolutionäre Vorgehensmodelle aus der Familie der wiederholenden Vorgehensmodelle an. Diese zerlegen ein System in unabhängige Teilsysteme und unterstützen die parallele Entwicklung solcher Teilsysteme aktiv.
Nein
Wenn Ihre Mitarbeiter nicht verteilt arbeiten, können Sie prinzipiell jedes Vorgehensmodell einsetzen.

4. **Was sind die Prioritäten in Ihrem Projekt?**
Die Prioritäten sollten durch das gewählte Vorgehensmodell unterstützt werden.
Auslieferungstag
Projekte, deren Priorität auf der Einhaltung des Lieferungsdatums liegt (z. B. Web-Applikationen), erfordern überschaubare und kompakte Vorgehensmodelle, die rasch zu einem ausführbaren System führen. Es kann sinnvoll sein, die gewünschte Funktionalität des Systems zu reduzieren, um den Auslieferungstag zu sichern. Wählen Sie ein Vorgehensmodell aus der Familie der wiederholenden Vorgehensmodelle und sichern Sie mit diesem, dass zum Lieferdatum auf jeden Fall ein ausführbares System verfügbar ist.
Funktionalität
Falls der volle Funktionsumfang im Projekt entwickelt werden soll und die Qualität oder Auslieferungstag weniger wichtig sind, können Sie im Prinzip jedes Vorgehensmodells einsetzen. Wählen Sie ein Vorgehensmodell, das die Ermittlung und Dokumentation von Anforderungen unterstützt und sich durch ausgeprägte Planungs- und Steuerungsmechanismen auszeichnet.

Qualität
Liegt die Priorität Ihres Projekts auf der Qualität des Systems (z.B. sicherheitskritische Systeme im Automobilbereich), empfehlen wir Ihnen die Auswahl eines Vorgehensmodells, das Qualitätssicherungsmaßnahmen explizit vorsieht und diese systematisch definiert und unterstützt.

Alles gleich wichtig
Wenn alle Kriterien gleichwichtig sind, können wir keine spezifische Empfehlung aussprechen. Wählen Sie nach Möglichkeit ein Vorgehensmodell aus der Familie der wiederholenden Vorgehensmodelle mit systematischen flankierenden Maßnahmen (z.B. Qualitätssicherung). Dies sichert einerseits, dass am Auslieferungstag ein ausführbares System verfügbar ist. Andererseits gewährleisten flankierende Maßnahmen, dass Qualitätsanforderungen eingehalten werden.

5. **Welcher Anwendungsdomäne lässt sich das Projekt zuordnen?**
Die spezifischen Anforderungen und Techniken für die Entwicklung von Systemen einer bestimmten Anwendungsdomäne sollten durch das gewählte Vorgehensmodell unterstützt werden.

Informationssystem
Systeme, die dem Bereich der (betrieblichen) Informationssysteme zuzuordnen sind (z.B. Anwendungen im Bereich Banken, E-Handel etc.) erfordern Vorgehensmodelle, die die Abbildung von Geschäftsprozessen in Software, die Anbindung existierender Drittsysteme, den Datenschutz und die Datenmodellierung explizit unterstützen. Wählen Sie ein Vorgehensmodell, das die Ermittlung und Dokumentation von Anforderungen unterstützt und sich durch ausgeprägte Planungs- und Steuerungsmechanismen auszeichnet.

Technisches System
Liegt die Anwendungsdomäne Ihres Systems im Bereich der technischen bzw. eingebetteten Systeme (z.B. Anwendungen im Automobil, der Robotik oder dem Anlagenbau), so erfordert dies ein Vorgehensmodell, das explizit und durchgängig nicht-funktionale Eigenschaften (Präzision, Zeit, Performanz etc.) berücksichtigt. Wir empfehlen Ihnen die Auswahl eines Vorgehensmodells, das Qualitätssicherungsmaßnahmen explizit vorsieht und diese systematisch definiert und unterstützt. Zusätzlich bietet sich die Familie der wiederholenden Vorgehensmodelle an, da diese Risiken be-

herrschbar machen und, mithilfe kurzer Zyklen, eine Synchronisation von Hardware- und Software-Entwicklung ermöglichen.

Webbasiertes System

Zielt das Projekt auf die Entwicklung eines webbasierten Systems mit inhaltlichen, gestalterischen und programmiertechnischen Aspekten, so bietet sich insbesondere die Familie der wiederholenden Vorgehensmodelle und dabei insbesondere deren leichtgewichtige, agile Vertreter an. Ziel ist die Unterstützung kreativer Teams aus den unterschiedlichsten Bereichen sowie häufig die zeitnahe Implementierung des Software-Systems.

Eigenschaften des Entwicklungsteams

6. Wie hoch ist die Erfahrung des Projektleiters?

Der Erfolg eines Projekts hängt oft mit dem Erfahrungsgrad des verantwortlichen Projektleiters zusammen. Fehlende Erfahrung kann dabei durch ein Vorgehensmodell ausgeglichen werden, das Managementaktivitäten explizit unterstützt.

Gering (erstes Projekt)

Wenig erfahrene Projektleiter benötigen Modelle, die eine einfache Abfolge von Aktivitäten mit wohldefinierten Meilensteinen vorgeben (Vorgehensmodell aus der Familie der sequenziellen Vorgehensmodelle).

Mittel (einige Projekte geleitet)

Mit zunehmender Erfahrung des Projektleiters kann eine Unterstützung durch ein Vorgehensmodell nachlassen. Daher bieten sich bei einem mittleren Erfahrungsgrad Modelle an, die umfangreichere Beschreibungsformen und zusätzliche Aktivitäten, z.B. zur Qualitätssicherung und zum Konfigurationsmanagement vorsehen.

Groß (viele Projekte geleitet)

Erfahrene Projektleiter benötigen keine Unterstützung von Projektmanagement-Aktivitäten durch das Vorgehensmodell. Sie können aus ihren Erfahrungen schöpfen. Prinzipiell können daher alle Vorgehensmodelle, auch prototypische, wiederholende und wiederverwendungsorientierte Vorgehensmodelle, zum Einsatz kommen.

7. Wie hoch ist die Erfahrung der Mitarbeiter bezüglich objektorientierter Konzepte?

Die Durchführung von objektorientierten Projekten erfordert von allen beteiligten Projektmitarbeitern zumindest ein Basisverständnis der relevanten Konzepte.

Gering (noch nie davon gehört)
Projekte mit unerfahrenen Mitarbeitern erfordern Vorgehensmodelle, die die einsetzbaren Konstrukte und Konzepte explizit dokumentieren. Außerdem sollten Hinweise gegeben werden, wie diese Konzepte angewendet werden sollen. Wir empfehlen Ihnen, die Auswahl eines überschaubaren und kompakten Vorgehensmodells, das nur eine begrenzte Anzahl von Konstrukten verwendet.
Mittel (Basiswissen vorhanden)
Wenn Ihre Mitarbeiter über Basiswissen verfügen, können komplexere Vorgehensmodelle zum Einsatz kommen, die mehrere Sichten und vielfältige Konzepte verwenden.
Groß (täglich angewendet)
Bei erfahrenen Mitarbeitern können Sie jedes Vorgehensmodell einsetzen.

8. **Wie hoch ist die Erfahrung der Mitarbeiter bezüglich der Anwendungsdomäne?**
Die Entwicklung von Software-Systemen in einer bestimmten Domäne erfordert ein Verständnis der in der Domäne geltenden Prinzipien und Rahmenbedingungen.
Gering (noch nie davon gehört)
Für Mitarbeiter, die die Anwendungsdomäne des zu entwickelnden Systems nicht kennen, sollte das Vorgehensmodell auf den Einsatz in der jeweiligen Domäne ausgerichtet sein (z.B. durch den Einsatz spezieller Prozessmuster) und die Modellierung von domänenabhängigen Konzepten unterstützen (bei einem Informationssystem beispielsweise die Modellierung der Benutzungsschnittstelle oder der benötigten Datenbankzugriffe). Wir empfehlen Ihnen die Verwendung eines Vorgehensmodells aus der Familie der wiederholenden Vorgehensmodelle, das ein Kennenlernen der Anwendungsdomäne über verschiedene Inkremente hinweg erlaubt.
Mittel (Basiswissen vorhanden)
Für Mitarbeiter mit mittlerem Erfahrungsgrad bieten sich Modelle an, die grundsätzliche Konzepte der jeweiligen Domäne anbieten und Entwicklern deren Anwendung einfach ermöglicht. Wir empfehlen Ihnen die Verwendung eines iterativen Vorgehensmodells aus der Familie der wiederholenden Vorgehensmodelle, das die Optimierung des Systems in Bezug auf die Domäne in verschiedenen Zyklen erlaubt.

Groß (täglich angewendet)
Erfahrene Entwickler benötigen keine explizite Unterstützung vonseiten des Vorgehensmodells. Prinzipiell kann daher jedes Vorgehensmodell zum Einsatz kommen. Wir empfehlen Ihnen aber den Einsatz eines Vorgehensmodells auf dem neuesten Stand der Technik, da hier die wichtigsten Technologien bereits berücksichtigt sind.

Eigenschaften der Entwicklung

9. **Welcher Art ist die Entwicklung?**
   Vorgehensmodelle dienen allgemein der Entwicklung von Software-Systemen. Allerdings verstehen die Modelle darunter häufig eine Neuentwicklung. Die Änderung existierender Systeme wird vernachlässigt.
   Neuentwicklung (Greenfield Engineering)
   Jedes der genannten Vorgehensmodelle kann zur Entwicklung von Neusystemen eingesetzt werden.
   Änderung eines existierenden Systems (Re-Engineering)
   Projekte mit der Zielsetzung der Änderung von existierenden Systemen stellen zusätzliche Anforderungen an ein Vorgehensmodell. So müssen die Konzepte des Altsystems erfasst und abgebildet werden, Teile der Analyse, des Entwurfs und auch der Implementierung wiederverwendet werden (siehe auch Frage 9) sowie Mechanismen zur Qualitätskontrolle (z.B. intensive Integrationstests) unterstützt werden. In diesem Fall bietet sich ein Vorgehensmodell aus der Familie der wiederholenden Vorgehensmodelle aufgrund ihrer kurzen Zyklen und umfassenden Eingriffsmöglichkeiten an. Allerdings existiert bislang kein Vorgehensmodell, das Änderungen in diesem Sinn explizit unterstützt. Eine ähnliche Argumentation gilt auch für das sogenannte Interface Engineering als spezielle Art des Re-engineerings, bei der nicht das bestehende System, jedoch der Zugriff auf dessen Funktionalität verändert wird. Hier sind Vorgehensmodelle gefragt, die die Kapselung von System(-teilen) unterstützen und z.B. auf Aspekten der Komponentenidee beruhen. Hier bietet sich insbesondere die Familie der Wiederverwendungsmodelle an.
10. **Welcher Grad an Wiederverwendung wird gewünscht?**
    Wiederverwendung gewinnt in der industriellen Software-Entwicklung an Bedeutung, weil sie Entwicklungszeiten und -auf-

wände reduziert sowie die Qualität der Produkte vorgeblich erhöht. Um existierende Produkte systematisch wiederzuverwenden, müssen vom Vorgehensmodell spezielle Maßnahmen ergriffen werden.

Keine
Für Projekte, die keine existierenden Produkte wiederverwenden wollen, kann prinzipiell jedes Vorgehensmodell verwendet werden. Allerdings ist die Sinnhaftigkeit des Einsatzes von wiederverwendungsorientierten Modellen fragwürdig.

Quellcode
Beschränkt sich die Wiederverwendung auf Quellcode (z.B. in Form von Klassenbibliotheken), muss ein Vorgehensmodell in der Entwurfs- und Implementierungsphase Wiederverwendung berücksichtigen.

Komponenten
Wollen Sie Komponenten wiederverwenden, d.h. Teilsysteme bestehend aus Quellcode und beschreibenden Diagrammen, so sind weitergehende Maßnahmen notwendig, da nahezu alle Entwicklungsphasen betroffen sind. Insbesondere die Analyse und der Entwurf benötigt spezielle Mechanismen, da die zu einer Komponente gehörenden Diagramme in die Systembeschreibung integriert und mit dieser konsistent gehalten werden müssen. Weiterhin erfordert die eventuell hohe Anzahl von neuen Modellen Maßnahmen, die eine systematische Verwaltung der Komplexität erlaubt. In diesem Fall empfehlen wir neuere Vorgehensmodelle, die explizit das Komponentenparadigma unterstützen.

Produktfamilie
Entwickeln Sie Produktlinien (verschiedene Varianten eines Basissystems), benötigen Sie ein Vorgehensmodell, das auf die Besonderheiten einer solchen Entwicklung wie z.B. Domänenmodellierung sowie die Erfassung, Modellierung und Umsetzung von Variabilitäten eingeht.

11. **Welche Phasen der Entwicklung sollen unterstützt werden?**
In Organisationen existieren häufig bereits umfassende Vorgehensmodelle für die Entwicklung von Software. Neue Vorgehensmodelle werden in diesem Fall zur Ergänzung (z.B. Paradigmenwechsel) oder Unterstützung einzelner Phasen benötigt. Die Auswahl eines entsprechenden Modells hängt demnach von der angebotenen bzw. erforderlichen Unterstützung für eine spezielle Phase ab.

Anforderungsermittlung
Die Anforderungsermittlung dient dazu, die Leistungen des zu entwickelnden Systems zu identifizieren. Dies ist insbesondere wichtig, wenn dem Kunden die Funktionalität des zu entwickelnden Systems unklar ist oder es verschiedene Systemnutzer mit unterschiedlichen Anforderungen an das zu entwickelnde System gibt.
Diese Phase wird insbesondere durch Use Case-getriebene Vorgehensmodelle unterstützt. Eine umfassende Ermittlung und Dokumentation von nicht-funktionalen Anforderungen wird zurzeit von keinem Vorgehensmodell unterstützt.

OO-Analyse
Die objektorientierte Analyse setzt bereits dokumentierte Anforderungen in erste Modelle (z.B. Klassendiagramme) um. Modellorientierte Vorgehensmodelle unterstützen hier beispielsweise das Auffinden von Klassen und das Zuordnen von Verantwortlichkeiten von Klassen.

OO-Entwurf
Der objektorientierte Entwurf befasst sich mit der Entwicklung einer Systemarchitektur, die die nicht-funktionalen Anforderungen erfüllt. Architekturzentrierte Vorgehensmodelle liefern hier hilfreiche Unterstützung.

Implementierung
Die Implementierung beschäftigt sich mit der Entwicklung von Code unter Berücksichtigung von Komponenten-Ansätzen. Existierende modellorientierte Vorgehensmodelle liefern hier nur wenig Unterstützung, da die Abbildung der Modelle auf den Quellcode nicht ausreichend unterstützt wird. Auch Werkzeuge sind hier nicht immer hilfreich, da diese oft nur begrenzte Abbildungen vornehmen können. In diesem Fall empfehlen wir daher Modelle, die sich auf die Implementierung konzentrieren, z.B. XP oder das KobrA-Vorgehensmodell. Letzteres bietet eine systematische Unterstützung der Abbildung mittels Muster (Pattern).

Test
Testaktivitäten umfassen den Test einzelner Klassen, den Test der integrierten Klassen sowie den Test des gesamten Systems. Vorgehensmodelle, die bereits früh die Erstellung von Testfällen fordern und deren Ausführung systematisch unterstützen, sind daher empfehlenswert.

Review/Inspektionen
Reviews und Inspektionen sind manuelle Qualitätsprüfungen von Entwicklungsergebnissen und sind nicht auf ausführbaren Quellcode beschränkt. Vielmehr erlauben sie die Prüfung aller Ergebnisse (z. B. Anforderungen, Diagrammen etc.). Allerdings bieten nur wenige Vorgehensmodelle hierfür eine Unterstützung an (z. B. KobrA).

12. **Welche Werkzeugunterstützung ist gefordert?**
Moderne Vorgehensmodelle sind häufig komplex und erfordern eine Vielzahl unterschiedlicher Aktivitäten. Dies wiederum erfordert unterstützende Entwicklungswerkzeuge. Die Auswahl eines geeigneten Vorgehensmodells hängt daher auch vom gewünschten Grad der Unterstützung sowie den existierenden Werkzeugen ab.
Keine Unterstützung
Wenn Sie keine spezielle Werkzeugunterstützung wünschen (z. B. nur Zeichenwerkzeuge verwenden), können Sie prinzipiell jedes Vorgehensmodell einsetzen.
Teilunterstützung
Fordern Sie eine Teilunterstützung (z. B. der Modellierung oder Implementierung), muss es Werkzeugunterstützung für Aktivitäten des Vorgehensmodells geben. Dies trifft nur auf einen Teil existierender Vorgehensmodelle zu. Modelle, wie z. B. XP, kommen aufgrund nicht existierender Werkzeuge nicht infrage.
Vollunterstützung
Wenn Sie den gesamten Entwicklungsprozess werkzeuggestützt durchführen wollen, können Sie nur aus einer kleinen Menge von Vorgehensmodellen auswählen. Eine Unterstützung aller Aktivitäten, Regeln und Produkte ist zurzeit nur für die Vorgehensmodelle Catalysis und Unified Process gegeben.

Eigenschaften der Anforderungen

13. **Sind die Anforderungen stabil?**
Sich ändernde Anforderungen, z. B. geänderte oder zusätzliche Funktionalität, wechselnde Rahmenbedingungen etc., sind ein häufiges Problem der Software-Entwicklung und erfordern ein Vorgehensmodell, das solche Änderungen handhabbar macht. Siehe auch Frage 17.

Ja

Falls in Ihrem Projekt die Anforderungen stabil sind, können Sie ein Vorgehensmodell aus der Familie der sequenziellen Vorgehensmodelle, z. B. OMT, einsetzen.

Nein

Wenn Sie mit instabilen Anforderungen rechnen, empfehlen wir Ihnen die Wahl eines prototypischen bzw. inkrementellen Vorgehensmodells aus der Familie der wiederholenden Vorgehensmodelle. Ein solches Modell erlaubt die Erweiterung oder Änderung von Eigenschaften im Rahmen eines Inkrements (Prototyps) und erleichtert die Planung und Verwaltung von Änderungen.

14. **Werden kundenverständliche Anforderungsdokumente benötigt?**

Wenn Sie Software-Systeme speziell für einen bestimmten Kunden entwickeln, ist es sinnvoll, Anforderungsdokumente mit dem Kunden zu diskutieren. Dies erfordert während der Anforderungsermittlung spezielle Notationen, die vom Kunden verstanden werden. Siehe auch Frage 10.

Ja

Wenn Sie mit dem Kunden über Ihre Anforderungsdokumente diskutieren wollen, wählen Sie ein Vorgehensmodell aus, das einen Use Case-zentrierten Ansatz verfolgt.

Nein

Wenn Ihre Anforderungsdokumente nicht vom Kunden gelesen werden, können Sie ein beliebiges Vorgehensmodell verwenden.

15. **Sind demonstrierbare Prototypen notwendig?**

Bei vielen Auftragsentwicklungen von Software werden bereits zu einem früheren Zeitpunkt ausführbare Prototypen benötigt. Mittels eines Prototypen ist es möglich, dem Nutzer das „Look and Feel“ des zukünftigen Systems zu vermitteln und bereits früh Feedback zu erhalten. Beispiele hierfür sind webbasierte Applikationen oder Systeme mit Schwerpunkt auf der grafischen Benutzungsschnittstelle.

Ja

Die Entwicklung von Prototypen sollte durch das Vorgehensmodell unterstützt werden. Wählen Sie aus diesem Grund ein prototypisches Vorgehensmodell.

Nein

Falls Sie in Ihrem Projekt keine Prototypen entwickeln, sollten Sie kein prototypisches Vorgehensmodell einsetzen.

16. **Werden mit dem Kunden Meilensteine vereinbart?**
Eine Vereinbarung von Meilensteinen erfordert vom Vorgehensmodell, dass sich verschiedene Aufgaben klar abgrenzen lassen. Außerdem kann ein Vorgehensmodell bereits erste Meilensteine definieren und Planungs- und Kontrollaktivitäten unterstützen. Siehe Frage 2.
Ja
Wir empfehlen Ihnen die Auswahl eines wiederholenden Vorgehensmodells, das nicht nur klar getrennte Aufgaben und erste Meilensteine definiert, sondern auch Aktivitäten zur Planung und Kontrolle beinhaltet.
Nein
Sie können ein beliebiges Vorgehensmodell einsetzen.

Eigenschaften des Entwurfs

17. **Werden Komponententechnologien eingesetzt?**
Der Einsatz von Komponententechnologien oder Architekturen wie z.B. .Net/Com+, J2EE/EJB oder CORBA zur Entwicklung von verteilten Systemen erfordert spezielle Mechanismen innerhalb des Vorgehensmodells.
Ja
Setzen Sie in Ihrem Projekt Komponententechnologien ein, empfehlen wir Ihnen neuere Vorgehensmodelle, da nur diese die gewünschten Technologien explizit in Form von Modellen und Aktivitäten unterstützen.
Nein
Wenn Sie keine Komponententechnologien einsetzen, können Sie ein beliebiges Vorgehensmodell verwenden.

Eigenschaften von Änderungen

18. **Wie häufig treten Änderungen auf?**
Umfang und Anzahl von Anforderungsänderungen müssen durch spezielle Maßnahmen des Vorgehensmodells unterstützt werden.
Klein/selten
Sind durchzuführende Änderungen klein oder ändert sich das System selten, können Sie ein beliebiges Vorgehensmodell einsetzen.

Mittel/oft
Treten bei Ihnen gewöhnlich Änderungen auf, die im Laufe eines Tages umgesetzt werden können, empfehlen wir Ihnen die Auswahl eines Vorgehensmodells aus der Familie der sequenziellen Vorgehensmodelle, da solche Änderungen leicht in erneute Schleifendurchläufe integriert werden können.
Regelmäßig
Bei regelmäßigen oder komplexen Änderungen empfehlen wir Ihnen iterativ-inkrementelle bzw. prototypische Modelle aus der Familie der wiederholenden Vorgehensmodelle, mit kurzen Entwicklungszyklen.

Vorgehensmodelle und ihre Eigenschaften

Mit der Charakterisierung Ihrer Projektsituation und Klärung Ihres Handlungsspielraums bei der Auswahl eines Vorgehensmodells sind Ihre Anforderungen an das Vorgehensmodell definiert. Sie können nun mit der Auswahl eines passenden Vorgehensmodells beginnen. Dazu werden im Folgenden die grundsätzlichen Eigenschaften der in diesem Buch präsentierten objektorientierten Vorgehensmodelle vorgestellt und erläutert. Zur Auswahl eines für Sie geeigneten Modells gleichen Sie Ihre Anforderungen mit den hier aufgeführten Eigenschaften ab. Das Modell mit den meisten Übereinstimmungen bzw. mit den wenigsten Konflikten mit Ihren Erwartungen ist dann, mit hoher Wahrscheinlichkeit, das für Sie „erfolgversprechendste" Vorgehensmodell. Vor dem Einsatz sollten Sie das Vorgehensmodell an die spezifische Entwicklungssituation in Ihrer Umgebung anpassen.

Ein wichtiges Merkmal jedes konkreten Vorgehensmodells ist die **Familie von Vorgehensmodellen**, der das Modell zugeordnet werden kann (z.B. Familie der sequenziellen Modelle). Die Familien und ihre Eigenschaften wurden im Kapitel „Familien von Vorgehensmodellen" näher beschrieben. Für die genannten objektorientierten Vorgehensmodelle ergibt sich folgende Charakterisierung:

Vertreter/ Familie	Sequenzielle Vorgehens-modelle	Prototypische Vorgehens-modelle	Wiederholende Vorgehens-modelle	Wiederverwen-dungsorientierte Vorgehensmodelle
OMT	X			
Booch	(x)	(x)	X	
Objectory			X	(x)
Fusion			X	
Unified Process		(x)	X	(x)
Catalysis			X	X
KobrA / Marmot			X	X
UML Components		(x)	X	X
Perspective		(x)	X	X
PulSE		(x)	X	X
Foda				X
Fast				X
XP		X	X	
SCRUM		X	X	
Crystal		X	X	
DSDM		X	X	
FDD		X	X	

Vorgehensmodelle folgen häufig **Grundprinzipien moderner Software-Entwicklung**. Bei Use Case-getriebenen Ansätzen ist die Modellierung der Use Cases das zentrale Entwicklungselement. Ausgehend von diesen werden dann z.B. Inkremente geplant sowie die gesamte Entwicklung durchgeführt. Bei architekturzentrierten Ansätzen steht die Applikationsarchitektur im Vordergrund der Entwicklung. Von ihr ausgehend werden Entwicklungsschritte geplant und ausgeführt. Rekursive Vorgehensmodelle zeichnen sich durch ihre Skalierbarkeit aus. D. h., identifizierte Subsysteme werden wie eigenständige Systeme betrachtet und mit denselben Aktivitäten und Vorgehensweisen entwickelt. Modellgetriebene Ansätze stellen die Modellierung des Systems, z.B. mittels UML, in den Vordergrund und legen somit viel Gewicht auf die Analyse und den Entwurf. Die betrachteten Vorgehensmodelle lassen sich hinsichtlich ihrer Grundprinzipien wie folgt charakterisieren:

Vertreter/ Grundprinzipien	Use Case-getrieben	Architektur-zentriert	Rekursiv	Modellgetrieben
OMT	(x)			X
Booch		X		X
Objectory	X			X
Fusion	(x)		X	X
Unified Process	X	X		X
Catalysis	X	X		X
KobrA / Marmot		X	X	X
UML Components	(x)	X		X
Perspective	(x)	X		X
PulSE		X		X
Foda		X		(x)
Fast		X		(x)
XP	X			
SCRUM	X			
Crystal	X			
DSDM	X			
FDD	X			

Bei der Auswahl eines Vorgehensmodells spielt außerdem eine Rolle, ob der Ansatz bis heute gewartet wird. Nicht so wichtig ist dabei das Erscheinungsdatum des jeweiligen Vorgehensmodells, sondern die technologischen **Anpassungen und Weiterentwicklungen,** die am Modell vorgenommen wurden. Gute Beispiele hierfür sind die Einbettung neuerer Technologien (z.B. Komponenten) oder die Erweiterung eines Ansatzes auf verschiedene Domänen und Trends (z.B. Entwicklung webbasierter Applikationen). Für die vorgestellten Vorgehensmodelle ergibt sich folgendes Bild:

Vertreter / Wartung	Ja	Nein
OMT		X
Booch		X
Objectory		X
Fusion		X
Unified Process	X	
Catalysis	X	
KobrA / Marmot	X	
UML Components		X
Perspective	(x)	
PulSE	X	
Foda	(x)	
Fast	(x)	
XP	X	
SCRUM	X	
Crystal	X	
DSDM	X	
FDD	X	

Unabhängig von der jeweiligen Familie des Vorgehensmodells stellt sich die Frage, welche der **„Standard-Phasen“** der Softwareentwicklung, d.h. Anforderungsermittlung, Analyse, Entwurf, Implementierung, Test und Qualitätssicherung, von einem Modell unterstützt werden. Die Qualitätssicherung umfasst dabei Aktivitäten zur Sicherstellung von Qualität des Software-Systems beispielsweise durch Reviews oder Inspektionen von Software-Entwicklungsergebnissen. Für die beschriebenen Vorgehensmodelle ergibt sich folgendes Bild:

Vertreter/Phasen-unterstützung	Anforderungs-ermittlung	OO-Analyse	OO-Entwurf	Implementierung	Test	Qualitäts-sicherung
OMT	(x)	X	X			
Booch		X	X			(x)
Objectory	X	X	X		X	
Fusion		X	X			X
Unified Process	X	X	X	X	(x)	
Catalysis		X	X		(x)	
KobrA / Marmot		X	X	X	(x)	X
UML Components	(x)	X				
Perspective		X	X		X	
PulSE	X	X	X			
Foda	X	X				
Fast	X	X				
XP		(x)	(x)	X	X	
SCRUM				X	(x)	
Crystal				X	(x)	
DSDM				X	(x)	
FDD				X	(x)	

Ein wichtiger Punkt für jedes Vorgehensmodell ist seine Einsetzbarkeit in verschiedenen **Domänen**. So erfordern z.B. technische Systeme Unterstützung bei der Beschreibung von Hardware-Software-Schnittstellen, während Informationssysteme eher Unterstützung im Bereich von Benutzungsschnittstellen benötigen. Außerdem sind verschiedene Anwendungsdomänen häufig mit spezifischen nichtfunktionalen Anforderungen verbunden, die ein spezielles Vorgehensmodell explizit berücksichtigt. Dies könnten beispielsweise bei einem technischen System hohe Performanz- oder Verfügbarkeitszeiten oder bei webbasierten Systemen kurze Entwicklungszeiten sein. Oft existieren daher unterschiedliche Ausprägungen eines Vorgehensmodells für bestimmte Domänen. So ist z.B. das Fusion-Vorgehensmodell für Informationssysteme geeignet, kann aber, in Form der Methode Octopus, auch für technische Systeme Verwendung finden. Weiterhin existiert mit MARMOT eine Variante des KobrA-Vorgehensmodells für technische Systeme. Für die in diesem Buch vorgestellten Vorgehensmodelle ergibt sich folgende Charakterisierung:

Vertreter/Anwendungsdomäne	Informationssysteme	Technische Systeme	Webbasierte Systeme
OMT	X		
Booch	X		
Objectory	X		
Fusion	X	(x)	
Unified Process	X	(x)	(x)
Catalysis	X		
KobrA / Marmot	X	(x)	
UML Components	X		
Perspective	X		(x)
PulSE	X	(x)	
Foda	X	(x)	
Fast	X	(x)	
XP	X		X
SCRUM	X		X
Crystal	X		X
DSDM	X		X
FDD	X		X

Eine weitere wichtige Eigenschaft eines Vorgehensmodells ist dessen Größe bzw. **Komplexität**. Dies drückt sich in Aspekten, wie der Anzahl der verwendeten Diagramme oder der Aktivitäten, aus. Die Komplexität ist ein wichtiger Faktor für die Auswahl eines Vorgehensmodells, da z.B. für kleine Projekte der Aufwand zur Einführung eines umfangreichen Vorgehensmodells oft nicht gerechtfertigt ist. Kompakte Vorgehensmodelle, z.B. OMT, setzen nur wenige Diagrammarten ein und definieren eine geringe Anzahl von reinen Entwicklungsaktivitäten. Vorgehensmodelle mit mittlerer Komplexität, z.B. Fusion, betrachten vielfältige Aspekte eines Software-Systems und setzten dementsprechend mehr Diagrammarten (z.B. semi-formale Operationsschemata) ein. Zusätzlich definieren sie weitere Aktivitäten (z.B. Konsistenzprüfungen). Umfangreiche Vorgehensmodelle, wie z.B. KobrA, verwenden nicht nur alle Diagrammformen der UML, sondern setzen auch Mechanismen zum Konfigurationsmanagement, Qualitätsmodellierung und -sicherung ein. Damit ergibt sich folgende Charakterisierung:

Vertreter/Methodenkomplexität	Kompakt	Mittel	Umfangreich
OMT	X		
Booch		X	
Objectory		X	
Fusion		X	
Unified Process			X
Catalysis			X
KobrA / Marmot			X
UML Components		X	
Perspective		X	
PulSE			X
Foda			X
Fast			X
XP	X		
SCRUM	X		
Crystal	X		
DSDM	X		
FDD	X		

Moderne Software-Systeme werden nur noch selten vollständig neu entwickelt. Häufig werden existierende Systeme als Bausteine wiederverwendet (Komponentenprinzip) oder Klassenbibliotheken, auch von Fremdherstellern, zur Erstellung eigener Systeme genutzt. Weiterhin finden Frameworks, d.h. vorkonfigurierte Systeme mit definierten Adaptionspunkten (z.B. „San Francisco"), immer häufiger Verwendung. Auch die Service-Orientierung (Wiederverwendung auf Ebene von Prozessen) spielt hier eine wichtige Rolle, wird aber von aktuellen Vorgehensmodellen nur wenig unterstützt. Für die vorgestellten Vorgehensmodelle ergibt sich deren **Unterstützung von Wiederverwendung** folgende Charakterisierung.

Vertreter/ Unterstützung von Wiederverwendung	Keine	Code	Komponenten	Frameworks	Services	Produktlinien
OMT	X					
Booch	X					
Objectory		X	(x)			
Fusion	X					
Unified Process		X	X			
Catalysis			X	X		
KobrA / Marmot		X	X	(x)		X
UML Components			X			
Perspective						(x)
PulSE						X
Foda						X
Fast						X
XP		X				
SCRUM	X					
Crystal	X					
DSDM	X					
FDD	X					

Viele Vorgehensmodelle, insbesondere im Bereich der objektorientierten Software-Entwicklung, konzentrieren sich auf die Beschreibung technischer Entwicklungsaktivitäten. Konzepte zur **Steuerung und Planung** von Projekten werden dabei häufig vernachlässigt. Für Projektleiter ist aber die Vorgabe von Managementaktivitäten und -Instrumenten oft eine große Hilfe für die erfolgreiche und effiziente Projektplanung und -durchführung. Einige Vorgehensmodelle bieten daher Grundmechanismen zur Planung wie z.B. Aufwandserfassung an. Keine der genannten Vorgehensmodelle bieten eine vollständige Unterstützung für alle Managementaktivitäten von Aufwandserfassung bis hin zur Risikoplanung an. Aus diesem Grund ist es sinnvoll, das ausgewählte Vorgehensmodell um Projektmanagementprozesse, wie beispielsweise PRINCE oder PMI, zu erweitern. Die Managementunterstützung der vorgestellten Vorgehensmodelle stellt sich folgendermaßen dar:

Vertreter/Planungs- und Steuerungs-aktivitäten	Keine	In Ansätzen
OMT	X	
Booch		X
Objectory	X	
Fusion	X	
Unified Process		X
Catalysis		X
KobrA / Marmot		X
UML Components		X
Perspective		X
PulSE	X	
Foda	X	
Fast		X
XP		X
SCRUM		X
Crystal		X
DSDM		X
FDD		X

Insbesondere bei großen Projekten bzw. Projekten, die sich durch hohe Mitarbeiterzahlen oder verteilte Teams auszeichnen, kann es zu Problemen mit der Versionshaltung und Sicherung bestimmter Stände der Software-Entwicklungsergebnisse kommen. Daher wird für diese Projekte eine Unterstützung für das Konfigurationsmanagement benötigt. Dies ist insbesondere für wiederholende Vorgehensmodelle notwendig, da es hier häufige Zyklen und Überarbeitungen gibt. Ein gutes **Konfigurationsmanagement** verhindert dabei nicht nur das unabsichtliche Überschreiben von wichtigen Dateien, sondern unterstützt zusätzlich auch Aktivitäten, wie z.B. die Verwaltung von „Releases“. Ein Release ist dabei einer Menge von zusammengehörigen Versionen verschiedener Software-Entwicklungsergebnisse. Eine derartige Unterstützung findet sich bei folgenden Vorgehensmodellen:

Vertreter/Konfigurationsmanagement	Voll	In Ansätzen	Nicht
OMT			X
Booch		X	
Objectory			X
Fusion			X
Unified Process		X	
Catalysis			X
KobrA / Marmot		X	
UML Components			X
Perspective		X	
PulSE	X		
Foda	X		

Vertreter/Konfigurationsmanagement	Voll	In Ansätzen	Nicht
Fast	X		
XP			X
SCRUM			X
Crystal			X
DSDM			X
FDD			X

Moderne Vorgehensmodelle sind häufig komplex und erfordern eine Vielzahl unterschiedlicher Aktivitäten. Dies macht eine Unterstützung durch moderne Werkzeuge erforderlich. Hierbei sind verschiedene Ausprägungen der Unterstützung denkbar. Einige Vorgehensmodelle werden durch speziell zugeschnittene Werkzeuge ergänzt („Volle Unterstützung") die neben Aktivitäten wie z. B. der Entwicklung von Diagrammen auch die Prüfung von vorgegebenen Konsistenz- und Qualitätsregeln bieten. Andere Vorgehensmodelle bieten eine „teilweise" Werkzeugunterstützung, die gewisse Aspekte des Vorgehensmodells (z. B. Modellierung und Quellcode-Erzeugung) unterstützt, andere Aspekte (z. B. Modellprüfung) aber vernachlässigen. Oft existiert für viele Vorgehensmodelle eine sogenannte „Standardunterstützung" von Werkzeugen, in Form von z. B. einfachen Zeichenwerkzeugen. Die **Werkzeugunterstützung** für die vorgestellten Vorgehensmodelle ergibt sich aus folgender Tabelle:

Vertreter/Werkzeugunterstützung	Standard	Mittel	Hoch
OMT		X	
Booch		X	
Objectory		X	
Fusion	X		
Unified Process			X
Catalysis			X
KobrA / Marmot		X	
UML Components		X	
Perspective			X
PulSE		X	
Foda	X		
Fast	X		
XP		X	

Vertreter/Werkzeugunterstützung	Standard	Mittel	Hoch
SCRUM		X	
Crystal	X		
DSDM	X		
FDD		X	

Der Transfer von Vorgehensmodellen in eine Organisation, z.B. der erstmalige Projekteinsatz, verlangt nicht nur eine Schulung der beteiligten Mitarbeiter, sondern auch stets aktuelle Informationen zum Vorgehensmodell bzw. einzelnen Aktivitäten und Ergebnissen. Diese Informationen können in Form der Originalpublikation z.B. in Form eines Buches vorliegen. Allerdings enthält ein Buch oft nur oberflächliche Informationen und geht nicht auf Besonderheiten eines Projekts ein. Um aktuelle Informationen zum Vorgehensmodell zu erhalten, können ebenfalls Handbücher herangezogen werden, die Adaptionen des Modells beschreiben sowie einzelne Aktivitäten und Ergebnisse ausführlich dokumentieren. Allerdings sind diese Informationen statisch, und ihre Anpassung an aktuelle Änderungen ist aufwendig. Eine neuere Form der Dokumentation sind elektronische Prozesshandbücher, sogenannte EPGs („Electronic Process Guides"). EPGs können relativ einfach geändert werden und stehen z.B. über das Intranet allen Projektmitarbeitern zur Verfügung. Die existierende **Dokumentation** für die beschriebenen Vorgehensmodelle lässt sich wie folgt charakterisieren:

Vertreter / Dokumentation	Buch	Handbuch	EPG
OMT	X		
Booch	X		
Objectory	X		
Fusion	X		
Unified Process	X	X	X
Catalysis	X		
KobrA / Marmot	X		X
UML Components	X		
Perspective		X	
PulSE		X	
Foda		X	
Fast	X		

Vertreter / Dokumentation	Buch	Handbuch	EPG
XP	X		X
SCRUM	X		
Crystal	X		
DSDM		X	
FDD	X		

Weiterführende Literatur

Kneuper, R., Müller-Luschnat, G., Oberweis, A.
Vorgehensmodelle für die betriebliche Anwendungsentwicklung
B. G. Teubner Verlag, 1998